湖北省教育科学"十一五"规划

专项资助重点课题成果

湖北高职规划教材编审委员会

湖北高职"十一五"规划教材
HUBEI GAOZHI "SHIYIWU" GUIHUA JIAOCAI

总策划 李友玉　策划 屠莲芳

饭店前厅客房服务与管理

主　编　万　雯　郭志敏
副主编　李　萍　龚诗萍　阳前林

教材参研人员：（以姓氏笔画为序）
王　丹　徐　迎　辜静静

WUHAN UNIVERSITY PRESS
武汉大学出版社

湖北高职"十一五"规划教材·旅游系列

总策划　李友玉
策　划　屠莲芳

编　委　会

主　任	袁　俊	武汉航海职业技术学院
	谢　苏	武汉职业技术学院

副主任　（以下按姓氏笔划排序）
王　斌　湖北经济学院
余远国　湖北三峡职业技术学院
阚如良　三峡大学

委　员　万　雯　湖北交通职业技术学院
王　斌　湖北经济学院
刘长洪　荆州职业技术学院
吕建东　长江职业学院
余远国　湖北三峡职业技术学院
余明学　恩施职业技术学院
吴　筠　武汉铁路职业技术学院
张树坤　湖北职业技术学院
张菊芳　襄樊职业技术学院
杨万娟　湖北国土资源职业学院
夏绍兵　武汉船舶职业技术学院
徐　迎　湖北财税职业学院
袁　俊　武汉航海职业技术学院
郭志敏　三峡电力职业技术学院
梁　颖　随州职业技术学院
谢　苏　武汉职业技术学院
谭志明　咸宁职业技术学院
阚如良　三峡大学

凝聚集体智慧　研制优质教材

　　教材是教师教学的脚本，是学生学习的课本，是学校实现人才培养目标的载体。优秀教师研制优质教材，优质教材造就优秀教师，培育优秀学生。教材建设是学校教学最基本的建设，是提高教育教学质量最基础性的工作。

　　高职教育是中国特色的创举。我国创办高职教育时间不长，高职教材存在严重的"先天不足"，目前使用的教材多为中专延伸版、专科移植版、本科压缩版等，这在很大程度上制约着高职教育教学质量的提高。因此，根据高职教育培养"高素质技能型专门人才"的目标和教育教学实际需求，研制优质教材，势在必须。

　　2005年以来，湖北省高教学会高职高专教育管理专业委员会（简称"高职专委会"）高瞻远瞩，审时度势，深刻领会国家关于"大力发展职业教育"和"提高高等教育质量"之精神，准确把握高职教育发展之趋势，积极呼应全省高职院校发展之共同追求；大倡研究之风，大鼓合作之气；组织全省高职院校开展"教师队伍建设、专业建设、课程建设、教材建设"（简称"四个建设"）的合作研究与交流，旨在推进全省高职院校进一步全面贯彻党的教育方针，创新教育思想，以服务为宗旨，以就业为导向，工学结合、校企合作，走产学结合发展道路；推进高职院校培育特色专业、打造精品课程、研制优质教材、培养高素质的教师队伍，提升学校整体办学实力与核心竞争力；促进全省高职院校走内涵发展的道路，全面提高教育教学质量。

　　湖北省教育厅将高职专委会"四个建设"系列课题列为"湖北省教育科学'十一五'规划专项资助重点课题"。全省高职院校纷起响应，几千名骨干教师和一批生产、建设、服务、管理一线的专家，一起参加课题协同攻关。在科学研究过程中，坚持平等合作，相互交流；坚持研训结合，相互促进；坚持课题合作研究与教材合作研制有机结合，用新思想、新理念指导教材研制，塑造教材"新、特、活、实、精"的优良品质；坚持以学生为本，精心酿造学生成长的精神食粮。全省高职院校重学习研究、重合作创新蔚然成风。

这种以学会为平台，以学术研究为基础开展的"四个建设"，符合教育部关于提高教育教学质量的精神，符合高职院校发展的需求，符合高职教师发展的需求。

在湖北省教育厅和湖北省高教学会领导的大力支持下，在湖北省高教学会秘书处的指导下，经过两年多艰苦不懈的努力和深入细致的工作，"四个建设"合作研究初见成效。高职专委会与长江出版传媒集团、武汉大学出版社、复旦大学出版社等知名出版单位携手，正陆续推出课题研究成果："湖北高职'十一五'规划教材"，这是全省高职集体智慧的结晶。

交流出水平，研究出智慧，合作出成果，锤炼出精品。凝聚集体智慧，共创湖北高职教育品牌——这是全省高职教育工作者的共同心声！

湖北省高教学会高职专委会主任

黄木生

2009 年 1 月

前　　言

　　《饭店前厅客房服务与管理》是湖北高职"十一五"规划教材，是湖北省教育厅立项的湖北省教育科学"十一五"规划专项资助重点课题"高职旅游专业学生综合素质培养研究"（湖北高职"四个建设"系列规划课题）的组成部分。

　　饭店前厅客房服务与管理是一门涉及内容广泛，理论性与实践性都很强的旅游类专业核心课程。本教材结合高职教育特点，在强调学科理论性的基础上，突出其实用性，讲述了前厅客房服务与管理主要工作岗位的服务技能，以此来着力提高学生的实践技能和综合素质。

　　本教材适用于旅游高等职业院校学生，也可作为饭店岗位培训教材和饭店管理人员的自学读物。

　　湖北省高等教育学会副秘书、湖北省教育科学所高等教育研究中心主任李友玉研究员，湖北省高等教育学会高职高专教育管理专业委员会教学组组长李家瑞教授、秘书长屠莲芳，负责本教材研制队伍的组建、管理和本教材研制标准、研制计划的制订与实施。

　　本教材由湖北交通职业技术学院万雯老师和湖北三峡电力职业技术学院郭志敏老师担任主编。李萍、龚诗萍、阳前林老师担任副主编。万雯老师负责定稿工作。参加本书编写的人员还有徐迎、王丹、辜静静。

　　在本书研制过程中，我们参考、借鉴、引用了众多国内外饭店业界成功的经验和众多专家、学者的研究成果，得到了湖北交通职业技术学院等各参与院校领导的大力支持与指导，得到华中师范大学经济学院的大力支持，在此一一表示衷心感谢！

　　由于时间仓促和水平有限，本书难免有疏漏之处，敬请广大读者批评指正。

湖北高职"十一五"规划教材
《饭店前厅客房服务与管理》研制组
2009 年 1 月

目　录

第五章 前厅总机工作服务 88

第六章 前厅商务工作服务 101

第九章　客房服务与质量管理　158

第十章　贵宾（VIP）接待服务　191

第一章 前厅管理概述

【本章导读】

前厅部是现代饭店的关键部位，是联系宾客的"桥梁与纽带"，是饭店的"神经中枢"与"橱窗"。本章通过学习前厅部的概念、基本功能与地位，前厅部的组织机构设置与职责，前厅部的环境氛围要求和对管理人员、服务人员的基本素质的要求，使学生对现代饭店前厅部有基本的认识。

【学习目标】

认识前厅部在现代饭店经营管理中的基本功能和重要地位，了解前厅部的组织机构设置和主要管理岗位的职责，掌握前厅环境和人员素质要求。

【关键概念】

前厅部 前厅 人员素质 前厅环境

第一节 前厅部的地位与任务

前厅部（Front Office）也称客务部、前台部、大堂部，是饭店组织客源、销售客房商品、沟通和协调各部门的对客服务，并为宾客提供前厅系列服务的综合性部门。

一、前厅部在饭店中的地位

前厅部是现代饭店的重要组成部分，在饭店经营管理中占有举足轻重的地位。前厅部的运转和管理水平，直接影响到整个饭店的经营效果和对外形象。前厅部在饭店中的重要地位，主要表现在以下几个方面：

（一）前厅部是饭店业务活动的中心

前厅部是一个综合性服务部门，服务项目多、服务时间长，饭店的任何一位客人，从抵店前的预订，到入住，直至离店结账，都需要前厅部提供服务。前厅是客人与饭店联系的纽带。前厅部通过客房商品的销售来带动饭店其他各部门的经营活动。同时，前厅部还要及时地将客源、客情、客人需求及投诉等各种信息通报有关部门，共同协调整个饭店的对客服务工作，以确保服务工作的效率和质量。所以，前厅部通常被视为饭店的"神经中枢"，是整个饭店承上启下、联系内外、疏通左右的枢纽。无论饭店规模大小、档次高低，前厅部总是饭店向客人提供服务的中心。

（二）前厅是饭店形象的代表

饭店形象是公众对于饭店的总体评价，是饭店的表现与特征在公众心目中的反映。饭店形象对现代饭店的生存和发展有着直接的影响。一个好的形象是饭店巨大的精神财富。

饭店前厅部的主要服务机构通常设在客人来往最为频繁的大堂。任何客人只要一进店，就会对大堂的环境艺术、装饰布置、设备设施和前厅部员工的仪容仪表、服务质量、工作效率等，产生深刻的"第一印象"。而这种"第一印象"在客人对饭店的认知中会产生非常重要的作用。它产生于瞬间，但却会长时间保留在人们的记忆之中。

客人入住期满离店时，也要经由大堂。前厅服务人员在为客人办理结算手续、送别客人时的工作表现会给客人留下"最后印象"，优质的服务将使客人对饭店产生依恋之情。

客人在饭店整个居留期间，前厅要提供各种有关服务。客人遇到困难时要找前厅寻求帮助，客人感到不满时也要找前厅进行投诉。在客人的心目中，前厅便是饭店。而且，在大堂汇集的大量人流中，除住店客人外，还有许多前来就餐、开会、购物、参观游览、会客交谈、检查指导等各种客人。他们往往停留在大堂，对饭店的环境、设施和服务品头论足。

因此说，前厅的管理水平和服务水准，往往直接反映整个饭店的管理水平、服务质量和服务风格。前厅是饭店工作的"橱窗"，代表着饭店的对外形象。

（三）前厅部是饭店组织客源、创造经济收入的关键部门

为宾客提供食宿是饭店的基本功能，客房是饭店出售的最大、最主要的商品。在饭店的营业收入中，客房销售额通常要高于其他各项销售收入。据统计，目前国际上客房收入一般占饭店总营业收入的50%左右，而在我国则还要高于这个比例。前厅部的有效运转是提高客房出租率，增加客房销售收入，从而提高饭店经济效益的关键之一。

（四）前厅部是饭店管理的参谋和助手

作为饭店业务活动的中心，前厅部直接面对市场、面对客人，是饭店中最敏感的部门。前厅部能收集到有关市场变化、客人需求和整个饭店对客服务、经营管理的各种信息，并对这些信息进行认真的整理和分析，每日或定期向饭店提供真实反映饭店经营管理情况的数据报表和工作报告，并向饭店管理机构提供咨询意见，作为制订和调整饭店计划和经营策略的参考依据。

二、前厅部的工作任务

前厅部的基本工作任务就是推销客房商品及饭店其他产品，协调饭店各部门，向客人提供满意的优质服务，使饭店获得理想的经济效益和社会效益。具体来讲，前厅部主要有以下几项工作任务：

（一）销售客房商品

销售客房商品是前厅部的首要任务。如前所述，客房是饭店出售的最大、最主要的产品，客房收入是饭店经济收入的主要来源。同时，客房商品具有价值不可储存性的特征，是一种"极易腐烂"的商品。因此，前厅部的全体员工必须尽力组织客源，推销客房商品，提高客房出租率，以实现客房商品价值，增加饭店经济收入。前厅部销售客房的数量和达成的平均房价水平，是衡量其工作绩效的一项重要的客观标准。

前厅部销售客房商品通常包括以下工作内容：

（1）参与饭店的市场调研和房价及促销策划的制订，配合营销部、公关部进行对外联系，开展促销活动。

（2）开展客房预订业务。

（3）接待有预订和未经预订而直接抵店的客人。

（4）办理客人的登记入住手续，安排住房并确定房价。

（5）控制客房的使用状况。

（二）调度饭店业务，协调对客服务

调度饭店业务是现代饭店前厅部的一个重要功能。现代饭店是既有分工，又有协作，相互联系、互为条件的有机整体，饭店服务质量的好坏取决于宾客的满意程度，而宾客的满意程度是对饭店每一次具体服务所形成的一系列感受和印象的总和。在对客服务的全过程中，任何一个环节出现差错，都会影响到服务质量，影响到饭店的整体声誉。所以，现代饭店要强调统一协调的对客服务，要使分工的各个方面都能有效运转，都能充分发挥作用。前厅部作为饭店的"神经中枢"，承担着安排饭店业务的调度工作和对客服务的协调工作。其主要表现在：

（1）将通过销售客房商品活动所掌握的客源市场、客房预订及到客情况及时通报其他有关部门，使各有关部门有计划地安排好各自的工作，互相配合，保证各部门业务的均衡与衔接。

（2）将客人的需求及接待要求等信息传递给各有关部门，并检查、监督落实情况。

（3）将客人的投诉意见及处理及时反馈给有关部门，以保证饭店的服务质量。

为适应旅游市场需求，增强企业自身的竞争能力，现代饭店，尤其是高档大、中型饭店的业务内容越来越多，分工越来越细，前厅部这种调度饭店业务的功能也就显得更为重要。

（三）提供各项前厅服务

前厅部作为对客服务的集中点，除开展预订和接待业务，销售客房商品、协调各部门对客服务外，本身也担负着大量的直接为客人提供日常服务的工作。如行李服务、问讯服务、商务中心服务、电话总机服务、委托代办服务、商务楼层服务等。由于前厅部的特殊地位，使得这些日常服务工作的质量、效率显得非常重要。

（四）处理客人账目

位于前厅的收银处（Cashier），每天负责核算和整理各营业部门收银员送来的客人消费账单，为离店客人办理结账收款事宜，确保饭店的经济利益；同时编制各种会计报表，以便及时反映饭店的营业活动状况。收银处的隶属关系，因饭店而异。从业务性质来说，前厅收银处一般直接归属于饭店财务部，但由于它处在接待客人的第一线岗位，在其他方面又需接受前厅部的管理。

（五）提供有关饭店经营管理信息，建立客人资料和其他资料档案

前厅部作为饭店的信息传递中心，要及时、准确地将各种有关信息加以处理，向饭店的管理机构报告，作为饭店经营决策的参考依据。

前厅部还要建立住店客人（主要是重要客人、常客）的资料档案，记录客人在店逗留期间的主要情况和数据，掌握客人动态。对客史资料及市场调研和预测、客人预订、接待情况等信息收存归类，并定期进行统计分析，便形成了以前厅为中心的收集、处理、传递及储存信息的系统，通过已掌握的大量信息来不断地改进饭店的服务工作，提高饭店的科学管理水平。

第二节　前厅部的组织机构

科学合理地设置前厅部的组织机构，是前厅部顺利开展各项工作，提高运行和管理效率的组织保证。前厅部的组织机构设置，必须有利于提高工作效率、有利于对客服务，保证各项工作能相互协调、有秩序地进行。

一、前厅部的组织机构设置

（一）前厅部组织机构设置的原则

根据前厅部的工作特点，前厅部的组织机构设计应体现以下原则：

1. 从实际出发原则

前厅部组织机构的设置，应结合饭店的企业性质、规模、地理位置、管理

方式和经营特色等实际情况，不宜生搬硬套。例如，规模小的饭店可以考虑将前厅部并入客房部，不必单独设置机构。

2. 精简高效，分工合理原则

为防止机构重叠臃肿、人浮于事的现象，前厅部的组织机构设置要"因事设职，因职用人"，而不能"因人设岗"。但精简并不意味着过分简单化，使岗位出现职能空缺的现象。

前厅部的机构设置还应考虑管理的跨度问题，注意管理者的合理分工。管理的跨度，是指一个管理者能够直接、有效地指挥控制下属的人数。跨度大小的影响因素有很多，包括层次因素、能力水平、服务形式等。跨度太大，管理者管辖下属的人数过多，会影响信息的传递，使效率低下；而跨度太小，则容易造成任务不明确，执行不力，同样也会影响前厅部的运作效率。分工合理有利于提高员工的工作技能、工作责任心，提高员工的服务质量和效率。

3. 任务明确，统一指挥原则

前厅部的机构设置，应使每个岗位的员工都有明确的职责、权利和具体的工作内容。同时，还应明确上下级的隶属关系及相关信息传递、反馈的渠道、途径和方法，防止职能空缺和业务衔接脱节等现象的出现。

前厅部组织机构的设置，应建立明确的垂直层级指挥系统。部门中的任何成员只能接受一个上级的指挥，这样才能有效地督导日常工作，使内部沟通渠道畅通，层层负责，权责分明；否则，多头指挥将会使受命者无所适从，同时也会损害管理者的权威。

4. 便于协作，服务顺畅原则

前厅部运行不仅要求纵向的统一指挥，还要求横向的内部成员间的协作与沟通。更重要的是，前厅部作为饭店的"神经中枢"，其组织机构的设置，一方面要有利于前厅部与饭店其他相关部门在业务经营和管理方面的合作，另一方面要有利于为客人提供高质量、高效率的优质服务。因此，要以方便客人、满足客人需要为前厅部组织机构设置的根本出发点。

（二）前厅部组织机构的形式

前厅部组织机构的具体设置，各饭店不尽相同。目前，在我国因饭店的规模不同，大致有以下几种模式：

（1）饭店设客房事务部或称房务部，下设前厅、客房、洗衣和公共卫生四个部门，统一管理预订、接待、住店过程中的一切住宿业务，实行系统管理。在前厅部内部通常设有部门经理、主管、领班和服务员四个管理层次。这种模式一般为大型饭店所采用。

（2）前厅作为一个与客房部并列的独立部门，直接向饭店总经理负责。在前厅部内设有部门经理、领班、服务员三个管理层次。中型饭店和一些小型饭店一般采用这种模式。

（3）前厅不单独设立部门，其功能由总服务台来承担。总服务台作为一个班组归属于客房部，只设领班（主管）和总台服务员两个管理层次。过去，小型饭店一般采用这种模式。

随着市场竞争的加剧，许多小型饭店也增设了前厅部，扩大了业务范围，以强化前厅的推销和枢纽功能，发挥前厅的参谋作用。

大、中、小三种不同规模饭店的前厅部组织机构，如图1-1、图1-2、图1-3所示。

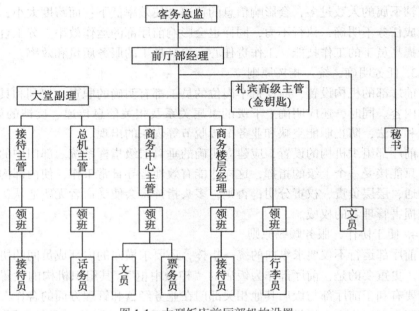

图 1-1 大型饭店前厅部机构设置

二、前厅部各班组及其职能

前厅部的工作任务，是通过其内部各机构分工协作共同完成的。如前所述，饭店规模不同，前厅部业务分工也不同，但一般设有以下主要机构：

（一）预订处（Reservation）

预订处业务，主要有接受、确认和调整来自各个渠道的房间预订，办理订房手续；制作预订报表，对预订进行计划、安排和管理；掌握并控制客房出租状况；负责联络客源单位；定期进行房间销售预测并向上级提供预订分析报告等。

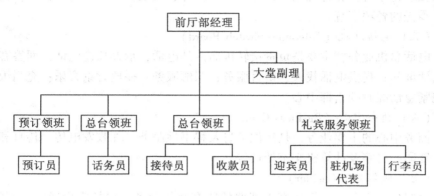

图 1-2 中型饭店前厅部机构设置

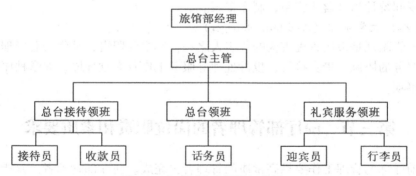

图 1-3 小型饭店前厅部机构设置

（二）接待处（Reception）

接待处业务，主要是负责接待抵店投宿的客人，包括团体、散客、长住客、非预期到店及无预订客人；办理宾客住店手续，分配房间；与预订处、客房部保持联系，及时掌握客房出租变化，准确显示房态；制作客房销售情况报表，掌握住房客人动态及信息资料等。

（三）问讯处（Information）

问讯处业务，主要是负责回答宾客的询问，提供各种有关饭店内部和饭店外部的信息；提供收发、传达、会客等应接服务；负责保管所有客房钥匙。

（四）礼宾部（Concierge）

礼宾部业务，主要是负责在店口或机场、车站、码头迎送宾客；调度门前车辆，维持门前秩序；代客卸送行李，陪客进房，介绍客房设备与服务，并为客人提供行李寄存和托运服务；分送客人邮件、报纸，转送留言、物品；代办客人委托的各项事宜。

（五）电话总机（Telephone Switch Board）

电话总机业务，主要是负责接转饭店内外电话，承办长途电话，回答客人的电话询问；提供电话找人、留言服务；叫醒服务；播放背景音乐；充当饭店出现紧急情况时的指挥中心。

（六）商务中心（Business Centre）

商务中心的主要业务，是提供信息及秘书性服务，如收发电传、传真和电报，复印、打字及计算机文字处理等。

（七）收银处（Cashier）

收银处，主要负责饭店客人消费的所有收款业务，包括客房餐厅、酒吧、长途电话等各项服务费用；同饭店一切有宾客消费部门的收银员和服务员联系，催收核实账单；及时催收长住客人或公司超过结账日期，长期拖欠的账款；夜间统计当日营业收益，制作报表。

（八）大堂副理（Assistant Manager）

大堂副理是饭店管理机构的代表人之一，其主要职责，是代表总经理负责前厅服务的协调、贵宾接待、投诉处理等服务工作及大堂环境、大堂秩序的维护等事项。

第三节　前厅部管理者的岗位职责和素质要求

前厅部的管理工作要靠高素质的管理者去完成。前厅部管理者，是指在前厅部运行过程中，具体执行计划，负责组织、指挥、协调和控制的人，包括前厅部经理、大堂副理及各班组的主管和领班。他们在工作中各自扮演着不同的角色，担任着不同的岗位职责，其基本素质要求也不相同。

一、前厅部经理

（一）前厅部经理的角色

不同层次的管理者，在饭店运行中扮演着不同的角色。对于管理者来说，要使自己能在饭店中发挥应有的作用，首先必须认识自己的角色，认识角色的功能和作用，也就是所说的角色认知，这样才能充分扮好自己在饭店中的角色，才能摆正位置，端正心态，明确自己的工作目标。

前厅部经理是饭店的中层管理者，而中层管理者在饭店中处于至关重要的地位。一家饭店能保持持续发展，实现理想的业绩，关键在于饭店中是否拥有一批具有市场意识、竞争意识和责任意识，精干、高效、优秀的中层管理者。

中层管理者是饭店的中坚，是饭店的核心人才库，是饭店得以生生不息的创新源泉，是饭店提高市场竞争力不可或缺的"助推器"。

作为一名中层管理者，前厅部经理上有上司，下有下属，左右有客户、同事，处于四维空间之中。一方面，前厅部经理通过有效的管理，领导下属工作，实现饭店的目标；另一方面，前厅部经理又是业务带头人，在业务上花费许多时间和精力。更为重要的是，前厅部经理在客户层面、市场层面、管理层面具有比饭店高层和一般员工更大的信息量和体验，因而，更容易抓住经营变革的突破口和操作点，为饭店创造更大的价值。

大体上讲，前厅部经理主要应扮演好以下几种角色：

1. 饭店中具有重要作用的中介

前厅部经理在饭店中具有重要的承上启下的作用，向下代表饭店的领导，负责向下属宣布企业的目标和计划，并监督下属执行，同时负责管理和领导所属员工；向上代表基层管理者和员工，负责向上级反映计划的执行情况、目标的完成状况及饭店面临的情况，并向上级反映下属的利益要求。所以，对下他是高层领导和经营者的替身；对上他是员工利益的代表和情报员。

2. 经营活动的管理者

前厅部经理不但要把饭店的战略计划与自己部门的实际情况结合起来，还需要对计划的执行情况有切实的了解和控制。为了使饭店能够有条不紊地正常运行，还要对日常工作进行管理。

3. 员工成长的主教练

在企业里，员工70%的能力来源于他的上司，是上司在工作中辅导或教出来的。这就要求中层经理必须懂得如何去教授、培养、辅导自己的下属。因此，前厅部经理不但要保证饭店的战略目标在本部门得到落实，还需要不断培训、教育下属员工，为饭店发现和培养后备人才，使员工在饭店工作中得以成长，使饭店得到持续的发展。

4. 饭店战略的执行者

前厅部经理所处的中间位置，决定了他作为饭店战略执行者的地位。饭店的成功取决于前厅部经理正确的决策与有效的执行。

5. 部门战术决策的制定者

前厅部经理不仅要严格执行和组织实施饭店高层的决策方案，还要发挥其作为。一位前厅部经理立足于饭店和部门的全局，提高方案的实施效率和效果，以有效地实现饭店的目标。

6. 饭店"顾客"的服务者

这里所说的"顾客"是一个广义的概念，包括内部顾客和外部顾客。前厅部既是饭店的业务中心，又是联系饭店与宾客关系的纽带。所以对内，前厅部经理要把同事看做顾客，积极做好横向沟通，协调好与其他部门的关系；对外，前厅部经理要做好对客服务工作，成为宾客信赖的朋友，建立和保持良好的宾客关系。

（二）前厅部经理的岗位职责

前厅部经理是前厅运转的指挥者，全面负责前厅部的经营管理工作，其主要职责是：

（1）向饭店总经理或房务总监负责，贯彻执行他们所下达的指令，提供有关信息，协助领导决策。

（2）根据饭店的经营管理目标，编制本部门的经营管理工作计划，并组织、督导下属员工切实完成。

（3）主持制定本部门的管理规章制度、工作流程、服务质量标准、安全保障措施，并督导下属员工认真贯彻执行。

（4）参加饭店部门经理例会，主持部门部务会议，认真贯彻执行总经理的指示，及时沟通上下级信息。

（5）每天审阅有关报表，掌握客房的预订、销售情况，并直接参与预订管理及客源预测等项工作，使客房销售达到最佳状态。

（6）经常巡视检查总台及各服务岗位，确保各部位高效运行、规范服务和保持大堂卫生与秩序处于良好状态。

（7）督导下属员工（特别是主管或领班）的工作，负责前厅部员工的挑选、培训、评估、调动及提升等事宜。

（8）协调、联络其他部门，进行良好的沟通，保证前厅部各项工作的顺利进行。

（9）掌握每天客人的抵离数量及类别，负责迎送重要客人（VIP）并安排其住宿。亲自指挥大型活动，重要团队与客人的接待工作。

（10）批阅大堂副理处理投诉的记录和工作建议，亲自处理重要客人的投诉和疑难问题。

（11）与饭店销售部门合作，保持与客源单位的经常性联系。

（12）负责本部门的安全、消防工作。

（三）前厅部经理的素质要求

1. 知识要求

（1）掌握现代饭店经营管理知识，熟悉旅游经济、旅游地理、公共关系、经济合同等知识。

（2）掌握前厅各项业务的标准化操作程序、客房知识，了解客人心理和推销技巧。

（3）掌握饭店财务管理知识，懂得经营统计分析。

（4）熟悉涉外法律，了解我国及主要客源国的旅游法规。

（5）熟练运用一门外语阅读、翻译专业文献，并能流利、准确地与外宾交流。

（6）具有一定的电脑管理知识。

（7）了解宗教常识和国内外民族习惯和礼仪要求，了解国际时事知识。

2. 能力要求

（1）能够根据客源市场信息和历史资料，预测用房情况，决定客房价格，果断接受订房协议。

（2）能够合理安排前厅人员有条不紊地工作，能够处理好与有关部门的横向联系。

（3）善于在各种场合与各阶层人士打交道，并能积极与外界建立业务联系。

（4）能独立起草前厅部工作报告和发展规划，能撰写与饭店管理有关的研究报告。

（5）遇事冷静、沉着，有自我控制能力。

（6）善于听取他人意见，能正确评估他人的能力，能妥善处理客人的投诉。

一般要求前厅部经理具有3年以上的前厅管理工作经验。

二、大堂副理

（一）大堂副理的角色定位

大堂副理，也称大堂值班经理。其工作岗位设在前厅，直属前厅部经理领导（也有不少大型饭店直属驻店总经理）。在不设客务关系部的饭店，大堂副理担当着负责协调饭店对客服务、维护饭店应有的水准，代表总经理全权处理宾客投诉、宾客生命安全及财产安全等复杂事项的角色。

（1）当客人与店方发生纠纷时，大堂副理扮演一个仲裁者的角色。

（2）当客人与店外的联系发生困难时，大堂副理扮演一个传递者的角色。

（3）在客人自身遇到困难时，大堂副理扮演一个帮助者的角色。

（4）在饭店内部各部门之间发生冲突时，大堂副理扮演一个协调者的角色。

（二）大堂副理的岗位职责

（1）协助前厅部经理，对与大堂有关的各种事宜进行管理，并协调与大堂有关的各部门工作。

（2）代表总经理接待团队和VIP等宾客。筹办重要活动、重要会议。

（3）接受宾客投诉，与相关部门合作沟通解决，并尽可能地采取措施，使客人投诉逐步减少。

（4）负责维护前厅环境、秩序，确保前厅整洁、卫生、美观、舒适，并始终保持前厅对客服务的良好状态。

（5）每天有计划地拜访常客和 VIP 客人、沟通感情、征求意见，掌握服务动态、保证服务规格。

（6）代表饭店维护、照顾住店宾客利益，在宾客利益受到损害时，与有关部门及店外有关单位联系，解决问题。

（7）处理各种突发事件。如停电、火警、财产遗失、偷盗或损坏、客人逃账、伤病或死亡等。

（8）定期向前厅部经理和饭店总经理提供工作报告。

（三）大堂副理的素质要求

（1）掌握现代饭店管理知识，特别是营业运转部门的管理知识，熟悉旅游学、旅游地理、公共关系、旅游心理学和宗教、民俗、礼仪等方面的知识。

（2）熟悉本饭店运转体系，熟悉饭店的各项政策及管理规定，了解饭店安全、消防方面的规章制度、处理程序及应急措施。

（3）具有高度的责任心和服务意识，作风正派、热情大方、办事稳重。

（4）有较强的应变能力、组织指挥能力和是非判断能力，能独立处理较复杂的紧急问题。

（5）能处理好人际关系，善于与人交往。

（6）有较好的外语口头表达能力和文字表达能力，能流利、准确地使用外语与宾客交流。

（7）具有从事饭店工作经验 5 年以上，有一两个前台运转部门（特别是前厅）基层管理工作的经历。

（8）仪表端正，风度气质良好。

三、前厅部主管（或领班）

在饭店中，主管和领班是人数较多的第一线管理人员（first-line managers）。他们处于工作第一线，直接指挥员工的操作，因而，又称为操作管理层。既然身临现场直接对饭店的各种资源，尤其是对员工进行管理，则其担负的职责中很大程度上是检查、监督和指导员工的工作，因而，习惯上又把主管、领班合称为"督导管理层"。在规模小、员工少的饭店往往不设主管，由部门经理直接领导领班。

（一）前厅部主管（或领班）的角色

前厅部各班组的主管（或领班），工作在对客服务的第一线，直接指挥、督导和控制并参与前厅服务和客房销售工作，是前厅部正常运转，保证服务质量的直接责任者。

1. 连接上下的阶梯

主管（或领班）的位置，处于中、高层管理人员和操作人员之间，是管理层与普通员工的中间环节，是连接上下的阶梯。

国外的管理学家把督导管理层比喻为一个拱门里的拱顶石。它把拱门的两边（一边是中高层管理者，另一边是普通员工）连接成一个整体，并使之牢固。这并不是一件简单的事情。作为主管，必须具有会使用下级、会依靠上级的能力才行。

2. 双重利益的代表

（1）主管（或领班）必须是总经理和所在部门的代表。主管（或领班）必须坚持管理方的立场，必须负起责任，这方面不容妥协。主管（或领班）可以同情他的员工，倾听他们、理解他们，但他的决策必须从管理方的立场出发。这才是他的上级所期望的，同时也是他的员工所期望的。

（2）主管（或领班）必须是班组及其成员利益的体现者。作为一名饭店督导，必须对业主、宾客及员工尽义务。这就把主管（或领班）置于一种承上启下的位置。对员工而言，主管（或领班）代表着管理方、权力、指令、纪律、休假时间、提高收入及晋升。对业主和上级而言，督导是他们与员工和具体工作之间的纽带，同时又代表着下属员工的需要和要求。

3. 员工和业务的领导

号称"兵头将尾"的主管（或领班），是服务一线的直接组织者和指挥者。班组，这个饭店细胞的生命质量，是饭店肌体是否健康的标志。主管（或领班）既要对业务工作进行管理，又要领导好员工。主管（或领班）要经常考虑以下两个问题：

（1）怎样完成饭店的工作任务，做好优质服务。

（2）怎样和员工一起工作，调动他们的积极性。

业务管理和员工管理不能有所偏废，两样都要抓紧。因此，要求主管（或领班）必须具有较好的专业技能和人际关系技能。

4. 众多压力的承担者

前厅部的主管（或领班），在工作中要面对来自各方面的压力。这些压力包括上级领导、顾客需求（这是他们工作的重点）、员工期望、职能部门、政府法令、群众团体等。

由于这些因素的影响，工作琐碎、头绪繁杂、事务纷乱、常被干扰，成了主管（或领班）工作的一个特点。主管（或领班）的职位是微不足道的，但他们所面临的任务是十分艰巨的。

（二）前厅部主管的岗位职责

1. 前台接待主管的岗位职责

前台接待主管，具体负责组织饭店客房商品的销售和接待服务工作，保证下属各班组之间及与饭店其他部门之间的衔接和协调，以提供优质服务，提高客房销售率。其主要工作职责是：

（1）向前厅部经理负责，对接待处进行管理。

（2）制订接待处年度工作计划，报有关部门审批。

（3）协助制定接待处的岗位责任制、操作规程和其他各项规章制度，并监督执行。

（4）阅读有关报表，了解当日房态、当日预订情况、VIP 情况、店内重大活动等事宜，亲自参与 VIP 等重大活动的排房和接待工作。

（5）做好下属的思想工作，帮助下属解决工作与生活中的难题，调动员工的工作积极性。

（6）对下属员工进行有效的培训和考核，提高其业务水平和素质。

（7）负责接待处的设备养护，确保设备的正常运转。

（8）协调与销售客房和接待工作相关的班组和部门之间的关系。

（9）负责接待处安全、消防工作。

2. 礼宾主管的岗位职责

礼宾主管具体负责指挥和督导下属员工，为客人提供高质量、高效率的迎送宾客服务、行李运送服务和其他相关服务，确保本组工作的正常运转。其主要工作职责包括：

（1）向前厅部经理负责，对礼宾部进行管理。

（2）制订礼宾部年度工作计划，报部门审批。

（3）协助制定礼宾部的岗位责任制、操作规程和其他各项规章制度，并监督执行。

（4）阅读有关报表，了解当日离店的客人数量、旅行团队数、VIP、饭店内重大活动及接、送机情况，亲自参与 VIP 等大型活动的迎送及相关服务。

（5）做好下属的思想工作，调动员工的工作积极性。

（6）对下属员工进行有效的培训和考核，提高其业务水平和素质。

（三）前厅部主管的素质要求

（1）具有高中以上文化程度，比较系统地掌握旅游经济、旅游地理和主要客源国的民俗礼仪及现代饭店经营管理知识。

（2）坚持原则、敢于负责、作风正派、办事公道，在工作中的各个方面都能起到表率作用。

（3）受过严格的操作训练，精通业务，熟练掌握服务技能和技巧，并能带领全体员工共同完成客房销售和对客服务任务。

(4) 有较好的外语口头表达能力和文字表达能力，能流利、准确地使用外语与宾客对话。

(5) 善于处理人际关系，会做思想工作，关心本班组员工的合理要求和切身利益。

(6) 有处理各种突发事件的应变能力。

(7) 仪表端正，气质好。

第四节 前厅环境设计与控制

前厅，包括饭店的正门、大厅及楼梯、电梯和公共卫生间等，属于前厅部管辖的范围。前厅是饭店建筑的重要组成部分，是客人进出饭店的必经之处和活动汇集场所，是给客人留下第一印象和最后印象的空间。因此，一个设计合理、功能齐全、环境幽雅的前厅，既能赢得客人的好感，又是饭店良好经营管理的具体体现。

一、前厅环境设计的原则

前厅环境设计的理念，应遵循饭店的经营理念。在"宾客至上"的经营理念下，饭店前厅设计注重给客人带来美的享受，创造出宽敞、华丽、轻松的气氛。而在"力求在饭店的每寸土地上都要挖金"的经营理念下，饭店则应注意充分利用大堂空间，开展经营活动，以取得良好的经济效益。其设计原则有：

(一) 功能性原则

功能，是前厅环境设计中最基本也是最原始的层次。前厅设计的目的，就是便于各项对客服务的展开这一实用功能。前厅设计既要满足其实用功能，同时又要让客人得到心理上的满足，继而获得精神上的愉悦。无论饭店大堂设计的风格是现代还是古典，都应在满足客人品位的同时又充分体现功能性，为客人提供良好的服务才是至关重要的。

(二) 经济性原则

经济性原则，一是要以较少的投入达到最佳设计效果，要从饭店自身的等级规模条件出发，结合饭店的结构特点进行精心设计，把不同档次的材料进行巧妙组合，充分发挥其不同质感、颜色、性能的优越性，争取以较少的投入创造出具有文化氛围的大堂空间。二是要充分利用空间。饭店大堂的空间就其功能来说，既可作为饭店前厅部各主要机构（如礼宾、行李、接待、问讯、前台收银、商务中心等）的工作场所，又能当成过厅、餐饮、会议及中庭等来使用。这些功能不同的场所往往为大堂空间的充分利用及其氛围的营造，提供了良好的客观条件。因此，大堂设计时，要充分利用空间。

（三）整体性原则

饭店大堂被分隔的各个空间，应满足各自不同的使用功能。但设计时，若只求多样而不求统一，或只注重细部和局部装饰而不注重整体要求，势必会破坏大堂空间的整体效果而显得松散、凌乱。所以，大堂设计应遵循"多样而有机统一"的理念，注重和谐的整体性。

（四）独特性原则

大堂设计也应以饭店的经营特色为依据，设计效果应能充分显示和烘托饭店的特色。唯有风格独特、创意新颖的前厅设计，才能给客人带来赏心悦目的感觉，才能增强饭店的品牌价值和竞争优势，千万不可盲目仿效或尾随其他竞争饭店。吸取他人成功的经验是重要的，但只能是技术上的借鉴，而不应是风格上的雷同，"似曾相见"的设计效果应加以避免。

（五）环保性原则

前厅设计要树立环保意识。在材料的选配上应首选环保材料，同时也要尽量减少投入，减少能源消耗，以保护环境，减少污染。

二、前厅的功能布局

前厅是饭店的中心，是饭店中集交通、服务、休息等多种功能为一体的共享空间。所以，按功能划分，可将前厅分为正门及人流线路、服务区、休息区和公共卫生间等主要区域。

（一）正门入口处及人流线路

正门入口处是人来车往的重要"交通枢纽"。其基本功能是要保证饭店进出的交通畅达，客人下车时避风遮雨。厅门外有车道和雨篷，正门前台阶旁还应设有专供残疾客人轮椅出入店的坡道，以方便残疾客人入店。大门有玻璃拉门、转门或自动门。门以双层为佳，以保持前厅空调温度的稳定，节约能源，并可减少尘土刮入，保持大厅清洁。

从入口到饭店内各个功能区，便形成了人流线路。各条人流线路要经过装修或铺设条形地毯，加上适当的装点，以形成明确的人流走向，使具有动感的走道与相对平静的休息区和服务区互不影响。

（二）服务区

前厅的对客服务区主要包括总服务台、大堂副理处和行李处等。

总服务台（简称总台）是前厅活动的主要焦点，应设在大堂中醒目的位置。总服务台的功能很多，其中接待、问讯、收银三部分是总台的主体。其他如车（船、机）票预订、出租车、旅行社、邮电、外币兑换等服务，有的饭店设在总台内，也有的饭店在总台附近另设柜台。以团体客为主要客源的饭店，在总台外另设团体接待处。

总服务台的柜台和台内面积视饭店的规模、等级而定。如国际喜来登集团的服务台指标是：每200客房，柜台长8米，台内面积23平方米；每400客房，柜台长10米，台内面积31平方米；每600客房，柜台长15米，台内面积45平方米。

总服务台的外观形状与整个大堂的建筑密切相关，较常见的是直线形、半圆形和L形等几种形状。在材料选择上，为了经久耐用、易于清洗和显示出高雅脱俗，主要采用大理石、磨光花岗石和硬木等。在布置上，各种标牌以及国际时钟、日历、天气预报牌和外币汇率牌等的外观选择与设计，也应注意与整个大堂的环境氛围和谐一致。

大堂副理的办公地点，应设在离总台或大门不远的某一视野开阔的安静之处。通常放置一张办公桌，放一两张坐椅，以供办公和接待客人。

行李处一般设在大门内侧，使行李员可尽早看到汽车驶进通道，及时上前迎接。柜台后设行李房。小型饭店不单设行李处，与总台合一。

另外，前厅部办公室、总机室、账务室等机构，与前厅接待服务密切相关，但又不必直接与客人打交道，一般应设在总台后面联络方便但较为隐秘之处。

（三）休息区

大厅休息区是宾客来往饭店时等候、休息或约见亲友的场所。它既要位置明显又需保持相对安静和不受干扰。休息区的主要家具是供客人休息的沙发座椅和配套茶几。沙发可根据需要围成几组方形，也可围着柱子设置，在人流进出频繁、充满动感的大厅空间中，构筑一个隔而不断、既围又透的宁静舒适的小环境。

（四）公共卫生间

饭店大厅或附近通常都设有供客人使用的公共卫生间。公共卫生间的设施主要有坐便器和洗脸盆，还要有烘手器、手纸、面巾纸、小毛巾、香皂等器具和用品。公共卫生间要宽敞干净、设施完好、用品齐全。

从一定意义上讲，公共卫生间可以反映出饭店的档次和服务水准，所以被业内专家称为饭店的"名片"。因此，公共卫生间装饰材料的选择，与大堂其他部位的装修规格和质地上要保持一致。如现代饭店的大堂一般用大理石装修，其公共卫生间也应取同样材料装修。大堂有众多的进出人流，要考虑公共卫生间的位置，既要方便客人，又要能够避开外人的直视，标志要明显。

三、前厅环境氛围的营造

前厅作为整个饭店的中心，其环境、氛围是非常重要的。前厅必须有热情迎接客人的气氛，使客人一进大堂就有一种"宾至如归"的感受，有一种享受高级消费、受人尊重的感觉，形成美好的第一印象。同时，还要为前厅服务人员创造一种愉快的工作环境，使前厅的对客服务工作卓有成效。为了创造好的气氛和环境，必须重视前厅的装饰美化。前厅是现代饭店建筑中必须进行重点装饰美化的空间。要精心设计，努力把满足功能要求与创造环境、氛围的艺术效果结合起来，把体现民族风格、地方特色与适应国际环境艺术新潮流结合起来，并与大自然紧密联系，与饭店规模、目标市场相适应，与饭店整体建筑相和谐，从而形成本饭店自己的格调、气势和氛围。这是现代饭店对客人产生形象吸引力、提高竞争能力的一种独特的资本。

（一）前厅的空间

前厅必须要有与饭店的规模和等级相适应的大堂空间，才能给客人和工作人员提供一个宽松的活动场所和工作环境。我国星级饭店评定标准规定，饭店必须具有与接待能力（用额定的客房间数表示）相适应的大堂。一般饭店的大堂公共面积（不包括任何营业区域的面积，如总服务台、商场、商务中心、大堂酒吧、咖啡厅等）最少不能小于 150 平方米，而高档饭店的大堂公共面积则一般不小于 350 平方米。

前厅空间内的各功能区域布局总体要合理协调。客人活动区域与员工活动和饭店内部机构区域要分开，彼此互不干扰。天花板、门窗、墙面、地面装修材料与设施设备质量要同饭店的等级标准相适应，接待环境美观大方，厅内气氛和谐舒适，对客服务方便安全。

（二）灯光与色彩

为追求热烈的气氛，大厅一般采用高强度的华丽吊灯。客人休息处设有便于阅读和交谈的立灯或台灯，灯光略暗，形成舒适、安静和优雅的格调。而对总服务台的工作人员则要使用照明度偏高的灯光，创造一种适宜的工作环境。各种光色都应和谐、柔和而没有刺眼的感觉。灯具除用以照明外，其本身就是一种装饰品，所以大厅内的各种灯具必须配套，其造型应与大厅内的建筑风格互相呼应。

色彩是美化环境的最基本构成要素之一。色彩经人的心理和生理反应会产生不同的感觉，色彩具有感情象征。例如，红色有迫近感、扩张感，使人兴奋，可以造成热情、温暖、喜庆的气氛；黄色给人以明朗、欢乐、华贵的感觉；而绿色则意味着自然和生长，使人情绪平静而稳定等。

饭店前厅装饰美化中色彩的运用主要体现在两个方面：一是色调的确定；

二是色彩的搭配。人们一进入饭店，第一印象是大厅的色调、气氛如何。因此，首先必须确定大厅的主色调，作为大厅环境色彩的主旋律，它决定着大厅环境的气氛和情调。为了给客人一种欢乐、热情、美观、大方、优雅的气氛，激发前厅工作人员的工作热情，前厅的色彩一般以红色或其他暖色调为主，同时大胆使用陪衬色调，形成色彩的对比，创造出和谐的整体效果。

（三）绿化

人们本能地喜爱自己赖以生存的阳光、空气和水，喜爱充满着生命力的自然界。在高度文明的现代社会，城市中大批的高层建筑拔地而起，人工造成"钢筋水泥的丛林"，阳光被阻挡，加之空气和水被污染，人与自然越来越远了，要求回归大自然的呼声越来越高。现代饭店设计中应尽可能在大厅内布置绿化，尤其是大城市中心的现代饭店，周围不一定有优美的花园风景，更加需要在大厅内设计花卉、树木、山石、流水等景观，使厅内洒满阳光，绿阴丛丛，流水潺潺，一派生机，给人以亲切、爽适的自然美感。绿化还有调节大厅温湿度、减少噪声、净化空气的作用，同时还可以消除人们由于长时间室内活动而产生的疲劳。

四、大厅微小气候与定量卫生的控制

为保持大厅舒适的环境和气氛，还要使温度、湿度、通风、噪声控制、自然采光照度及空气卫生状态正常。现代饭店需要建立大厅等公共场所环境质量标准体系，运用现代科学技术手段，通过定量监测与控制，确保大厅环境的质量水平。

（一）温湿度、通风与采光

大厅适宜温度，夏季为22℃~24℃，冬季为20℃~24℃。现代饭店普遍使用了冷气装置或中央空调，使温度得以有效控制。

湿度，是与温度密切相关的一种环境条件，适宜的相对湿度应控制在40%~60%的范围内。湿度越大，人们的烦躁感越大，客人和员工都会感到不快，容易产生摩擦和发生事故。

通风，是为了保持室内空气的清新。新鲜空气中约含有21%的氧气，如果室内氧气含量降低到14%，就会给人体带来危害。大厅内新风量一般不低于160立方米/（人·小时），优质服务质量标准以不低于200立方米/（人·小时）为宜。

自然采光照度不低于95勒克斯，灯光照明不低于45勒克斯。

（二）环境噪声控制

一切听起来不和谐、不悦耳的声音，均为噪声。噪声对环境是一种污染，影响人们休息、降低工作效率。饭店的大厅客人来往频繁，谈笑不断，为了创

造良好的环境和气氛，必须采取措施，防止噪声。大厅内的噪声一般不得超过50分贝。为有效地控制噪声，大厅的天花板、墙面需使用隔音及吸音性材料；大厅内设施设备的选用和装饰美化（如瀑布、喷泉等）的设计都应注意防止噪声；对团队、会议等大批客人要尽快安置，尽快把人群从大厅疏散；员工要养成轻声说话的习惯，大厅内绝对禁止大声喧哗。另外，播放背景音乐也是防止噪声及工作单调感的有效措施。悦耳的、分贝值低的背景音乐可以掩盖嘈杂的、分贝值较高的噪声，从而降低噪声所带来的不良影响，稳定人们的情绪，又可减少员工因重复性的单调工作而带来的疲劳感。背景音乐要保持在令人轻松愉快的程度，不影响宁静宜人的气氛，一般以5~7分贝为宜。

（三）空气卫生

大厅内的空气中含有一氧化碳、二氧化碳、可吸入颗粒物、细菌等空气污染物，有害人体健康，必须予以控制。我国《旅店业卫生标准》（GB 9663-1996）对星级饭店室内空气卫生质量标准做了具体规定，其中包括：

一氧化碳含量：不超过5毫克/立方米；

二氧化碳含量：不超过0.1%（三星级以上饭店不超过0.07%）；

可吸入颗粒物：不超过0.15毫克/立方米；

细菌总数：①撞击法不超过1500 cfu/立方米（三星级以上饭店不超过1000 cfu/立方米）；②沉降法不超过10个/皿。

（注：撞击法和沉降法是室内空气中细菌总数测定的两种方法。cfu是"colony forming units"的缩写，意为菌落形成单位，cfu/立方米即每立方米含有的菌落总数。）

五、前厅服务氛围的控制

饭店大堂要创造一种迎接客人的氛围，其空间、设施、装饰美化等硬环境固然重要，但是，更为重要的是人的因素，是富有生气的前厅部全体管理人员和服务人员。卓越的软环境，不仅可与硬环境相得益彰，更能弥补硬环境的不足。而拙劣的软环境，却足以抵消硬环境的积极作用。

（一）前厅服务人员的素质要求

前厅部服务人员应是饭店各部门中素质最高的员工，因为他们代表的是饭店的形象。虽然由于前厅部各岗位的特点不同，对服务人员的素质要求也各有侧重，但优秀的前厅服务人员应有着共同的基本素质。

1. 仪容仪表

良好的仪容仪表会给客人留下深刻的印象和美好的回忆。仪容，是对服务人员的身体和容貌的要求。前厅服务人员应身材匀称、面慈目秀、仪表堂堂、身体健康。仪表，是对服务人员外表仪态的要求。前厅服务人员应在工作中着装整洁、大方、美观，举止姿态端庄稳重，表情自然诚恳、和蔼可亲。服务人员仪容仪表的标准要求如下：

（1）面容。员工上班面容整洁、大方、舒适，精神饱满。男性员工不留长发、小胡子和大鬓角；女性员工不留怪异发型；发型美观大方、舒适，头发干净。上班前刷牙，上班不吃零食，牙齿清洁美观。服务时精神集中，眼睛明亮有神，不疲倦。

（2）化妆。班前整理面容，女性员工化淡妆，容貌美观自然，有青春活力，不浓妆艳抹，无轻佻、妖艳，引起客人反感的现象发生。

（3）饰物。员工上班不戴贵重耳环、手镯、项链等。手表、胸针、发卡等饰物选择适当，与面容、发型、服饰协调，美观大方。

（4）服饰。员工工作服应美观合体，能突出人体自然美。服装要求干净、整洁、无污迹、无皱褶，线条轮廓清楚，无破损、不开线、不掉扣。

（5）个人卫生。上班前整理个人卫生，做到整洁、干净、无异味。

（6）服务号牌。员工号牌戴在右胸前，位置统一、端正，无乱戴或不戴现象发生。

2. 礼貌修养

礼貌修养是以人的德才学识为基础的，是内在美的自然流露。前厅服务人员应有的礼貌修养具体表现在：

（1）言谈举止。应做到用语规范、声调柔和、语气亲切、表达得体、文明优雅；站立挺直自然，不倚不靠，行走轻快，不奔跑；手势正确，动作优美、自然，符合规范。

（2）工作作风。应做到端庄、朴实、谦逊、谨慎、勤奋、好客。

（3）服务态度。应做到一视同仁，不卑不亢，待人热情，分寸适度，表情自然诚恳，精力旺盛，微笑服务。容貌端庄、服装整洁，举止大方有礼的前厅服务人员给人以热情好客、训练有素、可以信赖的感觉。良好的仪容仪表代表了前厅部员工对企业和工作的热爱，对客人的尊重，反映了饭店高品位的服务水准和蓬勃向上的企业精神。

3. 性格

性格，是个人对现实的稳定的态度和习惯化了的行为方式。前厅服务人员应具有外向型性格，因为他们处于饭店接待客人的最前沿，需要每天与各种客人打交道，提供面对面的服务。外向型性格的人感情外露，热情开朗，笑口常开，善于交际。但是，如果性格外向，而言谈举止咄咄逼人，或好为人师，这样的性格也极易造成客我关系的紧张，无助于形成良好的热情好客的气氛。所以，作为一名前厅服务人员，除必须具有开朗的性格，乐意为别人服务的品质外，更重要的是耐心、容忍和合作精神，善于自我调节情绪，始终如一地保持温和、礼貌，不发火，并具有幽默感，善于为别人提供台阶，能为尴尬的局面打圆场，使自己在对客服务中保持心态平和，并提高服务过程中的随机应变能力。

4. 品德

前厅服务人员必须具有良好的品德，正派、诚实、责任心强。前厅部的工作会涉及价格、外币兑换、饭店营业机密及客人隐私、商业秘密等，每天都要同国内外各种客人打交道，所以前厅服务人员作风正派、为人诚实可靠、行为良好、不谋私利是很重要的。每一位员工都应具有良好的职业道德，用真诚的态度、良好的纪律为客人提供优质的服务。

前厅部要向客人提供大量的项目繁多的服务工作，每个岗位每一次具体的服务中出现的任何一点差错，都会影响客人对饭店服务产品的评价，影响饭店的服务质量和声誉。所以，前厅服务人员必须具有强烈的服务意识，具有高度的事业心和责任感，热爱宾客，热爱饭店，热爱本职工作。

5. 基本技能

前厅服务人员应具备以下基本技能：

（1）语言交际能力。语言，特别是服务用语，是提供优质服务的前提条件。前厅服务人员应使用优美的语言，令人愉快的声调，使服务过程显得有生气，要能够使用迎宾敬语、问候敬语、称呼敬语、电话敬语、服务敬语、道别敬语，提供规范化的敬语服务，能够用英语或其他外语进行服务，并解决服务中的一些基本问题，善于用简单、明了的语言来表达服务用意，并进行主客之间的人际沟通。

（2）业务操作技能。前厅服务人员必须有较强的动手能力，反应敏捷，能够熟练、准确地按照操作程序完成本职工作，为宾客提供满意、周到的服务，使宾客处处感到舒适、整洁、方便、安全，要在快速敏捷、准确无误的工作过程中，不断提高自己各方面的工作能力。如应变能力、人际关系能力、推销饭店产品能力、熟记客人能力等。

（3）知识面。前厅服务人员应具备较宽的知识面和较丰富的专业知识，应略通政治、经济、地理、历史、旅游、宗教、民俗、心理、文学、音乐、体育、医疗及有关饭店运行等多方面的知识，以便与客人交流沟通，保证优质服务。饭店对前厅服务人员知识面的要求与其他部门相比较也是最高的。

（二）前厅服务方式的创新与改良

我国饭店的前厅服务一般都是站立服务及柜台服务。这类服务方式的优点是便于管理，且站立服务易表达饭店员工对客人的尊重及热情待客之道。但是这类服务方式同样存在着一些欠缺。例如，客人在办理入住手续时，往往是经过长途跋涉，疲惫不堪，如遇接待高峰，就有可能在柜台外长时间站立等候，极易造成客人的不满情绪。再者，柜台封闭式服务也易于形成客人与员工的隔阂，不利于沟通。因此，一些饭店为形成更良好、更利于沟通的服务氛围，积极进行前厅服务方式的改进。

1. 改站立式服务为坐式接待服务

坐式接待服务是一种高标准、高规格的对客服务方式，最初只在高档饭店的行政楼层提供。目前一些饭店把坐式接待服务从行政楼层搬到了前厅，作为前厅一种新颖的、高规格的服务方式，坐式体现了以人为本的管理理念。

（1）让客人感觉到方便、舒适、亲切。客人一路劳顿来到饭店，能够坐在舒适的坐椅上，在休息的同时轻松地接受服务，完成入住登记手续的办理。这样不仅可以使客人减轻旅途的疲劳，还可以使客人有"宾至如归"的亲切之感，且坐着办理离店手续，也使等待查房的时间不再显得漫长、枯燥和难耐。

（2）减轻了员工的工作强度。由站立服务到坐着服务，可以节省不必要的体力消耗。这一方面是对服务人员体力上的关照，另一方面也体现了对服务人员的关怀。这样，会让服务人员感觉到自己的工作环境越来越好，饭店对员工的关照也越来越多，从而调动起员工的工作热情和积极性，使员工能在相对舒适的工作环境中，以更为愉快的心情为客人提供优质服务。但需要注意的是，当客人到达前台前，接待员应立即躬身起立，向客人致以亲切问候，并请客人入座，在客人落座后接待员方可就座。

2. 改客人走动为员工走动的一站式服务

以往客人在办理手续时，常常要在几个不同的柜台前往返奔走，遇到高峰，往往要等候较长时间，颇为不便，所以，改客人走动为员工走动，能使客人留在座位上休息等候，将方便让给客人。

一站式服务的提出，对前厅服务与管理的水平提出了更高的要求，但是带给客人的将是最大限度的方便。一站式服务即客人无论有多少要求，他只需在一个服务点就能全部得到满足。对于前厅服务而言，这意味着将多种服务项目打通，通过一岗多职、一职多能或高度的内部协调来完成。

3. 改封闭式柜台服务为开放式服务

改封闭式柜台服务为开放式服务，对每一位客人实行一对一、面对面的服务方式，拉近了客人与员工的距离。从客人的角度讲，他们也需要平等交流和沟通。撤离高高的柜台，改为开放的桌式服务，朋友般亲切的交流增加了饭店的人情味。

无论何种服务方式，目的都在于创造出热情、高效、友好的服务氛围。饭店根据各自的实际情况，设计出最具有针对性的服务方式，有利于创造良好的前厅氛围。

【本章小结】

　　前厅部是现代饭店的关键部位，是联系宾客的"桥梁与纽带"，是饭店的"神经中枢"与"橱窗"，本章介绍了前厅部的概念、基本功能与地位，前厅部的组织机构设置与职责，阐述了前厅部的环境氛围要求和对管理人员、服务人员的基本素质要求。通过本章的学习，使学生对现代饭店前厅部有个基本认识。

【实训练习】

　　1. 考察一家三星级以上饭店，了解其机构设置情况，并画出机构设置图。

　　2. 走访饭店前厅部经理或大堂副理，了解其岗位职责和基本素质要求。

　　3. 实地参观本市星级饭店的大堂，就其环境氛围和前厅服务人员的服务谈谈你的感受。

【思考与练习】

　　1. 前厅部在饭店中的地位主要表现在哪几个方面？

　　2. 前厅部的工作任务是什么？

　　3. 大厅内的空气卫生质量标准是什么？

　　4. 前厅部经理的能力要求是什么？

第二章　客房预订服务与管理

【本章导读】

　　饭店的设施是旅游者在旅游途中必不可少的基本设施，只有房间有了保证，其他相关设施及服务也才有了保证。因此，对于旅游者来说，预订饭店的房间成为预订工作最核心的内容，饭店前厅部开展的预订服务业务就是为了满足客人的这种需要。

【学习目标】

　　了解预订工作的意义，了解客房的种类、订房的途径与接受方式，掌握预订工作程序。

【关键概念】

　　客房预订　临时性预订　确认类预订　保证类预订　等待类预订　超额预订

第一节　前台预订工作概述

一、预订工作的意义

　　在现代社会，绝大多数旅游者在开始旅游之前，都希望对整个旅程所需的各项设施预先做好安排，以免在旅途中因某项设施得不到保证而耽搁旅程。饭店的设施是旅游者在旅途中必不可少的基本设施。饭店的房间预订是一切预订的核心，只有房间有了保证，其他相关设施及服务才有保证。因此，对于旅游者来说，预订饭店房间就成为预订工作最为核心的内容。饭店前台部开展的预订服务业务，就是为了满足客人的这种需要。

　　对于开展房间预订业务，既是国际饭店业通常的做法，也是满足客人需求的有效做法。由于预订工作是客人到达之前就开始的，是客人对饭店形成印象的首要环节，因此，预订工作的效率和质量就成为客人对饭店进行评价的第一步，它直接关系到客人对饭店"第一印象"的形成，甚至可能成为影响客人是否选择该饭店的一个重要依据。因此，做好饭店的前台预订工作，是一个饭店做好客服工作、争取客源、扩大市场的重要一环。

对于饭店来说，开展好预订工作具有以下几方面的重要意义：

第一，这是真正体现全面系统对客人服务的具体形式和内容，这是一个饭店工作质量的直接体现方式。有了预订工作，就能在对客人服务上掌握主动权，就能更加方便客人，增加客人对饭店服务的满意度。

第二，开展预订工作也是饭店进行推销的一个重要手段，通过有效的、高质量的预订工作，可以争取更多的客源，为饭店增加效益。

第三，通过预订工作，可以使饭店更好地掌握未来一段时间里的客源情况，从而为饭店做好总体工作安排提供一个基本依据，有利于饭店提高管理工作的质量和效果。

二、预订服务的工作范围和内容

（一）预订服务的工作范围

（1）办理团体及散客的订房事宜。

（2）做好预订存档工作，使所有预订房间得以正确累计汇总，对没有按时抵店的保证付款类订房客人提供保留权。

（3）收集有关信息资料，准确处理客人的预订变更要求。

（4）每天为饭店各部门提供详尽的即将入住的客人资料；与前台的各部门协调合作，使饭店达到最高开房率。

（5）定期为饭店市场营销部及高层决策部门提供信息反馈及客源动态资料。

（二）预订服务的工作内容

（1）班前准备工作。

（2）掌握预订的可行性资料。

（3）接受电话预订及函电预订（传真、信函、电传）。

（4）直接处理订房业务。

（5）预订确认处理及预订更改与取消处理。

（6）保证付款类预订的处理。

（7）已预订但未抵达的客人的处理。

（8）超额订房情况的处理。

（9）团队预订。

（10）VIP 客人的预订。

（11）核对订房情况。

（12）预订单存档。

（13）客人历史档案的建立与查询。

（14）制作确认订房明细表及预订总览表。

三、预订服务的规则

（1）上岗前应检查个人仪容仪表和卫生状况，精神饱满地上岗，做好交接班工作。

（2）熟悉饭店提供的产品、房价和饭店政策。

（3）事前准备好预订用品，避免临时现查、现找等现象发生。

（4）接到客人订房申请后，能较快了解订房人或预订代理人的基本情况和订房要求，根据客人订房方式受理预订。

（5）接到信函、电报、传真等预订要求后，经主管核准，以同样方式迅速回复对方。

（6）填写预订单时，要认真地逐栏逐项填写清楚。因为这是最原始的资料，它的错误会导致订房系列工作的全盘错误。

（7）在办理重要客人、团队以及各种会议订房时，应注意问清特殊安排的具体要求。

（8）客人要求更改预订时，应尽可能满足客人需要，订房更改单要填写准确，及时调整更改信息。

（9）客人要求取消订房时，要迅速按饭店规定取消预订。

（10）当不能满足客人订房时，要有礼貌地婉转说明原因，使客人感到满意。

（11）对已确认订房的客人应及时发出订房确认书。

（12）接听电话订房时，必须有礼貌地问清并回答对方提出的问题，要做到语气柔和，语言得体，口齿清楚，为防止读音不清，可采用一些串读的方法加以确认。例如：

数字的读法：Seventeen 可串读成 sixteen，seventeen，eighteen… Seventy 可串读成 sixty，seventy，eighty…避免 seventeen 与 seventy 之间读音不清。

文字的读法：可采用国际标准符号确认字音。

A——APPLE	B——BABY	C——CHARLE	D——DAVID
E——EASY	F——FATHER	G——GORGE	H——HENRY
I——ITEM	J——JACK	K——KING	L——LONDON
M——MOTHER	N——NANCY	O——OPEN	P——PETER
Q——QUEST	R——ROGER	S——SPAIN	T——TOM
U——UNCLE	V——VICTOR	W——WILLIAM	X——X-RAY
Y——YELLOW	Z——ZERO		

（13）管理重要客人的预订房号，保证饭店信誉。

（14）前台预订与接待工作要密切配合，保证订房客人到店后能及时住进所订房间。

四、预订组岗位工作说明书

预订组的岗位工作说明书分预订组领班、预订文员（上班）、预订文员（下班）3 种。

（一）预订组领班岗位工作说明书

部门：前台部——前台服务	班组：预订组
姓名：	直接上级：前台接待主管
岗位：预订组领班	直接下级：预订文员
班次：行政班	工作时间：8：00~12：00 14：00~18：00

工作职责：保证饭店客房预订工作顺利进行和完成，力争使饭店客房开房率达到最佳效果，并负责与部门其他服务点的沟通与衔接

工作原则：灵活、热情、细致、准确

工作内容：

1. 准备工作
①阅读交班记录，了解昨日未完成事宜和今日应完成工作
②阅读有关报表，了解当日房况、近期房况、近期预订情况、VIP 情况、店内重大活动等
③听取主管指示和部门行政指令

2. 组织并参与本班组工作
①根据当日工作情况及员工分配任务
②负责"B"类以上 VIP 客人的预订
③负责与各主要客户、公司签署订房优惠协议
④负责或指定专人与客户接触、洽谈
⑤处理紧急事故或员工不能处理的问题
⑥每周向部门、销售部、前台接待组预报近期房间预订情况

3. 检查与评估
①按标准检查员工仪表仪容、语言表达、出勤状况
②随时注意员工对客人服务是否符合程序与标准
③检查员工工作在岗状况，有否脱岗、违纪等现象
④每日对员工进行考核
⑤检查每日所有预定情况

4. 总结、汇报、制订计划
①草拟预订组工作计划和管理细则，报主管审批
②每周参加部门例会，负责向员工传达
③每月召开班组"月工作总结会"
④每月向主管或部门经理汇报"B"类以上 VIP 预订情况
⑤负责指导和监督与其他部门、班组的沟通与协作
⑥每日早晨向主管汇报昨日工作，听取主管指示

（二）预订文员岗位工作说明书

预订文员分上班、下班两个班次。上班的工作时间是 8：00～16：00，下班的工作时间是 16：00～23：00

1. 预订文员（上班）岗位工作说明书

部门：前台部——前台服务	班组：预订组
姓名：	直接上级：预订组领班
岗位：预订文员	直接下级：＿＿＿
班次：上班	工作时间：8：00～16：00

工作职责：接受客房预订，力争达到最佳开房率

工作原则：热情、细致，语言表述准确

工作内容：

1. 客人电话预订
2. 接受客人函电预订
3. 当面为客人办理预订业务
4. 处理预订更改和取消业务
5. 确认预订
6. 为旅行社等单位办理团队预订业务
7. "B"类以上 VIP 预订业务的处理

2. 预订文员（下班）岗位工作说明书

部门：前台部——前台服务	班组：预订组
姓名：	直接上级：预订组领班
岗位：预订文员	直接下级：＿＿＿＿
班次：下班	工作时间：16：00～23：00

工作职责：同"上班"

工作原则：同"上班"

工作内容：

1，2，3，4，5，6，7 与"上班"1，2，3，4，5，6，7 同

8. 将次日预订抵达客人统计表分类汇总后报部门值班经理审阅
9. 将已审阅的次日团队预订抵达表交前台值班员签收

五、前台订房部与市场营销部的关系

依照人们传统的理解和做法，前台部是饭店客房的销售中心，加之客房是饭店最为重要的产品之一，因而，前台部成为饭店主要的利润中心。这种理解和做法也许对那些纯粹以接待商务散客为对象的商务型饭店是正确的，但对许多接待各种团队的饭店来说，因许多促销工作需由市场营销部来做，所以上述单纯突出前台部工作的说法是不全面的。因为：

（1）前台部人员不可能走出饭店进行市场营销工作。

（2）前台部人员只是对客房进行实际的销售，而饭店其他产品销售与此联为一体的饭店形象宣传以及统一的策划与实施，则由市场营销部组织更为合理。

（3）对于许多各种各样的团队来说，其销售和服务都与散客有许多不同，因此，到目前为止比较成功的做法是"专人跟办"，而对于这一要求，前台部是没有能力做到的。

（4）客观地说，前台部只是有能力进行预订和对散客接待时进行一些直接的面对面的促销，而无能力承担饭店整体产品营销和团队接待中的"专人跟办"任务。

（5）对于那些对饭店整体利益十分有利而对客房受益可能有消极影响的活动或项目，前台部则可能会更多地从本部门利益出发而拒绝接待，从而给整体利益带来损失。

基于这些情况，许多饭店开始将整个饭店总体产品的销售任务划归专门的市场营销部负责，以便于从市场营销角度统筹饭店整体产品的调查、研究、策划、调整和工作协调，从而保证饭店的整体利益和长远利益。前台订房部则主要负责散客预订工作，遇到团队或会议预订时则转给市场营销部处理。具体分工是：

（1）饭店整体形象的塑造、宣传和市场促销工作，由市场营销部负责。

（2）客房和饭店其他产品的配套销售政策，由市场营销部制定，其他相关部门配合执行。

（3）饭店的整体销售任务指标是由饭店总经理下达给市场营销部，而不是下达给哪个具体部门，但各部门所完成的促销任务和作出的贡献应在饭店分项产品的销售额中得到体现。

（4）前台订房部负责完成饭店按总体销售计划分配给它直接销售的部分。

（5）前台订房部遇到团队预订和非住房类活动预订，直接转给市场营销部统筹处理。

（6）饭店所有产品的可出售状况，由各部门通过计算机系统将有关信息

及时传输给市场营销部，由它统一销售。

这样调整的好处是显而易见的，主要体现在以下几个方面：

（1）饭店在面对市场时，能以一个统一的形象出现，能运用统一的政策来处理问题。

（2）由于市场营销部能最全面及时地掌握市场信息，因此，可统筹、安排、优化饭店的效益结构。如在销售客房时，可以根据季节的不同安排散客和团队的销售比例，确定不同的促销策略和实施重点；也可以通过组合产品的优惠销售从总体上保证饭店利益的最大化，等等。

（3）避免了过去部门所有制条件下强调部门利益，以部门利益损害饭店整体利益现象的发生。

（4）强化了各部门自身的服务质量和成本控制方面的职能要求，避免了所谓"全员销售"所产生的竞争无序状况。

（5）使重要的团队客户可以得到符合自己特殊要求的跟踪式一条龙服务，有利于保证总体服务质量。

（6）从总体上增强了饭店在市场上的竞争实力。

通过部门功能分工的调整，订房部的促销功能主要集中在客房预订工作上。整个前台部的客房促销工作通过三个方面来体现：一是在预订工作中促销；二是在接待过程中促销；三是通过以上两项工作展示自己良好的服务态度、现代化服务技能和高超的工作效率，来达到间接促销的目的。

饭店的产品销售已从部门负责制阶段，开始进入整体的市场营销阶段。这一变化是饭店业经营进入成熟阶段的具体表现。这一变化具体体现在前台订房部和市场营销部关系的变化，整个饭店的营销中心由前台部转移到了市场营销部。应该说，无论在理论上还是在实践上，这都是一个不小的进步。通过这样调整，过去存在的一些问题也就迎刃而解了。

前台订房部和市场营销部关系的调整，也是饭店经营理念的一种重要变化和调整，是更加有利于饭店整体经营效益的一种结构模式。

第二节　客房预订

客房的预订业务及工作程序对客人所产生的满意程度，对饭店的经营效益至关重要。因为在预订阶段，顾客选择哪家饭店住宿，其中有一系列影响因素。比如，饭店的销售魅力与销售艺术；以往住宿客人的感受与满意程度；饭店的地理位置与媒体广告效果；饭店预订的方便程度等，都会影响到顾客的购买情绪。所以，为了满足每位预订者的要求，达到订房服务的高水准，争取最理想的住房率和最佳的经济效益，订房部必须采取行之有效的措施，建立一整套订房管理制度与规范化的服务程序以及预订系统网络，以保证为客人提供优质的预订服务。

一、客房的种类

饭店每个房间的面积大小和建房成本都相差不多，而房间里的设备及布置则根据饭店的不同等级区别很大。为此，订房员必须熟悉客房产品的内在区别，才有可能做好客房的预订工作。

（一）床的种类

1. 基本类型

一般分为 6 类：

（1）单人简易折叠床（Rollaway Bed）。饭店常用这种床作为加床，其规格为 30 英寸×72 英寸。

（2）单人床（Single-size Bed）。规格为 36 英寸×75 英寸。

（3）单人标准床（Twin-size Bed）。规格为 39 英寸×75 英寸。

（4）双人床（Double-size Bed）。规格为 54 英寸×75 英寸。

（5）大号豪华双人床（Queen-size Bed）。规格为 60 英寸×80 英寸。

（6）特大号豪华双人床（King-size Bed）。规格为 78 英寸×80 英寸。

2. 特殊类型

一般分为 5 类：

（1）好莱坞床（Hollwood Bed）。指两张单人床由一块床头板联结起来，既可独立作单人床使用，又可合并作双人床使用。因此，也称作单双两便床。

（2）沙发床（Sofa Bed）。一种有固定靠背和扶手的沙发，其座位可以打开成标准的单人床或双人床。

（3）无靠背沙发床（Studio Bed）。这种床没有床头板，其规格一般为 36 英寸×75 英寸，白天可以用来做沙发使用。

（4）隐壁床（Murphy Bed）。这是一种可翻起折入墙壁的标准床，白天可翻作沙发使用，夜间可作床使用。

（5）水床（Water Bed）。一种带有充水床垫的床，内充乙烯基物质，并附有电热装置。

（二）客房类型

1. 基本类型

一般有 7 种类型：

（1）单人房（Single Room）。

（2）双人房（Double Room）。

（3）三人房（Triple Room）。

（4）普通套房（Junior Suite）。

（5）豪华套房（Deluxe Suite）。

（6）复式套房（Duplex Suite）。

（7）总统套房（Presidential Suite）。

2. 按客房的位置分类

一般可分为 5 种：

（1）内景房（Inside Room）。

（2）外景房（Outside Room）。

（3）相邻房（Adjoining Room）。

（4）相通房（Connecting Room）。

（5）角房（Corner Room）。

3. 按客房的盥洗条件分类

一般有 6 种情况：

（1）单人房，无浴室（Single Room without Bath）。

（2）单人房，只有淋浴（Single Room with Shower）。

（3）单人房，有浴室（Single Room with Bath）。

（4）双人房，无浴室（Double Room without Bath）。

（5）双人房，只有淋浴（Double Room with Shower）。

（6）双人房，有浴室（Double Room with Bath）。

4. 其他分类：

（1）单人房，单人床（Single Room，Single Bed）。

（2）单人房，双人床（Single Room，Double Bed）。

（3）单人房，沙发床（Single Room，Sofa Bed）。

（4）双人房，一张双人床（Double Room，Double Bed）。

（5）双人房，两张单人床（Double Room，Twin Bed）。

（6）双人房，两张双人床（Double Room，Double-Double Bed）。

（7）双人房，一张大号豪华双人床（Double Room，Queen-double Bed）。

（8）三人房，三张单人床（Triple Room，Three Single Bed）。

（9）三人房，一张单人床、一张双人床（Triple Room，Single-Double Bed）。

二、客房预订的途径与接受方式

（一）客房预订的途径

经调查研究表明，世界上每年有 80% 的客人是通过不同的预订途径来到饭店下榻的。他们可以直接向饭店订房，或由中介机构代理订房，如通过旅行社、航空公司、公司旅游部、饭店代理商或独立的订房组织，也可以通过连锁饭店预订中心办理预先订房事宜。

旅行社是与饭店业务关系最密切的客源输送单位。旅行社与饭店通过签订订房合同，保证饭店有一定数量的稳定客源。同时，饭店视其提供的客源量和客人在店消费额，给予旅行社一定比率的优惠折扣。

越来越多的航空公司加入到饭店订房体系中。他们不仅能预订航班、出售机票，还能预订饭店房间，为乘机的客人、机组人员和本公司职员外出订房起到一个中介商的作用。

许多大公司都有自己的旅游部为公司职员外出旅游、履行公务、参加会议等预订房间。对饭店来说，除了这些大公司成为饭店的重要客源外，本地一些外事部门和企事业单位也都是饭店重要的客源输出部门。

饭店代理商是饭店在一些国家或地方城市的雇员。他们专门在当地为饭店处理订房事务，在订房业务上与市场区的大客户保持密切的联系，代表饭店向客户提供有效的销售服务，是饭店重要的客源渠道。

独立的订房组织是针对饭店集团竞争而联合起来的机构，在组织关系上与各饭店间无从属关系，也不使用某一饭店的名称和商标。在预订业务上，为各饭店推荐客源，形成与饭店集团形式不同的又一订房渠道。

连锁饭店预订中心为所属成员饭店推荐、输送客源和预订房间，是各成员饭店重要的订房途径。

（二）接受客房预订的方式

订房部日常收到客人订房的要求很多，散客通过电话、信函、传真等方式直接向订房部订房，旅行社等团体则通过市场营销部按合约规定订房。接受客人订房的方式可分为 6 种；

1. 电话订房

电话订房方式应用最广泛，特别是提前预订的时间较短时，这种方法最为有效。它能迅速传递双方信息，当场回复和确认客人订房要求。

电话订房工作的管理要求：

（1）与客人通电话时要注意使用礼貌用语，语音、语调运用要适当、婉转。

（2）客房预订状况的掌握要十分准确，以便于及时查找、确认。

（3）预订单要放置在便于取用的地方。

（4）保证预订人员每天 24 小时在岗。

（5）婉拒客人订房时，应征询客人是否可以列入候补名单。

（6）确认客人订房后，在时间允许的情况下，应向客人寄送订房确认书。

2. 信函订房

　　信函订房的方式比较适合于提前预订时间较长的客户和以接待度假或会议为主的饭店。这种订房方式信息可靠，客人可以写明特殊要求。而且，信函还可以作为一种预订协议，对饭店和客人起到约束作用。

　　信函订房工作的管理要求：

　　（1）预订信函应以一定的格式记载。

　　（2）回复客人订房要求应及时，复信内容要明确、有条理。同时，还要注意信封纸的质量选择。

　　（3）准确记录客户的姓名、身份、地址与日期，以便日后进一步招徕客户。

　　3. 传真订房

　　传真订房方式比较适用于大中型饭店，它一般都具备了现代化通信设备，传递信息迅速准确，既省时且信息可靠，还有书面信息留底，能广泛与国内外进行通信订房联络。

　　传真订房工作的管理要求：

　　（1）接收和发出传真后，应及时打上时间印记。

　　（2）受理预订和确认订房要迅速，回复客人电报、电传及传真时语言要简明扼要。

　　（3）接受客人的电报、电传和传真订房资料要保留存档，以备日后查对。

　　4. 面谈订房

　　面谈订房是指客户亲自到饭店与订房人员洽谈有关订房事宜。这种订房方式有利于饭店推销客房产品。必要时，还可向客人展示供他选择的房间，便于与客人建立良好的彼此沟通和信任的关系。

　　面谈订房工作的管理要求：

　　（1）与客人面谈时，要注意个人仪表和举止，语言、语调要适当、婉转。

　　（2）应避免轻易向客人做出确认房号的承诺，以免由于其他原因不能向客人提供该号房间而失信于客人。

　　5. 口头订房

　　口头订房通常是客人由于时间紧或其他原因临时向饭店提出订房，或委托当地亲友向饭店提出订房，因此饭店很难当场了解客人的信用状况。

　　口头订房工作的管理要求：

　　（1）要向客人明确说明所订房间只保留到某一时间为止，逾期则自动取消。

　　（2）要求顾客预付订金。

　　6. 计算机网络订房

　　这种订房方式是现代饭店广泛使用的一种预订方式，具有信息传递快、可靠性强等特点。电脑终端储存的预订信息可随时提取和打印，极大地方便了订房处理工作。另外，通过计算机网络订房系统，可以和连锁饭店的订房系统以及航空公司、各大旅行社等机构联网，使各系统紧密联系。

计算机订房工作的管理要求：

（1）饭店定时向航空公司、旅行社等客源渠道通报本饭店各类客房的出租利用情况，可订的房间数、房价标准及变化情况。

（2）此项通报工作是由饭店市场营销部将根据不同季节和市场情况所决定的销售方案向有固定联系的大客户进行传递，要做到准确及时，配额合理，符合签约原则，讲求商业信誉。

（3）避免错报、漏报现象发生。

订房确认书
RESERVATION CONFIRMATION

客人姓名
GUEST NAME

到达日期　　　　　　班机号　　　　　离店日期
ARRIVAL DATE _____ FLIGHT NO. _____ DEPARTURE DATE _____

房间种类	人数	房价
TYPE OF ACCOMMODATION	NO. OF PERSONS	RATE

备注
REMARKS _____

请将订房确认书交与接待部
Please present this confirmation to the reception desk

公司　　　　　　　　　　　　　致
COMPANY _____ ATTN. _____
地址　　　　　　　　　　　　　电话号码
ADDRESS _____ TEL. NO. _____

注意：预订客房将保留至下午6时，迟于6时到达的宾客，请预先告知。若有任何变动，请直接与本饭店联络。

NOTE：Your room will be held until 6：00 P. M. Unless later arrival time is specified. Should there be any changes, please contact the hotel directly for adjustment.

确认者　　　　　　　　　　　　日期
CONFIRMED BY _____ DATE _____
订房办公室
BOOKING OFFICE _____

在各种订房方式中，目前使用较普遍的是信函、电话和传真。随着科学技术的发展，传真订房已逐步走向普及。传真是一种非常方便、快速的通信方式，只需双方都有传真机和电话机就能实现。

在饭店订房中，一般来说，客人以何种方式订房，饭店方面也应以同样的方式给客人答复。

三、订房类别

（一）临时类预订（Advance Reservation）

临时预订是指客人的订房日期与抵店日期非常接近，甚至是抵店当天的订房。

临时预订工作的管理要求：

按照国际惯例，饭店对预先订房的客人，会为其保留房间直至预订当日18：00为止。如果客人在18：00以后还未来店，就算自动放弃订房；如果客人要求在晚些时间抵店，则必须事先通知饭店，要求饭店同意他延迟抵达。另外，由于临时订房已十分接近客人入住日期，故饭店一般不要求其交纳订金。

（二）确认类预订（Confirmed Reservation）

确认类预订是指客人提前较长时间向饭店提出订房，饭店方面也有足够的时间给客人寄送书面订房确认书，并答应为订房人保留客房至某一事先声明的时间。

订房确认书是给订房客人答复订房已被接受的信函，它起到一个契约文件的作用，标志着双方同意的商业行为已经发生。为保证饭店的业务，在订房确认书上必须注明所订的房间保留到入住当天的18：00，逾时则作自动取消处理。

确认类订房工作的管理要求：

确认类订房有两种方式：其一，是把订房确认书寄给客人；其二，是在电话中直接向客人确认订房。这类订房，要求饭店在限定时间之前，为客人保留客房。如果客人过时不来店，饭店有权将客房出租给其他客人。

确认订房对于散客来说一般是提前一周至一个月，而团体则提前一至三个月。

确认订房在饭店营业淡季时，不向客人收取定金。但如果在旺季，订房率达到100%甚至超过100%时，就要在订房确认书上要求客人提前交纳订金，否则届时就难保证有房。一般来说，饭店方面应尽量为客人着想，尽全力保证客人实现预订的要求。

（三）保证付款类预订（Guaranteed Reservation）

保证付款类预订对饭店和客人双方都最为有利。饭店要求凡用此法预订的客人必须事先交纳订金，或通过使用信用卡或订立合同等方式保证饭店的客房收入。对订房客人来说饭店可为其保留房间直到确认到店日的次日 12：00 客人正常迁出结账时间为止。

保证付款类预订工作的管理要求：

（1）订房保留的时间应从客人预订的入住时间起，一直至次日的退房时间为止。

（2）客人逾期不到店，事先又不向饭店声明取消订房，就要从预付订金中支付一定费用，以补偿饭店的损失。

（3）客人到店后，若饭店未按原订客房让客人入住，则必须为客人提供相应的客房替代，并为他支付第一夜房费，或免费送客人到别的饭店住宿，并免费让客人打电话把住宿地点通知其家属或工作单位。

（四）等待类预订（Waiting Reservation）

等待类预订是指在客房已租完以后，仍接受一定数量的等待类订房，如果有人取消预订，或有人提前离店，饭店就会通知等待类订房的客人来店。

等待类预订工作的管理要求：

对未接到饭店通知就来店的客人，可介绍其到附近的饭店去住宿，但不必为他支付房费、交通费和其他费用。

四、预订工作程序

预订工作程序可分为 6 个阶段：

（一）明确预订要求与细节

饭店在预订工作中一般将客人分为散客和团体两大类。

团体订房主要用于那些与饭店订有合同的客户，他们可以直接与饭店的市场营销部商议订房。订房的详细内容由市场营销部与订房部协调安排。

散客向饭店申请订房时，要填写预订申请表，使饭店了解住店客人的情况。申请表包括以下各项内容：

（1）客人姓名、地址、电话号码；

（2）客人所属团体、公司；

（3）预订客房数及类型；

（4）预订抵店日期、时间及离店日期；

（5）预订类别；

（6）付款方式；

（7）交通方式；

（8）特殊要求；

（9）订房人姓名、电话号码；

（10）订房要求的来源；

（11）订房员姓名及制表日期。

（二）接受或婉拒预订

收到客人的订房要求后，订房员应迅速决定是否接受这个申请。

首先，通过电脑终端机，了解饭店可接受订房日期的状况，决定能否接受客人的要求。如果在客人要求的日期内有空房，饭店就可接受这个订房要求。

其次，订房员应向订房人复述客人订房的具体要求，以免发生差错。同时向客人说明饭店有关最迟到店时间的规定、不同付款方式对保证获得住房的约束，以及取消订房的手续要求等。

如果在客人要求的订房日期内，饭店无接待能力，不能满足客人需要，最好用建议的方式代替直述拒绝的原因。建议的内容有：

（1）建议客人重新选择来店日期；

（2）建议客人改变住房类型；

（3）建议客人改变对房价的要求；

（4）征询客人意见是否愿意接受作为等待类订房；

（5）征询客人意见是否愿意接受为他代订其他饭店的客房。

通常，饭店订房部在婉拒客人订房要求后，为了更好地树立饭店形象，要为客人寄送一份预订致歉书。

（三）确认预订

根据国际订房惯例，不管订房人是以口头或打电话的方式订房，或是以书面形式订房，只要客人订房与来店之间有充足的时间，饭店都应向客人寄送书面订房确认书。

书面订房确认书的作用表现为：

（1）客人可以通过书面订房确认书验明是否与他提出的订房要求相吻合；饭店则可以通过它查对客人的信用关系、家庭或工作单位地址。

（2）订房确认书是饭店与客人之间履行权利和义务的协议书，其中的有关事项，如付款方式、保留客房截止时间、房价等都对双方行为具有约束效力。

（3）订房确认书也是饭店的对客服务指南书，如其中明确告知客人，饭店有关最迟到店时间和取消订房应注意的事项，以及客人从机场、车站、港口抵达饭店的行走线路等。

（四）预订记录存档与数据分析

1. 填写订房单

同意接受客人订房后，要马上填写订房单，它是订房工作的第一手资料。

散客填写的订房单内容包括：客人的姓名、预订房数、房间类型、抵离店日期、付款方式、同行人情况（人数、使用交通工具等）。还有订房人的姓名及联系电话号码、填表人的姓名和填写表日期。

团体订房的订房单内容包括：团队名称、预订房数、房间类型、抵离店日期、付款方式、特殊要求、订房人姓名及联系电话号码、订餐情况（用餐人数、时间、种类和标准）、制表人姓名和填制日期。

预订单的填写要求字迹清楚、内容完整、有凭有据，以便日后检查。

2. 输入及存储订房信息

按照时间顺序和字母顺序，订房员将原始订房单的内容输入计算机，以便订房部管理人员对订房情况进行统计、存档和制表。

3. 存档工作

订房部的档案工作非常重要，它包括订房资料档案和客史档案资料卡。订房资料档案是各种订房记录存储的基础，包括客人订房的各种原始资料，如传真、电报、信函等。这些原始资料和订房单须放置在一起保存，以方便日后检查及分析。客史档案资料卡是按英文姓氏字母顺序排列的，它记录客人的身份、护照情况、入店和在店停留时间，以及信用情况等。前台可以根据该资料跟踪，向客人寄送邮件，与客人保持联系，邀请客人再度光临。

4. 统计现有客房出租数并制作预订图表

（1）现有客房出租数统计。现有客房出租数的统计可运用下列公式：

现有客房出租数＝可供出租的客房数−客房总占用数；

客房总占用数＝昨天晚上客房占用数−当日离店的客人用房数+预订客房占用数。举例说明：

① 现有客房数的计算：

假设：昨天晚上客房占用数　　　　　1121 间

　　　当日离店的客人用房数　　　　444 间

　　　预订客房占用数　　　　　　　498 间

　　　维修房数　　　　　　　　　　3 间

则客房总占用数为 1121−444+498+3＝1178（间）。

若已知饭店可供出租的客房为 1206 间，减去已占用的 1178 间，尚有空房为 1206−1178＝28（间）。

上面统计计算的结果忽视了两个可变因素：其一，当日离店的客人用房数中，可能会出现超过住宿日期（Overstay）和提前离店（Under-stay）的客人；其二，预订客房数中也可能会出现临时取消（Cancellation）预订或预订而未到（No-show）和提前抵店的客人。因此，计算出的数字不够准确，为了更加准确、合理，我们可以按照上面计算的条件继续进行推算。

② 调整后的离店客人占用房数的计算：

由上面①已知当日离店的客人用房数为 444 间。

假设：提前离店的客人占用房数为 6%　　27 间

　　　超过住宿日期客人占用房数为 2%　9 间

则调整后的离店客人占用房数为 444+27−9=462（间）。

③ 调整后的预订客房数的计算：

由上面①已知预订客房占用数为 498 间。

假设：提前来店占用房数为 0. 5%　　2 间

　　　临时取消客房占用数为 2%　　10 间

　　　预订而未到客房占用数为 5%　　25 间

则调整后的客房预订数为 498+2−10−25=465（间）。

此时根据公式可计算出调整后的客房占用总数为 1121−462+465=1124（间），根据①中已知饭店可供出租的客房数为 1206 间，除去已占用的客房，实际尚有空房 1206−1124=82（间）。

（2）制作预订图表。预订图表的制作应列明饭店各类客房的数量，订房员每接受一次订房就应将客房人所预订的某种类型客房的最高数字划去，以此掌握房间状态和数量控制。团体订房时，订房员应在预订图表上把已订出的房数圈起来，并注明该团队的团号。这样做，可以加强对团队预订的控制（图 2-1）。

客房预订

日期________

80 间两张双人床标准间

80	79	78	77	76	75	74	73	72	71
70	69	68	67	66	65	64	63	62	61
60	59	58	57	56	55	54	53	52	51
50	49	48	47	46	45	44	43	42	41
40	39	38	37	36	35	34	33	32	31
30	29	28	27	26	25	24	23	22	21
20	19	18	17	16	15	14	13	12	11
10	9	8	7	6	5	4	3	2	1

图 2-1　客房预订图

（五）预订变更

从客人的订房要求得到饭店确认到客人抵店以前这段时间里，仍有可能出现客人来电来函要求取消订房或更改订房的情况，因此，饭店应特别重视客房的预订变更工作。预订变更工作的管理要求如下：

1. 填写预订更改或预订取消单

填写时要注意：

（1）不能在原始的订房申请表上涂改，必须重新填写。

（2）根据宾客的姓名，抽出原订房表。在填写订房更改表时，应把变更的内容填写在备注栏内。

（3）如客人通过电话提出更改或取消预订要求时，预订员除了填写记录变更内容外，还应记录来电人的姓名、地址、电话号码。

2. 修改原始预订总表

（1）从档案柜中取出客人的订房资料，根据更改或取消记录，修改客房预订总表，并更改电脑内容。

（2）如果更改预订，则按接受一个新的预订工作程序办理。

（3）如果取消预订，则把客人的订房资料归入取消类存档，使用预订取消编码以证明预订已被取消，并在预订取消记录表上和原始预订表上注明编码。

（4）如果更改与取消的内容涉及一些原有的安排（如接送、订金等特殊安排），则应按签办程序及时间向有关部门发更改或取消通知单。

（5）如果时间允许，应重新给客人发一份预订确认书，以表示前一份确认书已失效。

（6）使用计算机系统管理时，可在计算机上完成相应工作。

（六）客人抵店前的工作

1. 对房核对

由于客人抵店时经常出现取消或更改订房的情况，因此，需要订房部做好客人抵店前的核对工作，以确保订房准确无误。

订房核对工作一般分3次进行。

第一次是在客人抵店前一个月，以电话、书信或传真等方式直接与订房人联系，问清是否能如期抵店，住宿人数及时间有无变化。这项工作由订房部人员每天核对预订下个月同一天到店的客人。

第二次是在客人抵店前一周进行，其程序和方法与第一次核对相同。若发现有客人更改或取消订房，则要调整订房控制表，并迅速做好取消或更改后闲置客房的补充预订。

第三次是在客人到店前一天进行，对预订内容要仔细检查，发现问题，立即与有关部门联系，商量解决办法或提出补救办法。

2. 向其他部门提供有关信息单

订房部的工作除了为客人订好房间外，每天还要把第二天将要入住的客人信息制表通知其他部门，使他们做好准备工作，以便为客人提供准确周到的服务。

（1）客人预期抵达名单（Expected Arrival List）。这份名单应记录第二天预计抵店客人的详细情况，是其他部门进行工作安排的依据。如餐饮部的厨房，根据客人预期抵达名单可以做客人进餐数量分析，从而决定采购量和人员安排。特别是举办一些大型宴会、团体会议时，这些信息就更为重要。

（2）飞机航班分析表（Flight Analysis List）。此表通报客人预计抵达的时间、航班等，饭店可据此调度车辆安排人员接送客人。

（3）团队资料表（Group Co-ordination Sheet）。团队资料表是专为团队安排而做的，它详细记录团队入住时的各种活动安排和特别要求，可以方便其他部门以此资料来安排工作。

（4）VIP 通知单。VIP 通知单是为前台接待部及其他部门做好接待工作而准备的，它记录接待重要客人的标准和特殊服务的要求等项内容。

五、超额预订（Overbooking）

客人向饭店订房，并不是每个人都作保证类订房的，因此，即使饭店的订房率达到100%，也可能会由于某些客人不到或临时取消，或提前离店而使饭店蒙受损失。所以，饭店从自身利益出发，有必要做超额订房来弥补由以上原因所造成的损失。

超额预订是指在饭店订房已满的情况下，再适当增加一些订房数量和人数，以弥补因订房不到、临时取消和提前离店等情况造成客房闲置的损失。

超额订房通常出现在旅游旺季和节假日。超额订房的数量是没有固定公式可以计算的。因此，它是订房工作中一个非常棘手的问题。

（一）承诺超额预订的依据

饭店承诺超额预订时应考虑几种客人的情况，即订房不到者；临时取消订房者；提前离店者和要求续住者。

（二）超额预订比率的确定

1. 掌握好团体订房和散客订房的比例

团体订房是事先有计划安排的，取消订房或无故不到的可能性很小，即使取消预订，一般也会事先通知。而散客的特点是随意性大，受外界因素的影响很大，所以，在团体预订多而散客预订少的情况下，超额预订的比例就掌握小些。反之，散客订房多，团体订房少，则超额订房比例就可留大些。

2. 根据预订情况分析订房动态

订房情况分析是对住店客人中提前预订者和不提前预订者做相对百分比分析。如果住店客人一贯提前预订，不经预订而直接住店的客人所占比例很小，那么，掌握超额预订量就要大些，以避免客人取消订房后，造成客房闲置。反之，则超额量可小些。同时，对订房不到的单位或个人要做好记录，以后处理超额订房时可先占用过去经常预订而不到的客人的房间，增加超额预订数量。

（三）超额预订过度的补救措施

饭店由于承诺了超额预订的客人，有时会使已经订房的客人到店后无房可住。出现这种情况，不仅容易引起纠纷，还会影响饭店的声誉，所以，饭店应积极采取补救措施，妥善安排好客人住宿。

（1）向客人解释原因，并赔礼道歉，如需要还应由总经理亲自出面致歉。

（2）将客人的大件行李留下，免费派车送客人到附近同档次的饭店暂住一晚，房租由饭店支付。

（3）免费让客人打电话把住宿地点临时变更的情况通知其家属或工作单位。

（4）第二天一早无论如何都要把客人接回饭店住，并赠送礼品以示歉意。

超额订房过高也会导致饭店蒙受损失。这就要求订房部做好资料收集积累工作，认真分析情况，总结经验。同时，饭店与本地区的同业之间要建立良好的业务协作关系，以便饭店一旦出现超订过高情况时，能及时为客人在别的饭店安排好住宿。

六、预订政策的确立和实施

随着饭店预订业务的开展，饭店需要制定一整套与之相适应的订房政策。在饭店与客人之间出现纠纷，或由于饭店自身的失误而造成不利影响时，订房政策可以使整个预订工作做到有章可循，既能满足客人的要求，保护客人的利益，又能有利于饭店的经营管理，保护饭店自身的合法权益。同时，订房政策对客人和饭店双方都能起约束和限制的作用。

（一）预订协议

预订协议是履行住宿产品供需双方契约关系的文件。当客人提出预订申请，饭店承诺了预订并接受了订金后，这种契约关系便正式成立。契约关系一旦正式成立，饭店和客人双方都必须履行预订合约。如果一方不能履行，则被认为是违约，必须对另一方负有赔偿责任。对确认预订只要时间允许，一般都应向客人发出书面订房确认书，即预订协议书。

饭店与客人的契约关系正式确立后，对双方都具有约束作用。书面确认书包含的主要内容有：

（1）饭店有关客人最迟到店截止时间的规定；

（2）对不能按时抵店者须事先向饭店声明的规定；

（3）预订更改、取消的最迟时间的规定及要求；

（4）收取定金数额和时间的规定。

饭店如由于超额预订而不能履行合同，要向客人赔偿损失，必须尽一切努力送客人到附近同类饭店暂住一宿，并退回客人订金。客人转移过程中所涉及的交通费用和房费应由饭店负担。严格来说，因饭店未能遵守预订合约，而使客人无法入住所造成的客人人身或经济上的损失，均应由饭店赔偿。

客人与饭店签订了预订合约，必须履行合约，如期来店住宿。如果客人违约，饭店同样有权要求客人弥补因客房闲置所造成的损失。

（二）预订政策条款

预订政策条款是基于预订工作程序而确立的，主要涉及预订业务中几个极易发生问题的环节。

1. 在接受预订方面

明确规定接受预订的范围，接待各种客人的比例，以及订房部经理的职权范围。

2. 在确认预订方面

（1）接受预订。如果饭店接受客人的预订，那么，饭店将如何向客人确认，如何采取一定措施保证客人的预订，对此，饭店在确认订房的对象、时间、方式等方面要有明确的规定。

（2）婉拒预订。对以下几种情况饭店可不予预订：

① 客人要求的日期，属于饭店关闭预订的时间；

② 客人要求明确的房价时，饭店可以给一个价格范围，若客人还不能接受时，饭店可婉拒客人订房要求；

③ 在饭店基本上能按原价订满时，婉拒客人对房价的优惠要求；

④ 在饭店能够订满的情况下，对没有业务联系的旅行社等单位婉言谢绝；如饭店未能订满时，可以接受部分订房。

3. 在收取订金方面

对以下情况收取订金；

（1）为了住店有保证，客人自愿支付订金；

（2）有些客人声明他们将迟于预订时间抵店时，饭店应收取预订金；

（3）团队预订应收取订金；

（4）在饭店营业旺季，一般都应收取订金；但在营业淡季客源不满时，对老顾客、有业务联系的旅行社以及能支付赔偿金的单位一般不收取预订金。

收取订金的数量，一般为一夜的房租。收到订金的时间应为抵店前24

小时或 36 小时之前。收到订金后，才能把订房的客人列入保证付款类订房行列。

4. 对客人更改、取消预订的规定

（1）更改预订。客人单方面提出更改预订时，饭店已发给客人的订房确认书则自动失效，饭店依照收到客人更改信的内容，根据饭店的预订情况来决定是否确认预订。

（2）取消预订。对饭店已收取订金的客人、老顾客或有业务联系的旅行社，如提出取消预订，一般规定在抵达前 48 小时以内提出。如果客人按时提出取消预订，没有违约，按照饭店退款规定，订房部应把一份订房统计表送至计财部，由计财部负责办理客人订退款事宜。

【本章小结】

饭店开展预订业务，可以满足旅游者住宿希望能够预先得到保证的要求；同时，饭店也能最大限度地利用客房，开拓房源，为饭店争取最大化利润。因此，饭店的房间预订是一切预订的核心，只有房间有了保证，其他相关设施及服务也才有保证。对于旅游者来说，预订客房就成为预订工作最为核心的内容。客房的预订业务及工作程序让客人产生的满意程度，对饭店的经营效益是至关重要的。所以，为了满足每位预订者的要求，达到订房服务的高水准，争取最理想的住房率和最佳的经济效益，订房部必须采取行之有效的措施，建立一套订房管理制度与规范化的服务程序和预订系统网络，以保证为客人提供优质的预订服务。

【实训练习】

到某饭店了解客房预订的方式，主要渠道、操作规程，写出书面报告。了解超额订房及订房纠纷处理情况，作案例分析。

【思考与练习】

1. 简述电话订房的工作管理要求。
2. 简述书面订房确认书的作用。
3. 简述饭店现有客房数的逻辑运算过程及其影响因素。
4. 饭店前台订房员在拒绝客人要求订房日期的同时，可以向订房人提出什么建议？
5. 如何执行对客人的更改、取消预订的规定？
6. 宾客向饭店订房通常有哪些方式？各有什么优缺点？

【案例分析】

取 消 预 订

2002 年 5 月初的一天上午，某饭店大堂内一位身着职业装的年轻女士走到前台，接待员小孙立即迎上前来："小姐，早上好，有什么我可以为您做的吗？""你好，我是香港宏信公司的李娜。"李小姐说着随手递上一张名片，"我公司有 5 位日本客人将于 5 月 22～25 日到达贵店，你能否帮我安排 5 间标准单人间？""当然可以。"小孙又重复了一遍请对方核对，"欢迎您带客人来我们饭店入住，我已记下了您的要求。按我们饭店的规定预订客房要付订金，希望您能谅解与配合，如果您方便的话，请先交 2000 元。"

"可以。"李小姐很爽快地回答，前台收银员收取了客人的订金并出具收据给客人，"谢谢，欢迎您再次光临。"

5 月 18 日下午，接待处电话铃响起来，仍是小孙当班。她拿起话筒听出是几天前要求预订 5 个标准间的香港宏信公司的李娜小姐的声音。

"很对不起，我们原订的 22 日开始入住的 5 个标准间因计划有变，不再需要了，我们打算取消预订……"对方意图十分明显，"那 2000 元订金能否退还？"

小孙请对方稍等片刻。她放下听筒，迅速到电脑中去查找预订记录。没错，对方几天前已办好了订房手续，定金已入账，今天才 18 日，离预订日期还有 4 天，按饭店的规定，这类情况可以退还订金。

"我们同意取消预订，订金照退，您在方便的情况下，可以到饭店来取。"

电话刚挂上，小孙便在预订记录上做了取消标记，接着又同财务部联系，要求退回那家香港公司的订金。

【分析要求】

1. 评价前台服务员处理工作方法是否得体。

2. 饭店实行订金制度的好处是什么？

3. 饭店业对预订违约的国际惯例是如何规定的？应以什么方式使客人知晓预订取消规定的内容？

第三章　前厅接待工作服务

【本章导读】

总台接待处是前厅服务与管理的中枢，是饭店联系宾客的"桥梁"和"纽带"，是饭店经营管理的"窗口"。前厅接待工作通常包括客人抵店时的前期准备、入住登记、客房销售，客人住店期间的总台服务与管理，以及客人离店时的账务服务。前厅接待工作服务的质量与效率直接影响客人对饭店的"第一印象"和"最后印象"，乃至经济效益的最终实现。

【学习目标】

通过本章的学习，掌握饭店前厅散客、团体、VIP客人以及商务楼层客人的接待程序，学会处理接待工作中的常见问题，掌握客房推销的艺术，掌握离店结账程序，以及特殊情况的处理，熟悉夜间核账业务。

【关键概念】

入住登记　客房推销　收银结账　夜审业务　接待工作常见问题的处理

总台接待处通常位于饭店的前厅，它的主要任务是负责客人抵店时的前期准备、入住登记，客人住店期间的总台服务与管理，以及客人离店时的账务服务。前厅接待工作服务的质量与效率决定着客人对饭店的"第一印象"和"最后印象"，直接影响饭店客房营业收入的高低，是前厅服务与管理的中枢。

第一节　客人抵店时的总台接待服务

一、接待准备

总台接待处的主要职责是接待散客和团队的入住登记，推销客房，并根据不同地区和国家客人的住宿要求，合理地安排房间。因此，客人在抵店时所接受的总台接待工作质量与效率的高低事关整个饭店形象和饭店的营销，有着十分重要的意义。

为了缩短办理入住登记的时间，减少因临时变更可能出现的混乱，落实宾客的一些特殊要求，提供准确、快捷的服务，总台接待员应做好充分的接待前期准备，包括房态报告、预抵店和预离店客人名单、可供出租客房情况、客史档案、准备入住资料等。

以上信息资料在客人抵店的前一天晚上就应该准备好。在计算机联网的饭店里，这些信息资料不断地在更新，接待员可通过计算机网络随时获取。

（一）房态报告

在客人到店前，接待员必须获得较为具体的房态报告，并根据此报告排房，以避免给客人造成不便。根据客人的类型不同，饭店通常可以将客房分为以下4种来进行预排房：VIP客人用房、常客用房、有特殊要求的订房、团队用房。

（二）预抵店和预离店客人名单

预抵店客人名单为接待员提供即将到店客人的一些基本信息，如客人姓名、客房需求、房租、离店日期、特殊要求等。

在核对房态报告和预抵店、预离店客人名单时，作为接待处的管理人员，应该清楚以下两件事情，并采取相应的措施：饭店是否有足够的房间去接待预抵店客人，饭店有多少预离店客人，还剩余多少可出租的房间去接待无订房而直接抵店的散客（Walk-in Guests）。

（三）可供出租客房情况

对可供出租的房间，接待人员要同客房部保持联系，注意电脑终端客房状况的变化。对于客人在订房时，提出的服务要求，接待员必须事先通知有关部门做好准备，恭候客人的到来。如预抵店客人要求为儿童配备儿童床，接待员（主管）则应为客人预先安排房间，然后让客房部准备儿童床并将其放到指定的房间；客房部还应适当为客人准备一些儿童用品，如儿童牙刷、爽身粉、儿童拖鞋等。这一切工作都必须在客人抵店前做好。

特别是对VIP客人的房间，要由大堂副理亲自检查，为重要客人提供特别的服务和礼节，同时要把预抵店重要客人名单印发至前厅各部门及饭店相关对客服务部门，让他们在接待服务过程中多加留意。

（四）宾客历史档案

宾客历史档案简称"客史档案"。高星级饭店均有宾客历史档案，在计算机的帮助下，接待员很容易查到客人在饭店的消费记录，只要客人曾经在该饭店住宿过，根据宾客的历史档案情况，即可采取适当措施，确保客人住得开心。

另外也包括不受饭店欢迎的人员名单，即黑名单。主要来自以下几个方面：公安部门的通缉犯，当地饭店协会会员、大堂副理的有关记录，财务部门通报的走单（逃账）客人，信用卡黑名单。

（五）准备入住资料

将登记表、欢迎卡、客房钥匙、结账和其他有关单据、表格等按一定的顺序摆放，待客人入住登记时使用。

二、办理入住登记手续的目的与必备表格

（一）办理入住登记手续的目的

（1）公安部门和警方的要求。出于国家及公众安全的需要，各国警方及公共安全部门都要求酒店有客人在住宿时履行住宿登记手续。

（2）可以有效地保障酒店的利益，防止客人逃账。

（3）酒店取得客人信息的重要渠道。住宿登记表中有关客人的国籍、性别、年龄以及停留事由（商务、旅行、会议等）、房价等都是酒店客源市场的重要信息。

（4）酒店为客人提供服务的依据。客人的姓名、房间号码、家庭住址、出生日期、民族等都是酒店为客人提供优质服务的依据。

（5）可以保障酒店及客人生命、财产的安全。通过住宿登记，查验客人有关身份证件，可以有效地防止或减少酒店不安全事故的发生。

（二）办理入住登记需要的表格

1. 《入住登记表》（registration form），见表3-1、表3-2和表3-3。

分为内宾、外宾以及团队会议客人登记表，不同种类的登记表所涉及的登记项目有所区别。住宿登记表至少一式两联，一联留酒店前台收银处保存，一联交公安部门备案。正确填写这些内容对于搞好酒店经营管理具有重要意义：

（1）宾客姓名及性别。姓名与性别是识别客人的首要标志，服务人员要记住客人的姓名，并要以姓氏去称呼客人以示尊重。

（2）房号。便于查找、识别住店客人及建立客账，保障客人安全。

（3）房价。是建立客账、预测客房收入、结账的重要依据。

（4）付款方式。确定付款方式有利于保障客房销售收入及决定客人住宿期间的信用标准，并有助于提高退房结账的速度。最主要还是方便住客，由饭店为其提供一次性结账服务。

（5）抵离店日期、时间。正确记录客人抵离店日期、时间，对结账及提供邮件查询服务是非常必要的，因此，客人办理完入住手续后，接待员应按规定在登记表的一端，用时间戳打上客人的入住时间。而了解客人的预计离店日期，则有助于订房部的客房预测及接待处的排房，并有助于客房部清扫工作的安排。

（6）通信地址。掌握客人准确的通信地址，有助于客人离店的账务及遗留物品的处理，还有助于向客人提供离店后的邮件服务及便于向客人邮寄促销品等。

（7）饭店管理声明。登记表上的管理声明，即住客须知，它告诉客人住宿消费的注意事项，如：退房时间为中午12：00前，建议客人使用前厅收款处的免费保险箱，否则如有贵重物品遗失，饭店恕不负责，还有会客时间的规定等内容。

（8）接待员签名。可以加强员工的工作责任心，是酒店质量控制的措施之一。

表 3-1 　　　　　　　　　　国内旅客住宿登记表

编号：　　　　　　　　　　房号：　　　　　　　　　　房租：

姓名	性别	年龄	籍贯	工作单位	职业
			省市县		

户口地址		从何处来	

身份证或其他有效证件名称		证件号码	

抵店日期		离店日期	

同宿人	姓名	性别	年龄	关系	备注

请注意：	离店时我的账目结算将交付：
1. 退房时间是中午 12：00	□ 现金
2. 贵重物品请存放在前台保险箱内，	□ 信用卡
否则阁下一切物品之遗失饭店概不负责	□ 支票
3. 来访客人请在 23：00 前离开房间	□ 旅行社凭证
4. 退房请交回钥匙	客人签名：
5. 房租不包括房间里的饮料	接待员：

填表人

表 3-2 　　　　　　　　　　境外人员临时住宿登记表

REGISTRATION FORM OF TEMPORARY RESIDENCE FOR VISITORS

用正楷字填写（IN Block LETTERS）　日租（DAILY RATE）　房号（ROOM NO.）：

姓名： FIRST NAME: SURNAME：	出生日期： DATE OF BIRTH：	性别： SEX：	国籍或籍贯： NATIONALITY OR AREA：
停留事由： OBJECT OF STAY：	入住日期： DATE OF ARRIVAL：	退房日期： DATE OF DEPARTURE：	公司名称或职业： COMPANY NAME OR OCCUPATION：

续表

国（境）外住址：HOME ADDRESS

PLEASE NOTE： 　1. Check-out time is 12：00 noon 　2. Safe deposit boxes are available at cashier counter at no charge. Hotel will not be responsible for any loss of your property 　3. Visitors are requested to leave guest rooms by 11：00 p. m. 　4. Room rate not including beverage in your room 　5. Please return your room key to cashier counter after check-out	离店时我的账目结算将由： ON CHECKING OUT MY ACCOUNT WILL BE SETTLED BY： □ CASH □ T/A VCHER □ CREDIT □ COMPANY GUEST SIGNATURE：＿＿＿

以下由服务员填写 FOR CLERK USE

护照或证件名称：	号码：	签证种类：	签证号码：	签证有效期：
签证签发机关：	入境日期：	口岸：	接待单位：	

REMARKS：

值班服务员签名：

CLERK SIGNATURE：

表 3-3 　　　　　　　**团体人员住宿登记表**

Registration form of temporary residence for group

团队名称：　　日期：　年　　月　　日　　至　　月　　日

Name of group 　　Date 　Year 　Mon 　Day 　Till 　Mon 　Day

房号 (ROOM NO.)	姓名 (NAME IN FULL)	性别 (SEX)	出生年月 (DATE OF BIRTH)	职业 (PROFESSION OR OCCUPATION)	国籍 (NATION-ALITY)	护照号码 (PASSPORT NO.)

签证号码：　　　　　机关：　　　　　　　种类：

有效日期：　　　　　入境日期：　　　　　口岸：

　留宿单位：＿＿＿＿＿　　　　　　　　　接待单位：＿＿＿＿＿

2. 房卡

房卡又称欢迎卡（Welcome Card），接待员在给客人办理入住登记手续时，会给客人填写封面印有"欢迎光临"字样的房卡。房卡的内容主要包括饭店运行与管理所需登记的项目、住客须知及饭店服务项目、设施的介绍。

房卡的主要作用有：①向客人表示欢迎。②证明住店客人的身份，方便客人出入饭店。因此，房卡又称"饭店护照"（Hotel Passport）。③起一定的促销作用。很多酒店在其房卡上印有酒店服务项目，以便向客人推销酒店的服务。④起向导作用。一些酒店在其房卡上印上本酒店在城市中的位置及地址、电话等酒店信息，客人外出时可作为向导卡使用。⑤起声明作用。有的酒店在其房卡上印上酒店声明或客人须知之类的文字，就一些容易发生的纠纷，明确酒店与客人之间的权利和义务。

三、入住登记流程

饭店不同，客人类别不同，入住登记步骤的次序亦可能有异。例如，商务楼层的客人不必在总台办理住宿登记手续，客人的住宿登记、结账等手续直接在商务楼层同专人负责办理，以方便客人。有订房的贵宾客人（VIP）就必须事先排房，而且还常常先进客房，然后在客房内办理入住登记手续。所以这里按照散客、团队、VIP客人、商务楼层客人来分别介绍具体的前台入住登记流程。

（一）散客入住登记流程

1. 有预订散客（VIP除外）的入住登记操作程序

（1）礼貌问候。当客人距总台1米时，热情有礼地问候客人。如果接待员正在打电话，你应该向电话里的客人道歉："请等一会儿"，然后问候刚抵达的客人，说："先生，我马上为您服务。"

（2）确认预订。识别是否预订，询问其姓名，在预期抵客表或电脑中查找客人名字；查阅订房资料或在电脑中查找客人预订资料时，应留意是否有留言或信件的存放注明，如有注明，应按注明取出相应物件交给客人。

（3）填写入住登记表，验证证件。客人入住都必须登记，团体客人可一团一表，散客则一人一表。鉴于有不同的登记表格，接待员应先问清客人证件的名称，然后协助客人填写登记表。为加快入住登记速度，有的饭店实行预先登记，退房日期先空出，待客人抵店，如果没有异议，让客人签上退房日期和姓名即可。客人填写好登记卡后，接待处应加以核对，尤其是根据客人提供的证件种类进行验证，包括国内旅客持用证件，如：中华人民共和国居民身份证、身份证回执、临时身份证、军官证等，以及境外旅客持用证，包括护照、港澳同胞回乡证、中华人民共和国入出境通行证等。将相关证件进行复印或扫描保存。最后填写附注，包括付款方式、房价、房号、其他资料。

（4）排房定价。根据客人的预订要求分配房间，遵守订房单上已确认的房价，不得随意改动，并与客人再一次确认。

排房的艺术。排房时应以提高宾客满意度和饭店住宿率为出发点，注重下列技巧：①内外宾有着不同的语言和生活习惯，应将内宾和外宾分别安排在不同的楼层；②将残疾人、老年人和带小孩的宾客尽量安排在离电梯较近的房间；③对于常客和有特殊要求的宾客应予以照顾，满足其要求；④尽量不要将敌对国家的宾客安排在同一楼层或相近的房间；⑤ 应注意房号的忌讳。如西方客人忌"13"，港澳及我国沿海等地的客人忌"4"、"14"等带有"4"（谐音"死"）字的楼层或房号，因此，不要把这类房间分给上述客人。考虑到这些忌讳，一些酒店连"13"层楼都没有标出，而用"12A"或"14"层代替。

（5）确认付款方式。确定客人的付款方式时，如果客人是用信用卡，则要准确验卡，取得信用卡的预授权，请客人在卡单上签名并核对；如果客人用现金结账，则要视信用情况决定押金数额，可以带客人到前台收款处交房租押金，或者直接收取；如果是支票支付，要查验有效期及身份证，并核准。

（6）填写欢迎卡，发放钥匙。拿出预先准备好的房卡，填写齐全后请客人签名，接待员填写欢迎卡的内容如下：客人姓名、房号、日租、抵离日期，然后是接待员签名。要为客人介绍其用途和用法。然后将钥匙交给宾客，由行李员带客人上房，祝愿客人住得开心。

（7）客人入住后之跟催工作。通知总机，开通房间的长途电话；将入住情况通知客房部，通知××房间入住，做好迎接准备；把客人的资料，如姓名、房号、离店日期、付款方式、房租、特别要求、折扣等有关资料输入电脑，此项工作应尽快完成，以免出现重售房间。

2. 无预订散客（VIP 除外）的入住登记操作程序，见图3-1。

所有没有预定的客人入住都将会被视为"自入"：

（1）当客人到达服务台时，接待员应在预期到客表和当天的订房资料中反复查阅客人的名字，确认该客人没有预订。

（2）核实当时的房间情形，看酒店是否还有房间出售。

（3）如果酒店房间情形可以接受，则执行正常的入住程序。与有预订散客的入住登记流程有区别的是要重点推销客房，推销客人喜欢的房间档次和房型，讲究报价的技巧，解释价格的合理性，根据自己权限打折，必要时请示上级给予更大的折扣。还应不失时机地宣传本饭店特点，介绍餐饮、娱乐、会议等设施和服务项目，使客人加深对饭店服务的认可和信任。这项工作做得好，对初次到店的客人来讲，会留下良好的印象。另外，应该确保该客人的名字不在酒店黑名单之列，否则，应马上通知当班大堂副理。

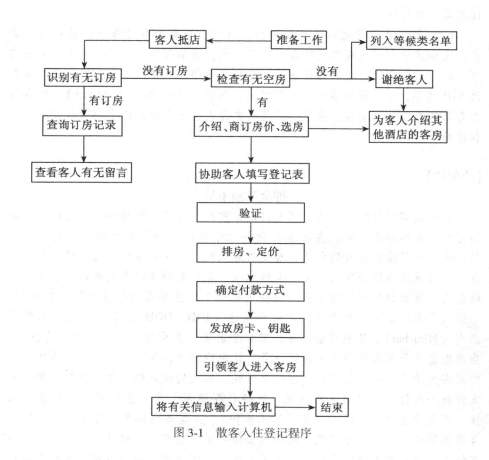

图 3-1　散客人住登记程序

（4）执行酒店的信贷制度，问清客人的付款方式，收取预付款，信息储存。

【小知识】

宾客不愿翔实登记

有部分宾客为减少麻烦，出于保密或为了显示自己特殊身份和地位等目的，住店时不愿登记或登记时有些项目不愿填写。此时，接待员应妥善处理：

（1）耐心向宾客解释填写住宿登记表的必要性。

（2）若宾客出于怕麻烦或填写有困难，则可代其填写，只要求宾客签名确认即可。

（3）若宾客出于某种顾虑，担心住店期间被打扰，则可以告诉宾客，饭店的计算机电话系统有"DND"（请勿打扰）功能，并通知有关接待人员，保证宾客不被打扰。

（4）若宾客为了显示其身份地位，饭店也应努力改进服务，满足宾客需求。比如充分利用已建立起的客史档案系统，提前为宾客填妥登记表中有关内容，进行预先登记，在宾客抵店时，只需签名即可入住。对于常客、商务宾客及 VIP 宾客，可先请宾客在大堂里休息，为其送上一杯茶（或咖啡），然后前去为宾客办理登记手续，甚至可让其在客房内办理手续，以显示对宾客的重视和体贴。

【小知识】
押金数额不足

由于饭店客源的复杂性，客人付款方式的多样性，饭店坏账、漏账、逃账的可能性始终存在。客人在办理入住登记手续时，如果表示用现金支付费用时，饭店为了维护自身的利益，常要求客人预付一定数量的押金，结账时多退少补，如首次住店的客人、无行李的客人、无客史档案的客人及以往信用不良的客人。押金的数额依据客人的住宿天数而定，主要是预收住宿期间的房租。一些饭店为方便客人使用房间内长途电话（IDD、DDD）、饮用房内小酒吧的酒水（Mini-bar）、洗衣费签单等，常会要求客人多预交一天的房租作为押金，当然也是作为客人免费使用房间设备、设施的押金，如果客人拿走或损坏客房的正常补给品则须照价赔偿。在一些时候，客人的钱只够支付房租数，而不够支付额外的押金。遇到这种情况，接待员要请示上级作出处理。如让客人入住，签发的房卡为钥匙卡（不能签单消费），应通知总机关闭长途线路，通知客房楼层收吧或锁上小酒吧。后两项工作一定要在客人进房前做好，不要让住客撞见，以免客人尴尬和反感。客人入住后，客房楼层服务员对该房间要多加留意。

摘自林璧属：《前厅、客房服务与管理》，清华大学出版社 2006 年版

（二）团队入住登记流程

1. 基本程序

（1）在团队客人抵达前，就要做好先期相应的准备工作，在团队客人抵店时的接待服务过程中要做到热情、礼貌、快速、准确。

（2）团队客人抵店时，大堂副理及销售部的联络员一同礼貌地把团队客人引领到团队接待处，并向客人表示欢迎和问候。

（3）团队联络员告知团队领队及客人有关事宜，其中包括：早、中、晚餐地点及饭店其他设施。

（4）接待人员与团队领队、导游进一步核查、确认房数及特殊服务安排。

经确认无误后，团队领队及接待人员要在"团队人员住宿登记表"上签字认可。

（5）将团队客人的房卡、钥匙交给团队领队，由其分发给客人。

（6）手续完毕后，前台接待人员要将准确的房号、名单送到行李部。将团队接待单或相关服务按要求送往有关部门，同时制作团队主账单及个人消费要求分账单，送收银处。

2. 特别事项

（1）在团体客人抵店前，接待处应做好一切准备工作。如果是大型团队，饭店还可以在指定区域或特别场所为客人办理入住手续。

（2）团队客人的排房主要讲究：要尽量使团体客人（或会议客人）住在同一楼层或相近的楼层，这样便于统一团队客人之间的联系与管理，另外团队离店以后便于将大量空房安排给下一个团队。一般情况下，散客由于怕受干扰也不愿意与团队客人住在一起。所以对团队客人要提前分好房间或预先保留房间。

（3）团体客人临时提出加房、加床的要求，要严格按照合同和操作程序处理。首先应明确订房机构是否能够给予确认，如订房机构同意确认，应请陪同、领队书面注明原因，在挂账单上签名，然后将说明书的面单交订房部负责，底单连同客人资料一起过财务部前台收银处；如订房机构不同意负担客人加房、加床的费用，则需向客人按门市价现收，并请领队、客人在书面通知上签名后，将书面通知的底单连同客人资料一同过给财务部前台收银处，面单由接待处存底备查。

（三）VIP入住登记流程

1. VIP接待前的准备工作

（1）填写VIP申请单见表3-4，上报总经理审批签字认可。

（2）了解重要客人的特别习俗、爱好，包括客人旅行的目的、爱好、生活习惯、宗教信仰和禁忌；住店期间要求的额外服务等。以便为重要客人提供有针对性的"个性化"服务。

（3）VIP房的分配力求选择同类客房中方位、视野、景致、环境、房间保养等方面处于最佳状态的客房。制作重要客人信封，封内放好钥匙、入住登记卡、房卡等，另行放置。

（4）客务经理在客人到达前检查房间，确保房间状态正常，并根据重要客人的特殊要求进行适当的布置（例如：放上印好重要客人姓名的浴衣、拖鞋、信封，摆上鲜花和水果，并放好有总经理签名的欢迎卡等）。

（5）重要客人抵达时，同饭店驻机场代表在机场迎接重要客人。

（6）大堂副理甚至总经理在大厅等候，并通知客房中心，以做好接待准备。

表 3-4   重点宾客（VIP）接待规格呈报表

团队名称即贵宾情况				
情况简介				
审批内容	1. 房费：A 全免　B 赠送会客室一间　C 房费按_____折收取 D 按_____元收费 2. 用膳：在_____餐厅用餐，标准_____元/人（含/不含饮料） 3. 房内要求：A 鲜花　B 小盆景　C 水果　D 果盘　E 葡萄酒及酒杯　F 欢迎信　G_____名片　H 礼卡　I 饭店宣传册 4. 迎送规格：A 由_____总经理迎送　B 由_____部总经理迎送　C 锣鼓迎送_____D 欢迎队伍_____ 5. 其他			
呈报部门		经办人		部门经理
总经理批署				

2. VIP 抵店后的接待程序

（1）重要客人抵店时，由宾客关系人员（大堂副理或柜台接待员，根据前厅机构与分工确定）到门口迎接客人（必要时请总经理或有关部门经理到门口迎接），以客人姓氏称呼客人，致欢迎辞。

（2）请行李员帮忙提行李，客务经理或大堂副理向客人介绍饭店设施，并将客人直接引入房间办理入住登记。然后返回前厅柜台做好账务登记、处理入住信息资料。

（3）为 VIP 客人建立档案，并注明身份，以便作为预订和日后查询的参考资料。

（四）商务楼层客人的登记流程

"商务楼层"是高星级饭店（通常为四星级以上）为了接待高档商务客人等高消费者客人，向他们提供特殊的优质服务而专门设立的楼层。商务楼层被誉为"店中之店"，通常隶属于前厅部。凡是住商务楼的宾客，都由客人关系部直接在大厅迎送到商务楼层办理入住登记和结账手续。这项服务缩短客人办理入住和离店手续的时间，并享受贵宾待遇。商务楼层客人入住服务程序如下：

（1）当客人走出电梯后，接待员将微笑地迎接客人同时进行自我介绍，陪同客人的大堂副经理或销售经理将回到本岗位。

（2）在商务楼层接待台前请客人坐下。替客人填写登记卡，请客人签名认可，注意检查客人护照、付款方式、离店日期与时间、机票确认、收"到店客人行李卡"。

（3）在客人办理入住登记过程中呈送欢迎茶。此时，应称呼客人姓名，并介绍自己，同时将热毛巾和茶水送到客人面前。如果客人是回头客，应欢迎客人再次光临。过程不超过 5 分钟。

（4）在送客人进房间之前应介绍商务楼层设施与服务，包括早餐时间、下午茶时间、鸡尾酒时间、图书报刊赠阅、会议服务、免费熨衣服务、委托代办服务等。

（5）在客人左前一步引领客人进房间，与客人交谈，看是否能给客人更多的帮助。示范客人如何使用钥匙卡，连同欢迎卡一同给客人，介绍房间设施，并祝客人居住愉快。

（6）通知前厅行李员根据行李卡号和房间号在 10 分钟之内将行李送到客人房间。

四、推销客房的技巧

客人在总台开房的过程就是接待员向宾客推销客房的过程，开房与推销有着密切的关系，开房中包括大量的推销技巧。随着旅游市场的竞争，酒店越来越重视总台的开房推销技巧。

（一）把握客人的特点

不同的客人有不同的特点，对酒店也有不同的要求。总台人员要注意客人的衣着打扮、言谈举止以及随行人数等方面把握客人的特点（年龄、性别、职业、国籍、旅游动机等），进而根据其需求特点和心理，做好有针对性的销售。

（1）商务客人通常是因公出差，对房价不太计较，但要求客房安静，光线明亮（有可调亮度的台灯和床头灯），办公桌宽大，服务周到、效率高，酒店及房内办公设备齐全，如安装有宽带网和直拨电话以及电脑、打印机、传真机等现代化设备，有娱乐项目。

（2）旅游客人要求房间外景色优美，房间内干净卫生，但经济承受能力有限，比较在乎房间价格。

（3）度蜜月的客人喜欢安静、不受干扰且配有一张大床的双人房。

（4）知名人士、高薪阶层及带小孩的父母喜欢住套房。

（5）年老的和有残疾的客人喜欢住在靠近电梯和餐厅的房间。

(二) 采用合适的报价方式

报价方式	特　　点
高低趋向报价	对讲究身份地位的客人宜从高价介绍起，但应相对合理，不易过高
低高趋向报价	吸引对房价作过比较的客人，有利于发挥酒店竞争优势
交叉排列报价	将酒店现行价格按一定排列顺序提供给客人，即先报最低价，再报最高价，最后报中间价格，让客人有选择中间价格客房的机会
选择性报价	客观地按照客人的兴趣和需要，选择提供适当的价格范围
利益引诱法报价	对已预订一般房间的客人采取给予一定附加利益的方法
"鱼尾式" 报价	先介绍客房的服务设施和服务项目及特点，最后报出房价
"三明治式" 报价	将价格置于所提供服务项目中，以减弱直观价格的分量
灵活报价	根据酒店的现行价格和规定的价格浮动幅度，将价格灵活地报给客人

【案例分析】
采用不同的报价方式

客人：你们这儿的房价怎样？

接待员 A：豪华套房温馨舒适，房内设施设备先进，配有一流的按摩浴缸，保健枕头，还能上网冲浪，入住后您还可享用免费早餐、免费打行李、擦皮鞋，房价每晚 980 元。

接待员 B：商务套房配有高贵、典雅的欧式家具，古典中不失时尚，颇具艺术气息，房价每晚 980 元；这样的房间非常适合您的身份，这个房价中还包括一份早餐、一张免费的健身卡、一张洗衣中心西服免费熨烫单……"

接待员 C：标准间，每晚 280 元，房内高清晰大屏幕电视能收看 86 个免费频道，还可以欣赏到收费节目，能让您真正享受电视精神大餐……"

请分别说出接待员 A、B、C 采用何种报价方式？

接待员 A——"鱼尾式" 报价、接待员 B——"三明治式" 报价、接待员 C——"冲击式" 报价

(三) 注意使用恰当的推销语言

总台员工在推销客房，接待客人时，说话不仅要有礼貌，而且要讲究艺术性。比如，应该说："您运气真好，我们恰好还有一间漂亮的单人房！"而不能说："单人房就剩这一间了，您要不要？"

（四）加强旅客的感性认识

如果宾客一时拿不定主意、沉默不语，接待员可以让行李员或转告助理经理领宾客看一看各类客房设施。因为宾客清楚，同一房价所表示的客房设施可能有很大差别。当他们亲自看看客房设施后，可能会迅速做出住宿决策，即使宾客不在这里住宿，他们也会记住这家酒店的热情服务，可能会推荐给亲友或下次来投宿。

（五）介绍周围特色

接待员适当介绍酒店周围的景点、商场、车站等，也有助于推销客房。

（六）展现良好素养，表现自豪感

总台员工良好的职业素质是销售成功的一半。客人刚到一家饭店，通过前台接待亲切的笑容、优雅的仪表、礼貌的语言，能使客人留下良好的第一印象，为接下来的推销活动做好铺垫。另外，接待员在言谈举止中流露出的对本酒店的自豪感，介绍酒店的特色时表现出自己对本酒店的喜爱感，对激发客人的住宿欲亦有一定帮助。

（七）介绍服务项目

接待员要熟知酒店的各项服务设施，简明扼要地描述各项服务内容与特色，使客人感到饭店产品的综合性和完整性。特别是那些免费服务和赠送物品往往会给宾客一种实惠感。因为再有钱的宾客也会有对免费的东西感兴趣。这也是总台促销的一种手段。此外，接待员递给宾客一份"酒店介绍"，也可以让旅客较全面地了解酒店，并且能够证实接待员所描述的情况属实。

尽管向不确定型的零散客人推销需要接待员耐心介绍，但是如果宾客决定在此住宿，就有可能成为酒店的常客。

优秀的前厅工作人员在向客人推销时，具有足够的耐心和热情，不但要学会"慧眼识人"，还应做到"一视同仁"。在客房销售过程中能够针对不同的客人"说话"，循循善诱，生动描述，耐心讲解，以达到成交的目的。还应巧妙地利用不同的报价方式，使客人感觉到高价客房物有所值，低档客房物美价廉。充分运用不同的客房销售技巧，使每一位抵店的客人都能高高兴兴地下榻。

第二节　客人住店期间的总台接待服务

一、换房

调换房间往往有两种可能：一种是住客主动提出，另一种是饭店的要求。住客可能因客房所处位置、价格、大小、类型、噪音、舒适程度以及所处楼层、朝向、人数变化、客房设施设备出现故障等原因而要求换房；饭店可能因客房的维修保养，住客离店日期延后，为团队会议宾客集中排房等原因，而向宾客提出换房的要求。换房往往会给宾客或饭店带来麻烦，故必须慎重处理。需要注意的是，在搬运宾客私人物品时，除非经宾客授权，应坚持两人以上在场（大堂经理等）。

无论是散客还是团体客人要转房，其程序如下：

（1）了解清楚客人转房的原因；

（2）查看客房状态资料，根据客人要求（饭店客房实情）为客人排房；

（3）填写房间/房租变更单（如表3-5所示），并注明转房的原因；

（4）通知行李部，使其：①为客人取新房间房卡和钥匙；②帮客人搬运行李；③向客人取回旧房间的房卡和钥匙；④分派转房通知书给有关部门，并要求其签收。

（5）如换房间，涉及房价变动，则应及时通知前台收银；

（6）接待员更改计算机资料，更改房态。

表 3-5   **房间/房租变更单**

房间/房租变更单
ROOM/RATE CHANGE LIST

日期（DATE）_____	时间（TIME）_____
宾客姓名（NAME）_____	离开日期（DEPT DATE）_____
房号（ROOM） 由（FROM）_____	转到（TO）_____
房租（RATE） 由（FROM）_____	转到（TO）_____
理由（REASON）_____	
当班接待员（CLERK）_____	行李员（BELLBOY）_____
客房部（HOUSEKEEPING）_____	电话总机（OPERATOR）_____
前台收银处（F/O CASHIER）_____	问讯处（MAIL AND INFORMATION）_____

二、离店日期变更

宾客在住店过程中，因情况变化，可能会要求提前离店或推迟离店。

（一）提前离店

宾客提前离店，则应通知客房预订处修改预订记录，前台应将此信息通知客房部尽快清扫整理客房。

（二）推迟离店

宾客推迟离店，也要与客房预订处联系，检查能否满足其要求。若可以，接待员应开出"推迟离店通知单"（如表3-6所示），通知结账处、客房部等；若用房紧张，无法满足宾客逾期离店要求，则应主动耐心地向宾客解释并设法为其联系其他住处，征得宾客的谅解。如果客人不肯离开，前厅人员应立即通知预订部，为即将到店的客人另寻房间。如实在无房，只能为即将来店的临时预订客人联系其他饭店。处理这类问题的原则是：宁可让即将到店的客人住到别的饭店，也不能赶走已住店的客人。同时，从管理的角度来看，旺季时，前厅部应采取相应的有效措施，尽早发现宾客推迟离店信息，以争取主动，如在开房率高峰时期，提前一天让接待员用电话与计划离店的住客联系，确认其具体的离店日期和时间，以获取所需信息，尽早采取措施。

表3-6　　　　　　　　　　　　　推迟离店通知单

姓名（NAME）_____

房间（ROOM）_____

可停留至（IT ALLOWED TO STAY UNTIL）_____ AM _____ PM

日期（DATE）_____

前厅部经理签字（FRONT OFFICE MANAGER SIGNATURE）_____

三、客人加入的处理

当客人前往总台要求加入一间已有人入住了的房间时，成为"加入"。

（一）已作预订的"加入"

（1）复查加入的客人姓名是否与预订资料中的相同；

（2）如果所有资料都相同，则执行散客入住的登记程序；

（3）在入住通知单上注明"加入"，以便通知有关部门；

（4）如果涉及房价的调整，例如加床等，需通知客人调整后的房价，并收回原始的欢迎卡和发出标明新房价的欢迎卡；

（5）更新电脑中所有资料。

（二）没有做好预订的"加入"

（1）问清客人想要"加入"房间的房号和宾客姓名；

（2）如原房间住客没有一同在场，首先应询问清楚他（她）本人是否同意该客人"加入"；

（3）如果得到房间住客允许，则执行"加入"的程序；

（4）如原房间住客联络不上时，则请希望"加入"的客人等候住客归来；

（5）如果想"加入"的客人不接受，则反映给当班主管；无论在什么情况下，非经住客之认可，任何人也不能"加入"。

四、加床

客人加床大致分两种情况，一是客人在办理登记手续时要求加床，一是客人在住宿期间要求加床。

饭店要按规定为加床客人办理入住登记手续，并为其签发房卡，房卡中的房租为加床费，加床费转至住客付款账单上。如客人在住宿期间要求加床，第三个客人在办理入住登记手续时，入住登记表需支付房费的住客签名确认。接待处将加床信息以"加床通知单"（Extra Bed Information）的形式通知相关部门。

五、客账累计

酒店现在采用的是"一次性结账"，即客人住店期间的在各个营业点的消费于离店时一次结清。所以总台收银员必须密切与饭店各营业点收款员联系，根据每日住店客人当日消费的各类账单，分别记入客账，并计算出当日的累计消费金额。

六、催账工作

当住店客人的消费总额超出宾馆信贷政策规定的限额时，为防止逃账等情况出现，总台收银员应电话通知或开具催款通知单提醒客人及时追加押金，但要注意方式、方法和语言艺术。一般来说，催款通知单由客房部服务员送交住店客人。

【案例分析】
催收账款的技巧

1206 房的陈先生又到了消费签单限额了，陈先生是与酒店有业务合约的客人，来店后无需交预付款，只在他消费额达到酒店规定的限额时书面通知他。

但总台发了书面通知后，陈先生没来清账，甚至连打电话也没来一个，因为是老客户，且以前一直是配合的，所以总台也只是例行公事地发了一封催款信，礼貌地提醒了一下，可催款信放在陈先生的房间后，犹如石沉大海，还是没回音，消费额还在上升。

总台便直接打电话与他联系，陈先生当然也很客气："我这么多业务在你市里，还不放心吗？我还要在这里扎根住几年呢，明天一定来结。"可第二天依然如故，总台再次打电话，委婉说明酒店规章，然而这次陈先生却支支吾吾，闪烁其词。

这样一来，引起酒店的注意，经讨论后决定对他的业务单位作侧面了解，了解的结果，使酒店大吃一惊：陈先生在本市已结束了业务，机票也已订妥，不日即飞离本市，这一切与他"这么多业务在本市"、"还要在这里扎根住几年"显然不符，这里面有诈。

酒店当即决定，内紧外松，客房部以总经理名义送上果篮，感谢陈先生对本酒店的支持，此次一别，欢迎再来。

陈先生是聪明人，知道自己的情况已被人详知。第二天，自己到总台结清了所有的账目，总台对陈先生也礼貌有加，诚恳地询问客人对酒店的服务有什么意见和建议，并热情地希望他以后再来，给陈先生足够的面子，下了台阶。

问题：从这个案例中你学到了什么？

"客人永远是对的"，并不是说客人不可能犯错误，而是指从服务的角度来说，要永远把客人置于"对"的位子上，使其保持一种"永远是对的"的心态。服务工作中到处充满了矛盾，正确认识服务交往中的矛盾，是提高服务质量、满足顾客的需要，实行优质服务的重要内容。服务交往中冲突的发生是常有的现象，如何防止、避免和正确地解决冲突，是服务必须掌握的一门特殊本领。饭店冲突的发生一般要经过"潜在阶段"和"爆发阶段"。不同阶段要采用不同的应对措施，操作上一定要注意技巧，不要使矛盾激化。

本案例中，在"潜在阶段"，可能"跑单"的现象在任何一家饭店都会发生，它需要饭店的管理人员和服务人员善于察觉那些容易疏漏的细枝末节，预测客人的需求与变化，才能防微杜渐，及时发现问题和解决问题。在"爆发阶段"的服务过程中，即使明知客人犯错误，一般也不要直截了当指出来，以保全其面子。因为对于"爱面子"的客人来说，如果在饭店丢了面子，那么即使其他方面做的再好，客人对饭店的服务也不会满意。由于服务员操作上的问题，使客人的人格尊严受到了损伤。相互间产生了误会，或者由于个性心理特征的相互抵触，可能他下次再也不会光临该饭店了。

摘自刘伟：《现代饭店前厅部运营与管理》，中国旅游出版社 2008 年版

第三节 客人离店时的总台账务服务

客人离店账务服务是前厅对客服务的最后一个环节，一般由总台收银员办理。为了不影响客人的事务，给客人留下美好的最后印象，结账业务要做到既准确又迅速，一般要求在 2~3 分钟内完成。

一、总台账务服务的特点

前厅客账服务与管理是一项很重要的工作，它主要是由总台收银负责，是整个总台业务的有机组成部分，它和接待处、问讯处有着密不可分的业务联系。在饭店电脑化时代之前，大中型饭店结账业务一般由总台收银处（Front Office Cashier）负责，其行政关系隶属于财务部，这主要考虑到总台接待员工作量较大，并且饭店易于监控结账业务，避免内部舞弊的发生。

当今，随着总台电脑系统的运用，许多饭店培训他们的总台工作人员掌握入住登记和结账离店两种业务，其行政关系隶属于前厅部，因为这有利于饭店节约人力成本，提高工作效率，同时增加总台人员工作的多样性，而财务部则负责监督其账务工作。

前厅的账务服务与管理具有很强的时间性和业务性，它们能够充分反映出一名前厅服务员的专业素质和一个饭店的服务与管理水平。同时，客人离店时提供服务质量的好坏决定着客人对饭店的最后印象，这就要求前厅收银员必须熟练地掌握自己的工作内容及工作程序，做到结账工作忙而不乱，资金收回准确无误，及时与营业部门沟通，掌握第一手资料。同时，还必须坚守流通性、安全性、价值性等原则，对饭店的账款及客人的财产安全负责。

二、客人离店时的总台账务服务

（一）预期离店客人结账准备

1. 发放通知书

向次日离店客人房间发放离店结账通知书，由客务经理或收银员通过电话联系等方式进行通知。

离店结账通知书

No.

日期 Date	摘要 Description	参照 Reference	借方 Debit	贷方 Credit
付款方式： Payment	核收： Audit	经手人： Cashier	在任何情形下，本人都同意负责支付以上的账目 Regardless of charge instruction. I acknowledge that I am personally liable for payment of the above statement. 客人签名 Guest's Signature	

2. 打印次日离店客人名单

总台夜班接待员按时打印次日离店客人名单。未使用计算机的饭店可根据客房状况卡条记录进行统计。

3. 核查账单

收银员核查预期离店客人账夹内的账单，问讯员检查有无客人信件、留言、需要转交的物品等。

（二）散客结账流程

（1）客人离店要求结账时，主动迎接客人，表示问候，问清客人姓名、房号，找出账卡，并重复客人的姓名，以防拿错。同时收回客房房卡、钥匙、押金单等。如客人暂不交钥匙，在通知楼层客人结账时，提醒服务员收回钥匙。

（2）总台服务员通知楼层或房务中心迅速进行房间检查并反馈信息给总台，清点客人在房内的消费情况，如：小酒吧的消费，以及避免有客人的遗留物品或房间物品有丢失或损坏现象。

（3）委婉地询问客人是否有最新消费，如长途电话费、早餐费等，并在电脑上查阅以免漏账。

（4）打出客人消费账单，并双手将账单呈请客人检查，确认并在账单上签字。如有疑问，可向客人出示保存在账单盒内已经核对的原始凭单。

（5）根据客人的不同付款方式进行结账。客人付款方式通常有：现金、信用卡、支票等。

①现金结算。客人将现金交给收银员时，收银员应唱收现金数量（如果是外币现金，则应在账单上加盖"外币币种"字样的印章），并验钞。依据账单复核钱款数额无误后，收下现金并唱付找零，开发票。

②信用卡结算。首先验卡。查看客人信用卡是否为饭店接受的种类，让客人在客单上签名并查看客人签名是否与信用卡背签相符；检查信用卡反光标记、查验信用卡号码是否有改动的痕迹；根据最新收到的"黑名单"或"取消名单"，检查信用卡号码是否在被取消之列；检查信用卡的有效日期及适用范围；检查持卡人消费总额是否超过该信用卡的最高限额。

其次，压印填写账单。将信用卡上的全部资料清楚地压印在账单上，刷卡的日期要正确；收银员在压印好的签购单上填写客单上的消费总额，并交给客人签字认可。

最后，还卡开单。在客人账单联上盖上"付讫"字样章，将其与签购单的持卡人联、信用卡放入信封一起交还给客人；把签购单其余各联和账单其余各联存放好；把信用卡还给客人。

当然如果客人在入住时，已经表明用信用卡结账，收银员已打印了预授权单，取得了授权号。这种情况下客人退房时，请其再出示信用卡，在 POS 机上划过，输入实际消费金额、预授权号，并让客人输入密码，打印出 POS 凭证，最后请客人签名并核对即可。

③现金支票结算。在验证支票真伪、有效确定无误后，请付款方在现金支票背签名或盖章，并记下付款人的工作单位、证件号码；再根据客人在店期间的总计消费数额，填入现金支票金额栏。最后把客人账单盖上"付讫"章后，交客人收执，保存好账单其余联。

（6）检查是否有邮件、留言、传真未传递给客人，是否有寄存的贵重物品未取。

（7）发给客人征求意见卡或者口头咨询，请客人对饭店进行评估。

（8）向客人表示感谢，祝客人旅途愉快。

（9）将客人的登记表盖上时间戳送交接待处，以更改客房状况。

（10）将客人离店信息通知有关班组，如：总机关闭外线电话。

（11）整理账、款，方便审核人员。

（三）团队结账流程

（1）团体客人退房前一天应提前做好准备，核对清楚主账户与分账户，与相关班组联系，做好查房、行李服务等准备工作。

（2）与有自付项目的客人联系，建议客人于退房前一天晚上提前结清自付款项，以免退房时客人等待时间过长。

（3）退房时，核准团体名称、房号、付款方式、打印总账单，请地陪或会议负责人确认并签名，注明其所代表的旅行社，以便结算。

（4）为有自付账目仍未结清的团体客人打印账单、收款。

（5）如出现账目上的争议，及时请主管或大堂副理协助解决。

（6）不得将团体房价透露给团体成员及非相关人员。

（7）向客人表示感谢，祝客人旅途愉快。

（8）将客人的登记表盖上时间戳送交接待处，以更改客房状况。将客人离店信息通知有关班组，如：总机关闭外线电话。整理账、款，方便审核人员。

（四）客人账务服务的后续工作

1. 交款填表

清点好款项，按币种分类，填写交款表，然后将现金交给饭店总出纳。交款方式分为直接交款方式和信封交款方式。直接交款，即由收银员将现金直接上交给总出纳。信封交款是由于饭店总出纳晚上不当班，而采用把款项用信封装好投入指定的保险箱的方式。开启保险箱时需要由总出纳和财务主任保管的两把钥匙同时使用才能开启。

2．整理账单

（1）把已经离店结账的账单按照"现金结算收入"、"现金结算支出"、"支票结算"、"信用卡结算"、"挂账结算"等类别进行汇总整理。

（2）把入住客人的保证金付款单据等分类整理。

（3）每类单据整理好后，计算出合计金额，把合计金额的纸条附在每一类单据的上面，以便核对。

3．编制收银报告

为了确保每天客账的准确性，收银员在下班前必须编制收银报告，收银报告包括明细表和汇总表等。

4．核对账单、现金及收银报告

（1）核对账单和收银报告把整理好的账单和收银报告总表的有关项目进行核对，即将住客消费单汇总表上"借方栏"的有关项目逐个核对，将现金结算、信用卡结算、转账、支票等单据与汇总表的"贷方栏"项目逐一核对。如发现有误，则将不符的项目与收银员明细表中的有关项目进行核对，及时更正。

（2）核对现金与收银报告两个收银报告中的"现金（进入）"项目与"现金（支出）"项目比较，其差额就是"现金应交款"。如不符，应立刻查找原因。

5．送交夜审

现金核对准确后，按饭店规定上交饭店总出纳，同时将账单和收银报告按饭店规定移交和分发，准备夜审。

三、特殊情况的处理

（一）快速结账处理

1．客人房内结账

（1）饭店利用客房内的电视机，将其与饭店的计算机管理系统驳接，客人在离店的前一天晚上根据服务指南中的说明启动房内结账系统，开始结账。

（2）在离店的当天早上，客人就可以在电视屏幕上看到最后的账单情况，并提前通知收银员准备账单，这样就加快了结账速度。

（3）如果客人使用信用卡结账，就不必到前厅收款处办理结账手续；如果客人用现金结账，则必须到前厅收款处结账。因为付现金的客人还没有与饭店建立信用关系，故计算机管理系统控制程序不容许现金付款的客人采取房内结账。

2．客人填写"快速结账委托书"办理结账手续

对于有良好信用的客人，使用信用卡结账的饭店为其提供快速结账服务；

"快速结账委托书"上客人的签名将被视为信用卡"签购单"上的签名，财务部凭信用卡签购单和"快速结账委托书"向银行追款。

（1）客人离店前一天填好"快速结账委托书"，允许饭店在其离店时为其办理结账退房手续。

（2）客人可以在前厅收款处索取"快速结账委托书"将其填好后送至收款处，收银员对其支付方式进行核对。

（3）在客人离店的当天早上，收银员将客人消费大致费用告诉客人，在稍微空闲时替客人办理结账手续，并填制好信用卡签购单。

（4）为了方便客人备查，饭店最后将账单寄给客人。

（二）结账时要求优惠

符合饭店优惠条件的，收银员应填写"退款通知单"，交前厅经理或相关人员签字确认，注明原因，最后在电脑上将差额做退账。不符合条件的，应委婉说明。

（三）逾时离店

客人可能会对加收额外的费用非常不满并拒付。总台员工应平静地处理这种情况，向客人解释饭店制定的延迟结账费用的政策，如15：00以前结账者，加收一天房费的1/3，15：00~18：00结账的，加收1/2房费，18：00以后结账的，则加收全天房费。必要时请前厅经理来与客人讨论这件事。

（四）客房内物品破损或遗失

处理时应兼顾饭店与客人双方的利益，尽量保证饭店不受大的经济损失，并能让客人接受，不使客人感觉丢面子。

【案例分析】

结账时客房的浴巾不见了

大堂副理在总台收银处找到刚结完账的客人，礼貌地请他到一处不引人注意的地方说："先生，服务员在打扫房间时发现您的房间少了一条浴巾。"言下之意是："你带走了一条浴巾已被我们发现了。"此时，客人和大堂副理都很清楚浴巾就在提箱内，客人秘而不宣，大堂副理也不加点破。客人面色有点紧张，但为了维护面子，拒不承认带走了浴巾。为了照顾客人的面子，开始给客人一个台阶，大堂副理说："请您回忆一下，是否有您的亲朋好友来过，顺便带走了？"意思是："如果你不好意思当众把东西拿出来，您尽可以找个借口说别人拿走了，付款时把浴巾买下。"客人说："我住店期间根本没有亲朋好友来拜访。"从他的口气理解他的意思可能是："我不愿花50元买这破东西。"大堂副理干脆就给他一个暗示，再给他一个台阶下，说："从前我们也有过一些客人说是浴巾不见了，但后来回忆起来是放在床上，毯子遮住了。您是否能上楼看看，浴巾可能压在毯子下被忽略了。"这下客人理解了，拎着提箱上楼了，大堂副理在大堂恭候客人。客人从楼上下来，见了大堂副理，故作生气状："你们服务员检查太不仔细，浴巾明明在沙发后面嘛！"这句话的潜台词是："我已经把浴巾拿出来了，就放在沙发后面。"大堂副理心里很高兴，但不露声色，很礼貌地说："对不起，先生，打扰您了，谢谢您的合作。"要索赔，就得打扰客人，理当表示歉意。可是"谢谢您的合作"则有双重意思，听起来好像是客人动大驾为此区区小事上楼进房查找，其合作态度可谢。然而真正的含义则是："您终于把浴巾拿出来了，避免了饭店的损失。"如此合作岂能不谢？为了使客人尽快从羞愧中解脱出来，大堂副理很真诚地说了句："您下次来北京，欢迎再度光临我们饭店。"整个索赔结束了，客人的面子保住了，饭店的利益保住了，双方皆大欢喜。

　　问题：大堂副理是如何有效处理这件事情的？

　　这是把"对"让给客人的典型一例。客人拿走了浴巾，以不肯丢面子，若直截了当指出客人错，就如"火上浇油"，客人会跳起来，会为维护自己的面子死不认账，问题就难以解决了，仍以客人"对"为前提，有利于平稳局势，本例中的大堂副理，站在客人的立场上，维护他有尊严，把"错"留给饭店，巧妙地给客人下台阶的机会，终于使客人理解了饭店的诚意和大堂副理的好意，而拿出了浴巾，使客人体面地走出了饭店，又避免了饭店的损失。这位大堂副理用心之良苦，态度之真诚，处理问题技巧之高超，令人折服，他的服务真正体现了"客人永远是对的"的服务意识。

资料来源：同程®网 http://www.17u.net

　　像这样的例子在日常服务中是经常发生的，只要服务人员用心去思考、去钻研、去改进，那么在"客人永远是对的"前提下，我们的服务也会变得越来越正确。

　　（五）当一位客人的账由另一位客人支付时

　　一群人一起旅行时由一个人付款，或者客人甲的账由客人乙支付，但是客人甲已经先行离去，这时候往往容易发生漏收的情况，给饭店带来经济损失。为了防止出现这类情况，应及时拿到客人乙的书面授权，并在交接记录上注明，分别附纸条在两位客人的账单上，或者在电脑中做好记录，这样结账时就不会忘记，接班的人也很容易看到，以免事后发生纠纷。

四、夜间审计

　　夜间稽核又称夜审（Night Audit），是在一个营业日结束后，对所有发生的交易进行审核、调整、对账、计算并过入房租，统计汇总，编制夜核报表，备份数据，结转营业日期的一个过程。夜审员（Night Auditor），主要由收银处夜间工作人员承担。在小型饭店，夜审员往往身兼数职，除了夜间稽核的工作外，还同时承担前厅部的夜班值班经理、总台接待员和出纳员等工作，接受前厅部和财务部的双重领导。由于各饭店规定的夜审员的岗位职责不尽相同，因此，夜间核账的工作程序也有所不同，但大多数饭店的夜间审计工作有如下要求：

1. 做好准备

（1）夜审员必须在晚上 11 点之前到达前台办公室。

（2）检查收银台上有无各部门（主要指无电脑、未联机的部门）送来的尚未输入电脑的单据，如果有，就将其输入电脑，并按照房间号码进行归档。

（3）检查前厅收银员的收银报表和账单是否全部交来。

（4）检查前厅收银员交来的每一张账单，看房租和住客在饭店内的消费是否全部计入，转账和挂账是否符合制度等。

2. 预审对账

（1）将各类账单的金额与收银员收银报告中的有关项目进行核对。

（2）打印整理出一份当天客房租用明细表，内容包括房号、账号、客人姓名、房租、入店日期、离店日期、结算方式等。

（3）核对客房租用明细表的内容与前台结账处各个房间账卡内的登记表、账单是否存在差错；如发现不符，应立即找出原因及时更正，并做好记录。

（4）确定并调整房态。

3. 检查单表

（1）检查退账通知单上的内容，确定其是否符合退账条件。

（2）检查审核账务更正表。

（3）经过上述工作，确认无误后，便指示电脑将新的一天房租自动计入各住客的客人分户账（或人工计入）；编制一份房租过账表，并检查各个出租客房过入的房租及其服务费的数额是否正确。

4. 试算打印

（1）对当天所有账目进行试算，确定是否平衡。

为了确保电脑的数据资料准确无误，有必要在当天收益全部输入电脑后和当天收益最后结账前，对电脑里的原数据资料进行一次全面的查验，这种查验称为"试算"。这种试算分三步进行：第一步，指令电脑编印当天客房收益的试算表，内容包括借方、贷方和余额三部分；第二步，把当天前厅收银员及各营业点交来的账单、报表按试算表中的项目分别加以结算和汇总，然后分项检查试算表中的数额与账单、报表是否相符；第三步，对试算表的余额与住客明细账的余额进行核对。住客明细账所有住客账户的当日余额合计数必须等于试算表上最后一行的新余额。如果不等，就说明出现了问题，应立即检查。

（2）与客房部、餐饮部、商务中心等部门对账，所有数字一致后，打印当日各部门营业收入日报表、饭店营业收入报表。

（3）做好签字、交接班工作。

夜间审计是饭店每日必须进行的一项工作，通过夜间审计以保持各账目的最新的和准确的记录，进而开展营业情况的总结与统计工作。

【本章小结】

总台接待处通常位于饭店的前厅，是前厅服务与管理的中枢。本章主要按照客人抵达酒店——逗留酒店——离开酒店这一过程中总台承担的工作任务来设计服务流程，包括客人抵店时的接待准备、入住登记、客房销售，客人住店期间的总台服务与管理，以及客人离店时的账务服务、特殊问题的处理等。通过前厅接待服务工作流程化和整合型的学习，可以更全面地掌握基本技能，提高服务效率，更好地为客人服务。

【案例分析】

转怒为喜的客人

正值秋日旅游旺季，有两位外籍专家出现在上海某大宾馆的总台。当总台服务员小刘（一位新手）查阅了订房登记簿之后，简单化地向客人说："客房已定了708号房间，你们只住一天就走吧。"客人们听了以后就很不高兴地说："接待我们的工厂有关人员答应为我们联系预订客房时，曾问过我们住几天，我们说打算住三天，怎么会变成一天了呢？"小刘机械呆板地用没有丝毫变通的语气说："我们没有错，你们有意见可以向厂方人员提。"客人此时更加火了："我们要解决住宿问题，我们根本没有兴趣也没有必要去追究预订客房的差错问题。"正当形成僵局之际，前厅值班经理闻声而来，首先向客人表明他是代表宾馆总经理来听取客人意见的，他先让客人慢慢地把意见说完，然后以抱歉的口吻说："您所提的意见是对的，眼下追究接待单位的责任看来不是主要的。这几天正当旅游旺季，双人间客房连日客满，我想为您安排一处套房，请您明后天继续在我们宾馆作客，房金虽然要高一些，但设备条件还是不错的，我们可以给您九折优惠。"客人们觉得值班经理的表现还是诚恳、符合实际的，于是应允照办了。

过了没几天，住在该宾馆的另一位外籍散客要去南京办事几天，然后仍旧要回上海出境归国。在离店时要求保留房间。总台服务员的另外一位服务员小吴在回答客人时也不够策略，小吴的话是："客人要求保留房间，过去没有先例可循，这几天住房紧张，您就是自付几天房金而不来住，我们也无法满足你的要求!"客人碰壁以后很不高兴地准备离店,此时值班经理闻声前来对客人说:"我理解您的心情,我们无时无刻不在希望您重返我宾馆作客。我看您把房间退掉,过几天您回上海后先打个电话给我,我一定优先照顾您入住我们宾馆,否则我也一定答应为您设法改住他处。"

数日后客人回上海,得知值班经理替他安排了一间楼层和方向比原先还要好的客房。当他进入客房时,看见特意为他摆放的鲜花,不由地翘起了拇指。

【评析】

第一,饭店是中外宾客之家,使之满意而归是店方应尽的义务,大型饭店为了及时处理客人的投诉,设置大厅值班经理是可行的。

第二,当客人在心理上产生不快和恼怒时,店方主管人员要首先稳定客人情绪、倾听客人意见,以高姿态的致歉语气,婉转地加以解释,用协商的方式求得问题的解决。

第三,要理解投诉客人希望得到补偿的心理,不但在身心方面得到慰藉,而且在物质利益方面也有所获取。当客人感到满意又符合情理时,饭店的服务算得上出色成功了。

资料来源:http://ecourse.gdqy.edu.cn 广东轻工职业技术学院精品课程网

【实训项目】

1. 无预订散客入住登记的模拟演练。将学生两人一组分为若干个训练小组,一方扮演前厅接待员,一方扮演宾客,演练入住登记的全过程,使学生学会按高星级酒店的标准要求跟客人"说话",学会运用销售技巧,熟练为客人办理入住登记手续。教师不断巡视、指导、示范、检查,最后针对实训情况进行总评。

2. 散客收银结账的实训,将学生两人一组分为若干个训练小组,分别扮演收银员及客人的角色,进行散客离店结账情景模拟。要求学生学会运用语言技巧与客人进行有效沟通,熟练地为客人办理离店结账手续,以及处理结账中出现的一些特殊问题。教师不断巡视、指导、示范,纠错,最后集体讲评。

【思考与练习】

1. 散客入住登记与团队入住登记的差异具体表现在哪些方面?
2. 为 VIP 办理入住登记手续的流程是如何?
3. 办理入住登记手续时应注意哪些问题?
4. 客人住店期间提出换房要求,你将如何处理?
5. 散客的结账收银流程是怎样?其中要注意哪些细节?

第四章　前厅礼宾工作服务

【本章导读】

　　礼宾服务（congcierge），是现代饭店对客服务中的一种新概念。它把迎送宾客服务和为进出店客人提供行李服务合为一体，并作出具体分工。按照服务程序标准化要求对上述两项服务作合理分工，突出宾客应享受的礼宾待遇。它较之过去传统的行李服务的概念更能体现饭店与宾客之间的关系，拓宽了对客服务的内容。

【学习目标】

　　掌握礼宾服务的内容。重点掌握礼宾服务的工作程序。学习"金钥匙"的服务理念。

【关键概念】

　　礼宾服务　金钥匙

第一节　礼宾工作概述

一、礼宾部的地位和功能

　　礼宾部是前台部的一个分部门，它代表酒店直接负责迎送每一位客人，为客人搬运行李及行李的寄存服务，此外，还负责客人车辆的安排，整理客人的邮件及整个酒店的报纸和邮件的派送。礼宾部的工作渗透于其他各项服务之中，缺少这项工作，会直接影响到酒店内部沟通以及酒店对外的声誉与形象。客人入住酒店第一个接触的部门便是礼宾部，而离店时最后所接触的也是礼宾部，所以，礼宾部是酒店前台的"门面"，它的言行、举止直接代表着酒店。礼宾部的工作特点是：人员分散工作，服务范围大。在大中型饭店中，礼宾部一般下设迎宾员、门童、行李员、派送员、机场代表等几个岗位。礼宾部的工作人员在客人心目中常被视为"饭店代表"，其服务态度、工作效率和质量如何，都会给饭店的经济效益带来直接的影响。

二、礼宾服务的内容

礼宾服务的主要内容是迎送宾客及为客人提供行李和其他服务。

（一）迎送宾客服务

迎送服务，是指对客人进出饭店正门时所进行的一项面对面的服务。门童是代表饭店在大门口迎送客人的专门人员，是饭店的"门面"，也是饭店形象的具体体现。因此，门童必须服装整洁，仪容仪表端正、大方，体格健壮，精神饱满，与保安员、行李员相互配合，保证迎客、送客服务工作的正常进行。

（1）迎客服务。当客人抵店时，门童要主动相迎，为客人拉开车门，热情欢迎客人。协助客人下车并卸下行李，提醒客人清点行李以防物品遗留在车上，并招呼前厅行李员，将客人引领入店。

（2）送行服务。当客人离店时，门童要将客人的用车召唤至大门口，协助行李员将客人的行李装上车，并请客人核对行李，协助客人上车做好，轻关车门，向客人致意送别，并表示欢迎客人再次光临。

（3）贵宾迎送服务。贵宾接待，是饭店给下榻的重要客人的一种礼遇。门童要根据预订处发出的通知，做好充分准备，要讲究服务规格并在向贵宾致意时有礼貌地称呼其姓名或头衔。根据接待规格的需要，应接员还要负责升降该国国旗、中国国旗、店旗或彩旗等。

（4）机场代表的迎送服务。饭店根据自身的服务规格及要求，在机场、火车站、码头等派出代表，即"饭店代表"（有些饭店在机场、火车站等设有固定的接待点），代表饭店对客人的抵达表示热烈欢迎，并致亲切问候，热情协助他们去饭店或送客离去。

（二）行李服务

行李服务工作由礼宾部专设的行李处承担。行李处在大门入口处的内侧，既易于被客人发现，又便于行李服务员观察客人抵离店的情况以及与前台的入住接待和收银处联系。行李处主管指挥、调度行李服务工作。每天一早，行李处主管要认真阅读和分析由预订处和接待处送来的"当日抵店客人名单"及"当日离店客人名单"，掌握进出店的客流量，以便安排人力。特别要掌握重要客人和团体客人抵离饭店的情况，做好充分的准备。在此基础上，作出当日的工作计划，召集全体所属人员进行布置安排。

1. 散客行李工作内容

（1）入店

①客人抵店后，行李员主动上前向客人表示欢迎。

②与客人一起清点行李数目，检查是否有损坏。

③将客人引至总台，帮助客人搬运所带的行李，搬运时必须十分小心，不

可损坏行李；贵重物品要让客人自己拿。

④客人办理住宿登记时，行李员要站在一旁等候。

⑤带领客人到客房。客人办完手续后，行李员从接待员手中领取房间钥匙，带客人到客房。在乘电梯时，要请客人先进去，再按楼层键。

⑥进入房间之前，为防万一，要先敲门，确定无人再进入。将行李放好，若是白天，再为客人打开窗帘，将钥匙交给客人，为客人适当地介绍房内设施。

⑦询问客人是否还需要其他服务，若没有，则向客人道别，迅速离开，将房门轻轻拉上。

⑧填写"散客行李搬运记录"。

（2）离店

①站立在前厅大门附近，随时注意是否有人离店，若有则立即上前提供服务。

②若是接到客人电话要求搬运行李的服务，则应问清房间号，立即赶到客人的房间。

③按门铃或敲门进房，帮客人将行李搬到大厅，若客人还未结账，应告诉客人结账地点，等待客人。

④清点行李，装车，送客人离店，向其道别，祝其一路顺风，行程愉快。

⑤填写客人"离店行李搬运记录"。

2. 团队行李服务内容

（1）入店

①行李到店时，由领班与送行李者一起清点行李件数，检查是否有破损情况，而后填写"行李进出店登记表"，若有破损，应加以注明，最后请团队负责人签字证实。

②将行李运进行李房，摆放整齐，挂上行李牌，最好把行李罩住，在拿到分房表后，查出客人的房间号码，写在行李牌上。

③分好房后，尽快将客人的行李送到房间，若发现有错误应立即报告当班的领班和主管，协同查清。

④对运送行李的情况应作详细记录，进行核对，并存档。

⑤在运送行李的过程中应认真、负责，力求不出差错，保证行李完整无缺，并做到对客人礼貌有加。

（2）离店

①接到团队行李离店的通知后，将其号码的行李离店的时间准确地记录在交接班的本子上，找出该团入店时填写的行李表进行核对，重新建立一个表格。

②按照团队的号码、名称及房间号，到相应的楼层收取行李，并与客人一起核对。

③将行李集中，运到行李部，检查后，在"行李进出店登记单"上签字，将行李罩好，并贴上表单。

④运送行李的车到达之后，协助将行李装车，并由团队负责人清点行李件数，在"行李进出店登记单"上签字，注明车号。

⑤由领班将填写齐全的"行李进出店登记单"存档。

3. 行李寄存和提取服务

酒店客人下榻时有一些行李和贵重的物品需要寄存，这时礼宾人员就应该带领并协助宾客做好寄存服务。当宾客离店时，礼宾人员应该帮助客人提取寄存的物品。

（三）礼宾处的其他服务

前厅礼宾处的服务范围较广，各饭店根据自身实际情况服务内容有所不同，下面是比较常见的服务项目：

（1）电梯服务。现代饭店大多使用自动电梯，不需要有人看管和服务。但饭店为了对某些重要客人显示礼宾的规格或为尽快疏散客人，饭店行李服务处派行李员专门为客人操纵电梯或在电梯口照顾引导客人。

（2）呼唤寻人服务。应住客或访客的要求，行李服务处的服务人员可协助客人在饭店规定的公共区域内呼唤寻人。服务人员使用装有柔和灯光及清脆、低音量铃铛或蜂鸣器的寻人牌。在寻人过程中，服务人员应注意自己的步伐节奏和音量控制，以免破坏大厅的气氛。

（3）递送转交服务。递送转交服务的内容主要有客人的邮件、留言、报纸、客人的物品、内部单据等。递送邮件物品与留言的方法有两种：大部分饭店的大厅服务人员将客人留言条、普通信件或报纸从门缝底下塞入房间，这样做是为了尽量不打扰客人；电报、电传、传真、挂号信、包裹、汇款单和其他有关物品，一定要当面交给客人，并请客人在登记本上签收。

在提供递送转交服务时，以下5个方面需要注意：不得延迟，重要的东西要签收；在邮件及留言单上打上时间；不得拆阅客人的邮件或留言；完成任务后，须填写"行李员工作任务记录表"；如需将邮件送至餐厅或大厅的客人时，最好使用托盘。

（4）出租服务。为了增设服务项目，满足客人需要，提高服务质量，很多饭店为客人提供出租自行车、雨伞和饭店专用车服务。服务人员向客人说明租用的方法，请客人填好租用单，预交订金，办好手续即可提供。对租用车辆的客人，应提醒其注意安全。

（5）预定出租车服务。大厅行李服务员应该将客人的订车要求准确及时地填写在出租汽车预约记录表内，书面通知本饭店车队或出租汽车公司的预约服务台，并留意落实情况。

（6）替客人泊车服务。有些饭店在前厅行李服务处专设泊车员来负责客人车辆的停放工作。客人驾车来到饭店，泊车员将车辆钥匙寄存牌交给客人，并将客人的车开往停车场。此时，应注意检查车内有无遗留的贵重物品、车辆有无损坏之处、车门是否关上。车辆停妥之后，将停车的地点、车位、经办人等内容填写在记录本上。客人需要用车时，须出示寄存牌，核对无误后，泊车员去停车场将客人的汽车开到饭店大门口，交给客人。

第二节　礼宾部岗位工作职责

一、礼宾部的岗位职责及素质要求

（一）职位：礼宾司

直接上司：前台副经理

直接下级：副礼宾司

素质要求：

（1）三年以上的酒店礼宾部工作经验及一年以上的副礼宾司资历

（2）流利的中英文口语

（3）纯熟的中英文书写

（4）熟悉当地交通情况

（5）了解酒店前台部运作

（6）了解酒店各部门的功能

工作描述：

直接负责对礼宾部所有员工和工作的计划、组织、指挥和控制工作，从而达到客人和酒店的要求，提供高水准的服务。确保日常工作顺利而有效率地进行。编制员工更期表和安排他们的年假，培训所有的员工及定期评估他们的工作表现，确保员工理解和执行酒店所有的规章制度。

岗位职责：

（1）督导下属的日常工作，确保抵、离店客人得到及时的关心和帮助；

（2）监察客人行李的处理，存仓和记录的工作，确保其准确无误；

（3）确保所有邮递工作的正确；

（4）确保所有贵宾的车辆安排准确无误；

（5）迅速、礼貌地回答客人的提问，妥善处理客人有关礼宾部的投诉；

（6）协调、沟通与餐饮部、管家部、保安部等其他各部门的联系；

（7）管理酒店门前的车辆交通并加强对出租车的监督；

（8）检查下属仪容仪表、行为举止、礼节礼貌及在岗情况；

（9）编制员工的更期表，安排年假；

（10）培训属下员工及评估他们的工作表现；

（11）确保所有员工理解和执行酒店的规章制度；

（12）下传下达，下情上报；

（13）每天举行礼宾部例会，总结一天的工作及布置新的工作；

（14）每天参加前台部的碰头会；

（15）每月对本部门工作进行总结，并递交总结报告给前台经理；

（16）上级所要求的其他工作。

（二）职位：副礼宾司

直接上级：礼宾司

直接下级：行李员、门童

素质要求：

（1）二年以上的酒店礼宾部工作经验，及一年以上的行李员的资历；

（2）流利的中英文口语；

（3）熟练的中英文书写；

（4）了解前台部的运作；

（5）熟悉酒店各部门的功能。

工作描述：

直接执行礼宾司的指示，当礼宾司不在时，代替礼宾司的职责和职务，确保日常的行李入店和离店的处理准确和快捷地与旅行社紧密合作，处理好团队行李，确保所有邮包和信件的传递处理正确无误。

岗位职责：

（1）掌握当日预抵、离店客人情况，确保为抵、离店客人提供热情的、高效率的服务；

（2）分配行李员为客人提拿行李、安排车辆；

（3）确保所有寄出的邮包和信件准确无误；

（4）确保属下员工有礼貌及快捷地接听客人电话；

（5）检查行李员接送记录，行李房、行李寄领登记及工具的维护、保养情况；

（6）协调、沟通与其他有关部门的关系；

（7）检查下属员工仪容仪表、行为举止及在岗情况；

（8）协助礼宾司做好本部员工的培训、考核、评估等工作；

（9）督促、检查下属填写交接班本，做好交接班工作；

（10）完成上级交给的其他工作任务。

（三）职位：行李员

直接上级：副礼宾司

素质要求：

会讲英语、标准的普通话；

会写简单的英文。

工作描述：

该职位直接负责为客人提供入住和离店时的行李服务及行李存放服务，负责所有客人和酒店各部门的信件、电文、文件和邮包的派送。

岗位职责：

（1）掌握当日抵、离店客人的情况，为抵离店客人介绍酒店房间设施和其他服务设施；

（2）引领进店客人到前台、房间，并向客人介绍酒店房间设施和其他服务设施；

（3）为客人寄存、保管行李；

（4）礼貌、迅速地回答客人的提问，主动帮助客人解决困难；

（5）为客人递送邮件、报纸、留言、传真等；

（6）为酒店其他部门派送报纸、信函及前厅部文件、表格；

（7）在大厅楼层发现不正常现象立即报告；

（8）不准向客人索取小费；

（9）执行酒店所有的规章制度；

（10）完成上级所要求的其他职责。

（四）职位：门童

直接上级：副礼宾司

素质要求：

（1）简单的日常英文及流利的普通话

（2）身高1.7米以上

工作描述：

该职位代表酒店直接负责迎候所有到达的客人及帮助他们搬运行李，指挥酒店的来往车辆，为离店客人安排出租车。

岗位职责：

（1）帮助到达和离店酒店的客人打开车门，关门和搬运及摆好行李；

（2）问候客人，主动为客人叫出租车；

（3）指挥来住车辆，确保酒店门前车道的畅通；

（4）制服整洁，精神面貌良好；

（5）留意酒店门前卫生，及时拾起地上的垃圾；

（6）雨天替客人保管雨伞；

（7）不准擅自离开工作岗位；

（8）上级所要求的其他职责。

（五）职位：酒店代表

直接上级：副礼宾司

素质要求：

（1）简单的日常英语及流利的普通话

（2）身高 1.7 米以上

工作描述：

主要负责对饭店客人（特别是 VIP）抵离机场时的迎送，将饭店的对客服务范围由饭店大门扩伸到机场，同时加强对零散客人的促销。

岗位职责：

（1）代表饭店为客人提供机场迎宾服务；

（2）代表饭店为客人提供机场送宾服务；

（3）代表饭店为 VIP 客人提供机场迎宾服务；

（4）向饭店提供 VIP 客人到达信息；

（5）回答客人询问，积极推销客房，争取客源。

二、饭店礼宾服务岗位员工服务技能要求

酒店的礼宾服务通常是由前厅部服务人员提供。其工作岗位一般位于大堂的礼宾部，各个岗位有它的工作服务标准和要求。

（一）前厅礼宾服务标准

（1）上岗前按规定着装，服装挺括、整洁，皮鞋光亮；左胸前佩戴胸牌；头发梳理整齐，男员工头发不过衣领，不留胡须，女员工头发不得过肩。

（2）在岗时站立服务，站姿端正，保持自然亲切的微笑，任何时间不得随意离岗。

（3）礼貌周到，待客和气，见到客人主动打招呼，对客人用敬语，语言规范、清晰。

（4）热情接待客人，用相应语言接待中外客人，提供周到、细致的服务。

（5）态度和蔼、亲切，切勿谢绝客人，应使客人感到亲切、愉快。

（6）服务快捷、准确，为客人办理入住登记手续不得超过 3 分钟。

（7）准确、及时将客人抵、离时间，各种活动安排通知有关部门，保证衔接无差错。

（8）大堂总台各种工作用品完好、有效、整齐、清洁、有序，周围环境

整洁，盆景鲜艳、美观。

（9）管理人员坚持在服务现场督导，每天做好岗位考察记录。

（10）做好交接班记录，交接工作清楚、准确、及时、无差错。

（二）礼宾服务的培训

1. 接站礼仪培训

（1）掌握抵达时间。迎送人员必须准确掌握客人乘坐的飞机、火车、船舶抵达的时间，如有变化，应及时通知。

（2）注意接站时的礼仪。对提前预订远道而来的客人，应主动到车站、码头、机场迎接。一般要在班机、火车、轮船到达前 15 分钟赶到，这样会让经过长途跋涉到目的地的客人不会因等待而产生不快。

（3）服饰要求。在接待不同国家客人时，应考虑到他们所能接受的服饰颜色的习惯。接待人员应熟悉各国人民对颜色的喜好。

2. 到店时的接待礼仪培训

（1）欢迎问候。接待人员要笑脸相迎，先主宾后随员、先女宾后男宾的顺序欢迎问候。

（2）发放分房卡。及时将分房卡交给客人，为客人打开电梯门，用手势请客人进入电梯，对行动不方便的客人主动携扶入电梯。

（3）列队欢迎。对重要客人或团队到达时，要组织服务员列队到门口欢迎。服装要求整洁，精神要饱满，客人到达时，要鼓掌，必要时总经理和有关领导要出面迎接。在客人没有全部进店或车辆未全部开走前不得解散队伍。

3. 送客礼仪培训

（1）规格。送别规格与接待的规格大体相当，只有主宾先后顺序正好与迎宾相反，迎宾是迎客人员在前，客人在后；送客是客人在前，迎客人员在后。

（2）注意事项。对于酒店来说，送客礼仪应注意如下几点：

①准备好结账。及时准备做好客人离店前的结账，包括核对小酒吧饮料使用情况等，切不可在客人离开后，再赶上前去要求客人补"漏账"。

②行李准备好。侍者或服务员应将客人的行李或稍重物品送到门口。

③开车门。酒店员工要帮客人拉开车门，开车门时右手悬搁置车门顶端，按先主宾后随员、先女宾后男宾的顺序或主随客便自行上车。

（3）告别。送别客人时，应主动征求客人对于酒店的意见，并致以"不足之处请多包涵"、"欢迎再次光临"、"再见"等客气用语；应向客人道别，祝福旅途愉快，目送客人离去，以示尊重。

（4）送车。如要陪送到车站、机场、码头等，车船开动时要挥手致意，等开远后才能够离开。

第三节　"金钥匙"服务

一、"金钥匙"的起源

　　"金钥匙"的原型是 19 世纪初期欧洲酒店的"委托代办"（Concierge）。而古代的 Concierge 是指宫廷、城堡的"钥匙保管人"。从"委托代办"的含义可以看出"金钥匙"的本质内涵就是酒店的委托代办服务机构，演变到今天，已经是对具有国际金钥匙组织会员资格的饭店的礼宾部职员的特殊称谓。"金钥匙"已成为世界各国高星级酒店服务水准的形象代表，一个酒店加入了"金钥匙"组织，就等于在国际酒店行业获得了一席之地；一个酒店拥有了"金钥匙"这种首席礼宾司，就可显示不同凡响的身价。换言之，大酒店的礼宾人员若获得"金钥匙"资格，他也会倍感自豪。因为他代表着酒店的服务质量水准，他甚至代表酒店的整体形象。"金钥匙"也是现代酒店个性化服务的标志，是酒店内外综合服务的总代理。它的服务理念是在不违反当地法律和道德观的前提下，使客人获得"满意加惊喜"的服务，让客人自踏入酒店到离开酒店，自始至终都感受到一种无微不至的关怀和照料。金钥匙的服务内容涉及面很广：向客人提供市内最新的流行信息，时事信息和举办各种活动的信息，并为客人代购歌剧院和足球赛的入场券；为城外举行的团体会议作计划，满足客人的各种个性化需求，包括计划安排在国外城市举办的正式晚宴；为一些大公司作旅程安排；照顾好那些外出旅行客人和在国外受训的客人的子女；甚至可以为客人把金鱼送到地球另一边的朋友手中。

　　现在国际饭店"金钥匙"组织已拥有超过 4500 名来自 34 个国家的"金钥匙"成员。对比欧洲和美洲，亚洲男性选择从事这一职业占有一定比例的人数，中国的会员数量已将近 300 名（少数为女性）；而在中国旅行的客人正在继续加深对饭店"金钥匙"的认识，以便知道如何获得饭店"金钥匙"的帮助。在中国一些大城市里，"金钥匙"委托代办服务被设置在酒店大堂，他们除了照常管理和协调好行李员和门童的工作外，还负责许多其他的礼宾职责。

二、"金钥匙"在中国的发展

　　国际饭店"金钥匙"组织拥有 34 个成员国和地区，分别是：澳洲、奥地利、比利时、巴西、加拿大、中国、捷克、丹麦、英国、法国、德国、希腊、荷兰、中国香港、匈牙利、爱尔兰、以色列、意大利、日本、卢森堡、马来西亚、墨西哥、摩洛哥、挪威、新西兰、菲律宾、葡萄牙、罗马尼亚、新加坡、西班牙、瑞典、瑞士和美国。在 1997 年 1 月意大利首都罗马举行的国际金钥匙年会上中国被接纳为国际饭店金钥匙组织的第 31 个成员国。

现在在中国的酒店里，出现了这样一群年青人。他们身着一身考究的西装或燕尾服，衣领上别着一对交叉的"金钥匙"徽号，永远地彬彬有礼，永远地笑容满面，永远地机敏缜密。他们是国际金钥匙组织（U. I. C. H）的成员——中国饭店金钥匙。

饭店金钥匙的服务哲学，是在不违反法律的前提下。使客人获得"满意加惊喜"的服务。特别是目前中国的旅游服务必须考虑到客人的吃、住、行、娱、游、购 6 个大内容。酒店金钥匙的一条龙服务正是围绕着宾客的需要而开展的。例如从接受客人订房，安排车到机场、车站、码头接客人；根据客人的要求介绍各特色餐厅，并为其预订座位；联系旅行社为客人安排好导游；当客人需要购买礼品时帮客人在地图上标明各购物点等。最后当客人要离开时，在酒店里帮助客人买好车、船、机票，并帮客人托运行李物品；如果客人需要的话，还可以订好下一站的酒店并与下一城市酒店的金钥匙落实好客人所需的相应服务。让客人从接触到酒店开始，一直到离开酒店，自始至终，都感受到一种无微不至的关怀。从而，人们不难想象酒店金钥匙对城市旅游服务体系、饭店本身和旅游者带来的影响。

饭店金钥匙在中国的逐渐兴起，是我国的经济形势的发展，以及旅游总体水平的发展需要。它将成为中国各大城市旅游体系里的一个品牌，即代表着热情好客、独具酒店特色的一种服务文化，并将成为该城市酒店业的一个传统。

三、国际金钥匙组织中国区申请入会条件和程序

（一）基本条件

申请人必须是年满 21 岁，品貌端正，是在酒店大堂工作的礼宾部首席礼宾司。须具备至少 5 年酒店从业经验（在酒店的任何职位均可，且至少有 3 年以上从事委托代办服务工作经验和必须达到一定的工作水平），至少掌握一门以上的外语，参加过国际金钥匙组织中国区的服务培训。

（二）必备文件

申请人须把申请书（申请表格）连同 7 份证明和文件递呈国际金钥匙组织中国区总部：

（1）申请人标准一寸彩色照片两张；

（2）申请人工作场所照片；

（3）两位会员（具备资格三年以上的正式会员）的推荐信，在一个月内答复申请。如该地区没有符合资格的推荐人，则应把申请表格直接寄至总部；

（4）申请人所在饭店总经理的推荐信；

（5）参加金钥匙学习的资格证书复印件；

（6）在酒店工作的新旧证明文件。

（7）申请人在前厅部工作期间的案例（3篇）（以书面形式呈送同时再以电子文档形式 E-mail 至总部电子信箱 anli@ lesclefsdorchina. com）。

（三）批准程序

如果申请人被审核符合入会资格，总部行政秘书会把"金钥匙"组织的相关资料交送申请人（包括交会员费通知等）。申请人完成以上程序并被审核符合所有申请资格后，将收到由总部行政秘书发出的授徽通知。经总部授权专人授徽后，该会员及其饭店才正式成为国际"金钥匙"组织成员。

相关文件按照程序分别会递呈国际"金钥匙"组织中国区主席、国际"金钥匙"组织中国区首席代表、秘书长和申请人所在城市地方的"金钥匙"分会备案。

【本章小结】

饭店礼宾服务是前厅服务的重要组成部分，它是以客人心目中"饭店代表"的特殊身份进行的，其服务态度、服务质量、服务效率如何，将给饭店的声誉与效益带来直接的影响。饭店前厅是客人进入饭店的第一个接触点，客人一下榻酒店首先受到的就是饭店的礼宾服务，更为重要的是饭店礼宾服务带给客人的是其对饭店服务的第一印象。同时又是离开饭店的最后接触点，它直接关系到客人的住宿满意程度和对饭店的印象，所以饭店前厅部应通力合作做好饭店的礼宾工作。

【案例分析】

事情经过：

2004年10月27日，世纪楼行李员A接前台主管通知帮客人转房。因为客人不愿意住在四星级的世纪楼，他要求转房去五星级的酒店主楼。

行李员A接到通知后，与礼宾部领班说了一声，就上楼层帮客人转房。之后，用行李车把客人的行李送往100米以外的主楼。约5分钟之后，大堂副理接停车场保安报告说在停车场捡到一件衣服，不清楚是谁的，但上面的袋子上有饭店的洗衣单。大堂副理马上过去调查，后来得知所丢失的衣服正是行李员A所转房客人的。而且，大堂副理查到当时行李员A帮客人转房时客人并不在房间，这种情况也就是平常所说的 DEAD MOVE，行李员没有通知大堂副理就私自帮客人将行李物品搬往主楼客房。而且该行李员还将客人的衣服丢失在停车场而不自知，幸好被酒店保安员捡到，否则必将招致客人的投诉。大堂副理第一时间通知礼宾司此事，要求礼宾司调查，并答复处理结果。

礼宾司总结及处理：

行李员 A 在帮客人转房时，明知客人不在房间，没有按部门规定程序操作通知大堂副理，和客房部一起处理，而是一个人私自处理，此第一错；行李员 A 在使用行李车时没有按部门规定程序操作严格遵守行李车只推不拉的原则（活动轮在前），避免撞坏其他物品或使行李跌损或遗失，此第二错。发生此事的原因主要是因为行李员 A 操作失误，不按部门正规的操作规程操作，导致发生此起低级错误。

故礼宾司调查之后答复大堂副理：第一，要求此员工重新阅读一次部门所有操作规程；第二，写出整件事情的经过报告及反省心得；第三，给该员工以轻微过失单处理。10 月 28 日部门培训例会上，礼宾司将此事作为服务案例拿出来分析，并要求礼宾部员工讨论学习，以加深员工的印象，避免类似事情的再次发生。

【实训项目】

学生分角色扮演礼宾部员工和客人进行情景模拟练习。

【思考与练习】

1. 行李服务主要有哪些？
2. 什么是"金钥匙"？
3. 问询服务的信息内容主要有哪些？

第五章　前厅总机工作服务

【本章导读】

　　前厅总机是饭店进行内外联系的通信枢纽,是前厅部的重要组成部分。尽管总机房的工作一般不直接和客人见面,但其服务质量的高低,包括语言艺术的运用、转接电话的速度和准确性、礼节礼貌等都会直接影响饭店声誉和形象。绝大多数客人对饭店的第一印象,是在与话务员的初次接触中形成的,因而电话总机业务越来越受到饭店重视。

【学习目标】

　　1. 了解饭店前厅总机的基本设备、工作的业务范围、服务的基本要求
　　2. 熟悉饭店前厅总机工作服务的岗位及岗位职责
　　3. 掌握饭店前厅总机工作服务的各项内容及操作程序

【关键概念】

　　转接电话服务　留言服务　长途电话服务　问讯服务　叫醒服务　"免电话打扰(DND)"服务　店内传呼服务

第一节　前厅总机工作服务的概况

一、前厅总机基本设备

常见的饭店前厅总机房配备的设备有:

1. 电话交换机

常见宾馆型程控用户交换机有以下功能:

(1) 房间控制:客人离店结账电话自动闭锁。

(2) 留言中心:对临时外出的客人的来话呼叫,提供留言服务。

(3) 客房状态:随时提供客房占用,空闲,是否打扫的情况。

(4) 自动叫醒:按客人需要,准时叫醒客人。

(5) 请勿打扰:为客人提供安静环境,客人在电话输入指令后,任何电话不能呼入,但超过一定时限失效。

（6）综合话音和数据系统：使商务办公人员通过个人计算机从远程计算机或数据库取得重要商业信息及资料。

2. 话务台

话务台系统是电脑与电话的结合，业务以处理用户电话话务操作为核心。用户界面详细显示了电话内外线的使用状态、来去电话号码等信息，系统功能有电话号码设置、电话簿功能、话务操作功能、夜服功能、代拨长途或者市内电话、自动叫醒功能等。

3. 长途电话自动计费机

4. 自动打印机

5. 传呼器发射台

6. 计算机

7. 电话通知单、收费单、留言簿

8. 电话

二、前厅总机工作服务的业务范围

电话是人们进行信息沟通的重要工具，也是饭店宾客使用频率最高的通信设备。总机房在对客服务及饭店经营管理过程中发挥着非常重要和不可替代的作用。其业务范围是：

1. 转接电话服务

2. 电话问询服务

3. 电话叫醒服务

4. 电话留言服务

5. 电话寻呼服务

6. 长途电话开通服务

7. 充当饭店临时指挥中心，负责店内紧急事件的报警电话联络工作

8. 播放饭店背景音乐，播放时间，乐曲选择、音量控制

9. 服务中密切配合前厅预定、接待、客房、餐厅、工程、安全、国际国内长途等有关部门的工作。

三、前厅总机工作服务的岗位及职责

饭店前厅部总机房一般设有总机领班和总机话务员岗位，总机领班隶属于前厅部经理管辖，总机话务员的直接上级是总机领班。

（一）总机领班岗位职责

（1）必须具有高度的责任感，精于业务，热爱本职工作，忠于职守，严格管理，团结协作，自觉维护饭店的声誉和利益。

（2）在前厅主管的指导下负责总机房的管理工作，努力完成每月计划任务，负责计划、监督和指导总机的运营管理。

（3）随时留意将可能发生的特别电话，复述清楚电话的来源及其重要性；安排好员工的工作及膳食时间。

（4）负责督导话务员顺利有效地完成电话转接、电话叫醒、代拨电话、留言、保密电话等 有关的业务咨询。

（5）时刻留意每个接线生的工作。根据情况需要，亲自处理重要客人、饭店负责人的电话，提供最好的服务。

（6）时刻检查客人的"叫醒服务登记本"，检查总机员是否已经正确地将叫醒时间输入话务台。

（7）督导总机员注意随时随刻做好电话留言的记录，并将留言内容记录于留言本上再转告。

（8）时刻检查电话计费系统是否正常，如出现故障立刻通知电脑部及上司。

（9）每天定期核对房态表。

（10）向前厅主管提出培训建议，不断提高总机员工的专业技能，树立为宾客服务的良好职业道德。

（11）负责评估、考核和监督员工的工作。

①严格检查接线员遵守外事纪律和保密制度及饭店各项规章制度情况，发现重大问题及时报告上级。

②督导接线员在工作中严格认真使用礼貌用语，并始终保持良好的语音语调。

③督导接线员在电话铃一响便听，铃声不可超过三声。

（12）对饭店内的特殊发生事件（失火、盗窃、急病）应保持冷静，及时通知相关部门妥善处理。

（13）负责每月初向财务部交"内部长话月结表"，负责总机所需表格及其他用品的供给，确保工作正常进行。

（14）检查督导接线员，正确操作话务台，发现问题及时处理，并上报上级。

（15）努力钻研业务，掌握电信专业知识，了解总机的结构性能及操作方法和业务工作程序；了解国内外长途电话操作方法及收费标准，国际时差，国内常用电话号码；了解电话机线路布局及有关电子计算机系统的维修保养管理应用知识。

（16）以身作则，参与话务工作，自觉遵守各项规章制度，做好员工的表率作用。

（17）全面掌握饭店的服务设施、服务项目和经营情况，了解前厅、楼层的服务程序。

（18）做好交班日记，检查各种报表的准确性。

（二）话务员岗位职责

（1）坚守岗位、忠于职守，树立全心全意为宾客服务的思想，礼貌应答，平等待客，耐心细致，讲究效率。

（2）按工作程序迅速、准确地转接每一个电话，保证通信工作畅通，并做好各项记录。

（3）对客人的询问，要热情、礼貌、迅速地应答，为客人提供长途挂号、留言、叫醒、咨询等电话服务。

（4）熟悉各大城市地区号码及大城市中主要饭店的电话号码。

（5）熟悉市内常用电话号码，主动帮助用户查找电话号码及接通市内电话。

（6）熟悉本饭店内部组织机构，熟悉本饭店内主要负责人和各部门经理的分机号码、姓名和声音。

（7）每天早班做好天气预报记录。

（8）中班于 22：30PM 设置客房"DND"程序。

（9）自觉遵守酒店的保密制度。

（10）不能向外界泄露饭店高级行政人员的私人电话、传呼机。

（11）不能有意或无意泄露客人的任何资料。

（12）遇突发事件，不要擅自处理，应及时上报上级，通知有关部门领导，并记录于交班本上。

（13）爱护总机房内的设备，保证通信设备整洁、畅通，维护其正常工作。

（14）正确操作话务台，掌握话务台的各项功能、操作使用程序和注意事项。

（15）刻苦钻研业务，提高外语应答水平，丰富自己的知识，讲求语音语调，为客人提供优质的电话服务，以维护酒店的声誉和利益。

（16）执行交接班制度，对重点情况重点交代，保证工作的准确性和连续性。

（17）保持工作岗位的清洁卫生。

（18）自觉遵守饭店各项规章制度和员工守则，不得利用工作之便与客人拉关系，不得在电话中与客人谈与工作无关的话，不得利用工作之便与客人交朋友、上房间，泄露饭店秘密，违反有关外事纪律。

四、总机服务的基本要求

总机话务员可以称为酒店中"看不见的接待员"。总台、餐厅及客房楼层的服务人员都是直接和客人面对面地接触，对客人的种种反应、表情都可以观察得到，能依此作出即时的直接应对反应；而在电话里对客人进行服务，其困难及局限性则多出许多，因为看不到客人的表情及种种行为反应，仅能从其言语的速度、音量、语调等判断作出相应的对答。

因此，电话服务对话务人员来说，要求具备比较丰富的经验和纯熟的技巧，并应具有足够的耐心。

1. 话务员的素质要求

（1）职业修养良好，责任感强；

（2）口齿清楚，音质甜美，语速适中；

（3）听写迅速，反应敏捷；

（4）专注认真，记忆力强；

（5）有较强的外语听说能力；

（6）熟习电话业务、有较强的计算机操作和打字技术；

（7）有较强的信息沟通能力；

（8）掌握饭店服务、旅游景点及娱乐等知识与信息；

（9）严守话务机密。

2. 话务员的服务要求

（1）礼貌规范用语常不离口，坐姿端正，不得与宾客过于随便；

（2）高效率地转接电话；

（3）对宾客的留言内容，应做好记录，复述时应注意核对数字；

（4）应使用委婉的话语建议宾客，而不可使用命令式的语句；

（5）若对方讲话不清，应保持耐心，用提示法来弄清问题；

（6）应能辨别饭店主要管理人员的声音；

（7）若接到拨错号或故意打扰的电话，也应以礼相待；

（8）结束通话时，应主动向对方致谢，待对方挂断电话后，再切断线路。

第二节　前厅总机工作服务的内容和程序

饭店电话总机所提供的服务项目主要包括：店内外转接电话服务、留言服务、长途电话服务、问讯服务、叫醒服务、"免电话打扰（DND）"服务、店内传呼服务以及遇到紧急情况时，充当临时指挥中心等。

一、转接电话及留言服务

1. 转接电话

为了能准确、快捷、有效地转接电话，话务员必须熟记常用的电话号码，了解本酒店的组织机构以及各部门的职责范围，正确掌握最新的住客资料，坚守工作岗位，并尽可能多地辨认住店客人、酒店管理人员和服务人员的姓名和声音。具体的工作程序和标准如表5-1。

表5-1

程　　序	标　　准
1. 转接电话	（1）清晰地问候 （2）听清电话内容 （3）判断分机是否正确 （4）迅速准确地转接
2. 电话占线情况的处理	（1）礼貌地问候 （2）及时跟客人说明占线情况 （3）请客人稍后再试或留言
3. 电话无人接听	（1）向客人说明电话无人接听的情况 （2）主动征询客人是否愿意稍后再接或留言

2. 留言服务

当有人来电话找不到受话人时，话务员应主动向发话人建议，是否需要留言。

其程序和标准如表5-2。

表5-2

程　　序	标　　准
1. 接到店外客人留言要求	（1）认真核对店外客人要找的店内客人的姓名 （2）准确记录留言者的姓名和联系电话 （3）准确记录留言内容 （4）与店外客人核对，重复留言内容

续表

程　　序	标　　准
2. 将留言输入电话	(1) 使用计算机查出店内客人房间 (2) 通过固定计算机程序输入留言内容 (3) 核对留言内容无误 (4) 在留言内容下方输入为客人提供留言服务的员工姓名 (5) 按"ENTER"键打出留言
3. 亮客房留言灯	(1) 按留言灯键 (2) 敲入房间号码 (3) 按执行键"#"键 (4) 再按一次留言灯键
4. 将计算机中的留言取消	(1) 在计算机上输入客人房间号码 (2) 计算机屏幕显示留言内容 (3) 将计算机中的留言取消
5. 熄灭客房留言灯	(1) 按留言灯键 (2) 敲入房间号码 (3) 按执行键"#"键 (4) 再按一次留言灯键

二、问询服务

饭店内外的客人常常会向电话总机提出各种问询，因此，话务员要像问询处员工一样，掌握店内外常用的信息资料，对客人的问讯、查询做出热情礼貌、迅速准确的解答。

（1）对常用电话号码，应对答如流，准确快速。

（2）如遇查询非常用电话号码，话务员应请宾客保留线路稍等，以最有效率的方式为宾客查询号码，确认后及时通知宾客。如需较长时间，则请宾客留下电话号码，待查清后，再主动与宾客电话联系。

（3）如遇查询住客房号的电话，在前厅电话均占线的情况下，话务员应通过计算机为宾客查询，此时应注意为宾客保密，不能泄露其房号，接通后让宾客直接与其通话。

问询服务程序与标准如表5-3。

表 5-3

程　　序	标　　准
1. 接到客人问询电话	（1）在铃响三声以内，接听电话 （2）清晰地报出所在部门 （3）表示愿意为客人提供帮助
2. 聆听客人问询内容	（1）仔细聆听客人所讲的问题 （2）必要时，请客人重复某些细节或含混不清之处 （3）重复客人问询内容，以便客人确认
3. 回答客人问询	（1）若能立即回答客人，应及时给客人满意的答复 （2）若需进一步查询方能找到答案，请客人挂断电话稍候 （3）在计算机储存信息中查询客人问询内容，找到准确答案 （4）在机台操作，接通与客人房间的电话 （5）清晰地报出所在部门，重复客人问询要求，获得客人确认后，将答案告诉客人 （6）待客人听清后，征询客人是否还有其他疑问之处，表示愿意提供帮助

三、免电话打扰"DND"服务

某些住店客人在住店期间，由于种种原因，在某些时间段不愿接听电话，尤其是深夜的骚扰电话，因此，客人会向饭店提出"免电话打扰（DND）"服务。话务员在受理这类要求时，应按如下程序办理：

（1）将要求"DND"服务的宾客姓名、房号、具体"DND"服务时间记录在交接本上，并写明接到宾客通知的时间。

（2）将电话号码通过话务台锁上，并将此信息准确通知所有其他当班人员。

（3）在免打扰期间，若有人要求与住客讲话，话务员应将有关信息礼貌准确地通知发话人，建议其留言或待取消"DND"后再来电话。

（4）宾客要求取消"DND"后，话务员应立即通过话务台释放被锁的电话号码，同时在交接本上标明取消记号及时间。

四、挂拨长话服务

饭店的长途电话服务通常有两种：一种是人工挂拨长途，另一种是程控直拨长途。

1. 人工挂拨长途

客人通过总机打国际、国内长途电话，话务员应及时为客人提供服务。工作程序如下：

（1）仔细听清或问清客人的要求，并逐项记录或输入电脑，如客人的姓名、房号，受话人的电话号码、姓名，付款方式等。

（2）请客人在房间内稍等。

（3）拨通长途台，通报本机号码、分机号码、话务员代号、所挂电话号码等，并不断联系，督促长途台尽快帮助接通，尽量减少客人的等候时间。

（4）电话接通后立即通知客人，并请客人讲话。

（5）在电话单上记录通话时间，通话完毕，将实际通话时间告诉客人（如果是对方付费则可不告诉）。

（6）计算费用，填写电话收费通知单，正联送前厅收银处，副联留存，并请客人到前厅付款或签单挂入房账。

2. 程控直拨长途

这是现代饭店一般采用的电话系统。住店客人在前厅交纳押金，办好手续后，即可开通长途电话。客人在房间挂拨长途电话，可以不通过总机，直接拨号自动接通线路，通话结束后，电脑能自动计费并打出电话费用单。

话务员应注意及时为抵店入住宾客开通电话，为离店退房结账宾客关闭电话。

若团队、会议宾客须自理电话费用，则应将其打入相应的账单。

五、提供叫醒服务

电话叫醒服务是饭店对客服务的一项重要内容。它涉及客人的日程安排，特别是叫早服务往往关系客人的航班和车次。如果叫醒服务出现差错，会给饭店和客人带来不可弥补的损失。总机所提供的叫醒服务是全天24小时服务，可细分为人工叫醒和自动叫醒两类。

1. 人工叫醒服务

程序如下：

（1）受理宾客要求叫醒的预订。

（2）问清叫醒的具体时间和房号。

（3）填写叫醒记录单，内容包括房号、时间、话务员签名。

（4）在定时钟上准确定时。

（5）定时钟鸣响，话务员接通客房分机，叫醒客人："早上好，现在是某某点，您的叫醒时间到了。"

（6）核对叫醒记录，以免出现差错。

（7）若客房内无人应答，5分钟后再叫一次，若仍无人回话，则应立即通知客房服务中心或大堂副理，派人前往客房实地察看，查明原因。

2. 自动叫醒服务

程序如表5-4。

表5-4

程　　序	标　　准
1. 接到客人要求叫醒服务的电话	(1) 当客人需要叫醒服务时，话务员要问清客人的房间号码、客人的姓名及叫醒时间 (2) 话务员要重复一遍客人的要求，以获客人确认 (3) 祝客人晚安
2. 输入叫醒要求	(1) 按机台上的叫早键 (2) 输入客人的房间号码 (3) 输入叫醒时间 (4) 按机台执行键
3. 填写叫醒登记本	当话务员将叫醒时间输入机台后，在叫醒登记本上填写客人的房间号码、客人叫醒时间及话务员姓名
4. 叫醒没有应答情况的处理	(1) 将客人的房间号码及叫醒时间通知客房服务中心 (2) 问明并记录下客房服务中心人员姓名

无论是人工叫醒，还是自动叫醒，话务员在受理时，都应认真细致地填写叫醒记录单，按时提供叫醒服务，避免差错和责任事故的发生。一旦出现失误，不管责任在饭店还是在客人，都应给予高度重视，积极采取补救措施，而不要在责任上纠缠不清。

六、寻呼电话服务

为了密切饭店内各业务部门之间的沟通联络，同时也使各级员工对有关业务及时做出反应，现代饭店内部设立了呼机系统（电脑微机控制）。传呼系统的控制由总机人员负责。因此话务员应熟悉传呼器携带者的呼叫号码，并了解他们的工作区域、日程安排及去向。当店内员工提出寻呼要求时，话务员即可在呼叫系统中准确输入打电话者或部门分机号码，也可直接输入总机号码，并记录寻呼者提出的某些要求，以便向被寻呼者进行简明转达。有的饭店甚至将传呼器租借给住店客人使用，从而扩大了饭店总机的业务范围，大大方便了客人商务、公务和旅游活动，深受客人欢迎。无论采用哪一种方法，提供寻呼服务后，均应做呼叫记录。

七、充当饭店临时指挥中心

当饭店出现紧急情况时，总机成为饭店管理人员的指挥协调中心。所谓紧急情况是指发生火灾、虫灾、水灾、盗窃、伤亡事故和恶性案件时，饭店管理人员要迅速控制局势、调动人员，必然要借助电话系统，电话总机的通信联络工作就显得尤为重要。话务员在紧急情况发生时，应沉着、冷静、不慌张，提供高效率的服务。所以，话务员必须定期接受如何处理紧急情况的训练。

1. 总机接到客人及员工紧急报火警时，处理程序和标准如表5-5。

表5-5

程　序	标　准
1. 接到紧急报警	(1) 首先告诉报警人要保持冷静 (2) 向报警人询问以下内容：报警人姓名、报警人所属部门、出事地点、何物燃烧、火势大小 (3) 将有关内容准确记录在案 (4) 告诉报警人："我们会立即通知有关部门及人员，请您马上寻找紧急出口撤离。"
2. 通知消防控制中心	立即通知消防控制中心以下内容：报警人姓名、报警人所属部门、着火地点、燃烧物、火势大小、话务员姓名，记录受话人姓名
3. 记录报警	准确地将接到的报警内容记录在报警本上
4. 等待消防中心的报警	消防中心会立即派人实地查询，若情况属实，会立即向总机报警
5. 接到消防中心紧急报警	(1) 认真仔细听清报警地点、报警人姓名 (2) 重复报警地点及报警人姓名 (3) 把报警内容迅速准确地记录下来
6. 通知有关部门	(1) 白天需通知客务经理、保卫部值班室、总经理办公室及消防值班领班 (2) 夜间需通知值班店领导、客务经理、保卫部值班室及当日部门值班经理
7. 记录紧急报警	(1) 报警时间、地点及报警人姓名 (2) 若为白天报警，需填写客务经理姓名、保卫部值班人员姓名、总经理办公室接到报警电话人的姓名及消防值班领班姓名 (3) 在夜间需填写值班店领导、客务经理、保卫部值班室接到报警电话人的姓名，及当日部门值班经理的姓名 (4) 话务员姓名 (5) 消防中心通知的报警原因

【案例分析】

细心的话务员

李红梅是一家四星级饭店的话务员，一天晚上她接到营销部团队联络员的通知，住店的一批外宾次日早上 7：10 要求叫醒服务，李红梅立即为这批外宾做了叫醒服务的安排。两个小时后，1812 房客人打电话到总机要求次日早 6：10 叫醒，为了避免客人口误将房号报错，李红梅问清了客人姓名，于是与电脑信息进行核对，细心的她发现这名客人的电脑信息备注栏注明的正是次日早 7：10 要求叫醒的一批外宾，也就是说 1812 房客人就是这批外宾中的一位。"为什么这位客人单独要的叫醒时间与饭店营销团队联络员通知的时间不一样？"李红梅有了疑虑，但是并没有惊动 1812 房客人，而是按照客人的要求为其安排了叫醒服务，之后立即将情况反馈给营销部团队联络员。团队联络员大吃一惊，叫醒时间前后差了一个小时，究竟是客人的口误还是自己工作失误？团队联络员连夜打电话给这批外宾的翻译，原来客人要赶次日早 8：10 的航班，所以叫醒时间是早上 6：10。话务员李红梅的细心避免了一次叫醒服务的失误。

【评析】

"细节决定成败"，这话的确有道理。在酒店硬件不断更新的今天，酒店在竞争中能处于不败之地的关键取决于服务，而服务的成功就在于不遗余力地重视细节。

当话务员接到 1812 房客人要求叫醒服务的电话后，没有草率地为客人做叫醒安排，而是通过查电脑，确认客人姓名与房号无误后，方为客人做叫醒安排。难能可贵的是话务员在核对电脑信息时，不仅核对了房号、姓名，还细心地查看了电脑备注栏的内容。当话务员发现客人要求的叫醒时间与饭店营销团队联络员安排的时间不一致时，没有惊动客人，而是及时地联络到了团队联络员，通过再次确认叫醒时间，避免了客人误机事件的发生。

惠普创始人帕卡德说过："小事成就大事，细节成就完美。"细节在酒店优质服务中，在当今酒店竞争中尤为重要。细节成就满意的服务。

选自：《酒店服务管理案例精选》，中国旅游出版社 2006 年版

【本章小结】

饭店电话总机是饭店内外沟通联络的通信枢纽和喉舌，以电话为媒介，直接为宾客提供转接电话服务，挂拨国际或国内长途，叫醒，查询等项服务，是饭店对外联系的窗口，其工作代表着饭店的形象，体现着饭店服务的水准，也直接影响到酒店的整体运作。

【实训项目】

分两人为一组，用情景模拟演示的方法扮演替"非住店客人给住店客人留言"的服务，再互换角色，谈谈各自的感受。

【思考与练习】

前厅话务员在转接电话、提供叫醒服务过程中，各应关注哪些细节？

第六章　前厅商务工作服务

【本章导读】

　　商务中心（Business Center）是饭店为客人进行商务活动提供相关服务的部门。一般设置在饭店大堂客人前往方便的地方，是前厅服务的重要组成部分。其主要职能是为客人提供各种秘书性服务，提供或传递各种信息，被誉为"办公室外的办公室"。

【学习目标】

　　通过本章的学习，了解前厅商务中心的设置和对工作人员的素养要求，掌握前厅商务服务的项目和具体流程，学会解决商务服务中出现的问题。

【关键概念】

　　商务中心的设置　　工作人员的素质要求　　商务服务项目及其工作流程

第一节　前厅商务服务概述

一、前厅商务中心的设置及环境要求

（一）商务中心的设置

　　商务中心（Business Center）是饭店为客人进行商务活动提供相关服务的部门。一般设置在饭店大堂客人前往方便的地方，并有明显的指示标记牌，是前厅服务的重要组成部分。其主要职能是为客人提供各种秘书性服务，为客人提供或传递各种信息，被誉为"办公室外的办公室"。

（二）商务中心的环境要求

　　商务中心的环境应该具有安静、隔音、优雅、舒适、干净的特点，根据服务项目合理布局，设计周全。

二、商务中心工作人员的基本素质要求

　　商务中心的工作人员应该具有专业的服务技能和优秀的服务意识，其基本要求是接待客人热情礼貌；回答客人问讯迅速、准确；为客人提供服务高质、快捷、耐心、细致。为了做好商务中心的服务工作，要求商务中心员工必须具

备以下素质：

（1）熟悉本部门的工作业务和工作程序，掌握工作技巧和服务技能。

（2）性格外向，机智灵活，能与客人进行良好的沟通。

（3）工作认真、细致、有耐心。

（4）具有大专以上文化程度和较高的外语水平，知识渊博，英语笔译、口译熟练。

（5）具有熟练的电脑操作和打字技术。

（6）具有机器设备的良好使用和清洁保养知识。

（7）掌握旅游景点及娱乐等方面的知识和信息。

此外，作为商务中心的票务员，还应与各航空公司和火车站等交通部门保持良好的关系等。

【案例分析】

难道这就是五星级的商务服务？

一天上午，某公司在一家五星级酒店的多功能会议厅召开会议。其间，该公司职员李小姐来到商务中心发传真，发完后李小姐要求借打一个电话给总公司，询问传真稿件是否清晰。

"这里没有外线电话。"商务中心的服务员说。

"没有外线电话稿件怎么传真出去的呢？"李小姐不悦地反问。

服务员："我们的外线电话不免费服务。"

"我预付了20元传真费了。"李小姐生气地说。

服务员："我收了你的传真费，并没有收你的电话费啊？！更何况你的传真费也不够。"

李小姐说："啊，还不够？到底你要收多少呢？给我看一看收费标准。"

"我们传真收费的标准是：市内10元/页；服务费5元；3分钟通话费2元。您传真了两页应收27元。"服务员立即开具了传真和电话的收据。

李小姐问："传真收费还要另外加电话收费是根据什么规定的？"

"这是我们酒店的规定。"服务员出口便说。

李小姐："请您出示书面规定。"

"这不就是价目表嘛。"服务员不耐烦地回答说。

李小姐："你的态度怎么这样？"

"你的态度也不见得比我好呀！"服务员反唇相讥。

李小姐气得付完钱就走了。

人们不禁顿生疑虑：五星级服务，难道就是这样的吗？

【评析】

作为一家五星级的酒店，出现如此的服务态度，着实让人担忧。酒店商务中心的大量工作主要是秘书性质的工作，由于商务中心服务人员是在酒店内为客人服务，而且其工作质量的评价，主要是从服务人员的经验与效率为出发点的。所以，做一名合格的商务中心工作人员必须具备良好的个人素质，其具体要求是：①修养良好、热情礼貌；②业务熟练、经验丰富；③举止庄重、严守秘密；④耐心专注、一丝不苟；⑤有条不紊、讲求效率。

本案例中的服务员不具备一名合格商务人员的基本素质。其实对于一个具有五星级酒店来说，客人对酒店的要求更高，服务人员的举止文雅、热情、亲切、工作认真而有礼貌等都会给顾客留下深刻的印象。好的印象就会使顾客愉悦地接受服务；差的印象，就会使顾客生气地离去，并在脑海中留下坏的记忆，这就是我们老生常谈的酒店服务质量问题。

资料来源：中国酒店网 http：//www.17u.net/hotel/

第二节　前厅商务服务项目

商务中心的服务项目较多，其主要服务项目包括打字、复印、印制名片、传真、票务、邮政、Internet 服务、翻译、会议服务（包括会议室出租、会议记录等）、办公设备出租等业务。

一、印刷服务

（一）打印服务

打印，是将客人交给的文稿按其要求进行打字排版，并打印出来。其服务程序是：

（1）主动热情迎接客人，介绍收费标准。

（2）了解客人的要求，浏览原稿，确保能看清楚每一个字，若有疑问之处应马上咨询客人，按所承诺的时间来完成工作。

（3）确保打印出来的每一个字都正确，必须复检一遍后才交给客人。

（4）请客人校对。修改后，再校对一遍。

（5）将打好的文件交给客人，根据打字张数，为客人开单收费。非住店客人，请客人付现金，如果是住店客人，请客人签单后，将账单转前厅收银处。

（6）填写"商务中心日营业报告表"。

（7）每个文件都要询问客人是否存盘及保留时间，如不要求保留，则删除。

客人较多或暂时不能给客人打字时，应有礼貌地向客人解释。若客人不着急，告知打好后，会通知房间。

（二）复印服务

复印，是将客人交给的文稿按其要求用复印机进行复制，其服务程序是：

（1）主动迎接客人。

（2）了解客人的要求。向客人问清复印的数量和规格，并介绍复印收费标准。

（3）复印。调试好机器，首先复印一份，征得客人同意后，再按要求数量进行复印。复印完毕，取出复印原件交给客人，如原件是若干张，不要将顺序搞乱。

（4）交件收费。问明客人是否要装订文件，如需则替客人装订。连同原稿一起双手送给客人，然后按规定价格计算费用，办理结账手续。

（5）送客。

（三）印制服务

印制，是按照客人的要求将原稿通过一系列工序而迅速进行的大量复制，这里以印制名片为例，介绍其服务程序：

（1）获取客人印名片之样板及特别要求，以及数量；

（2）告知客人印名片所需要的时间（通常为两到三天）；

（3）向客人说明有关的收费规定，按规定收取订金；

（4）向客人展示各种名片的印制式样，让其进行选择，在名片印制备忘录上作记录；

（5）填写"商务中心营业报告表"；

（6）与业务往来的名片印制公司联系，通知对方来取样板；

（7）当名片印制公司来人时，告知名片的印制要求，给对方样板的影印件，并要求他在备忘录上签收；

（8）当名片送来时，通知客人签收并结账。

二、传真服务

（一）发送传真

（1）主动热情地接待客人。

（2）了解其发送传真的有关信息，查看是否有不清楚的地方。

（3）请客人填写传真要发往的国家和地区、传真号码、姓名等项内容。

（4）主动向客人介绍传真收费标准。

（5）认真核对客人交给的稿件，将传真稿件装入发送架内，用电话机拨通对方号码，听到可以传送的信号后，按发送键将稿件发出。

（6）传真发出之后，将成功发出报告单及原件一同交给客人。

（7）按照有关规定计算传真费，请客人付款或是签单，并将传真号码及发送所用的时间在账单上注明，然后把账单送到前厅收银处。

（8）向客人致谢道别。

（二）接收传真服务

接收传真分为两种情况，一是客人直接到商务中心要求接收传真。只需根据客人要求，接到对方传真要求，给出可以发送的信号，接收对方传真，直接交给宾客，并按规定收取费用。二是接收到传真，按照传真件的要求将传真送交客人。其服务流程如下：

（1）当收到发进来的传真时，应记录下接收的时间，发进来的传真号码，接收者姓名，房间号码和总共页数，清楚地记录在"收到传真备忘录"上。

（2）复核及确定客人的姓名及房间号码后，致电给房间，通知客人来取传真，或派行李员送交传真。

（3）假如客人不在房间内，则应填写给客人的留言便条，其便条为一式三份，把第一张放入便条信封内通知礼宾部将其送上客房，要求行李员在备忘录上签收，第二张存放在房务中心作记录及跟催作用，第三张交给询问台，使其开启房内之留言信号灯来通知客人。

（4）账务处理。按规定办理结账手续。

三、代购票务服务

票务服务，是指饭店为客人提供订购飞机票、火车票等服务，其服务程序是：

（1）主动迎接客人。

（2）了解订票信息。请客人填写委托单，写清订购飞机票（或火车票）的日期、班次、张数、到达的目的地及坐席要求。

（3）了解航班情况。向相关票务中心了解是否有客人需要的航班票。如没有，则须问清能订购的最近航班，并向客人进行推荐。

（4）订票。向客人介绍服务费收费标准、票价订金收取办法。当客人确定航班后，查阅客人证件的有效签证和期限，请客人在订票单上签字并收取订金，向客人说明最早的拿票时间。送走客人后，向相应票务中心订票。

（5）送票。拿到票务中心送来的飞机票（火车票）后，根据订票单上的房号或客人的通信地址通知客人取票，并提醒客人飞机起飞（火车开车）时间。对重要客人，由行李员送交客人。

（6）按规定办理结账手续。

（7）向客人致谢道别。

【案例分析】

一张迟来的返程机票

张先生是大连一家大型企业的业务副总经理。16～18 日他计划在广州参加完交易会后，立即返回大连，因为有一个重要会议在等待着他。

18 号早晨，张先生来到他所入住酒店的商务中心，首先预订了一张 19 号上午返回大连的机票，商务中心的刘小姐热情地接待了张先生，立即与航空公司票务中心进行了联系，并承诺最迟在 20：00 将机票送到客人房间。张先生这才放心地外出办事去了。

白天张先生非常忙，直到 21：00 才返回饭店，当他一回到房间就向客房服务员询问飞机票务之事，客房服务员却回答说："这件事是您自己与商务中心联系的，您还是自己联系。对不起，我帮不了您。"张先生马上将电话打到了商务中心，谁知一位接待小姐说："这里是有一张大连机票，可是我现在还不能确定是您的，待我再询问一下回答您。"

等到了 23：30，张先生仍不见机票送来，于是又致电商务中心，商务中心的接待员又回答说："由于早班人员已下班，我现在联系不上。对不起。请再等一下好吗？"张先生一听很气愤，心想这酒店怎么在服务上这么没有信誉，张先生担心延误明天一大早的返程，又休息不成，便将此事投诉到了大堂副理处。大堂副理经过了解才知道，原来早上接受张先生订票的服务员中午突然因生病去了医院，未及时告知其他人员而登记的内容又有误。大堂副理拿着机票送到客人的房间时已是近凌晨了，尽管他向张先生表示了深深的歉意，客人仍然是余怒未消。

【评析】

前厅服务包括预订、接待、问讯三大功能，不仅要接待散客，还要向无预订宾客推销客房、回答问讯、解答疑难、处理邮件、联系旅游、代办票务以及承办客人的各项委托事务等。前厅的优质服务往往就体现了饭店的总体服务水准。前厅要求服务员讲究礼节礼貌。因为前厅服务员是面对面地和客人进行交流。和蔼的表情、得体的语言，能够使客人感到饭店对他的真诚欢迎和尊重。所以服务用语不仅要礼貌规范，而且要灵活巧妙。

本案例中发生了特殊情况是可以理解的，但不能够对客人没有交代，因疏忽未能及时将机票送达客人而引起客人的不满，是非常严重的失误。票务服务是饭店对客服务的重要组成部分。作为客人，总是希望入住的饭店能提供快捷、优质的代订票服务，以消除"后顾之忧"。为客人代订购各种机票、船票、车票、戏票等都要按照客人的要求去办，如果有困难或情况发生变化，一定要及时征求客人的意见，要由客人自己做主。

资料来源：百酷网 http：//www.becod.com

四、代办邮件、快递、包裹及发送

（1）准备不同面值的邮票，根据客人要求，出售给客人所需面值、图案和数量的邮票。

（2）每天早上与前厅交接昨晚或当日所收客人交寄的信件，核对邮票和信件是否相符。

（3）根据邮件大小、重量、所寄不同国家、省市，贴足邮票。

（4）对饭店内部所寄邮件，应按部门分类登记，做好原始记录，贴足所需邮票，记好邮资账，以备月底汇总报销。

（5）对于饭店客人所寄的重要邮件，如挂号信、快递、小包裹等，客人需亲自填委托单，并同客人核对所填内容，在确认地址、人名等准确无误后，请客人交足押金，方可寄出，并将邮局回执、收据复印件留底（原件交客人），以备发生问题时查找。

（6）所有贴好邮票的邮件，国外航空信件，如是航空信封，应加盖航空字样的印章，国内信件应查邮编是否填写，如没有填写应协助查找，填好邮编。

五、Internet 服务程序

随着 Internet 的发展，上网、收发电子邮件的业务越来越普遍。Internet 服务就是指为客人收发电子邮件、提供计算机上网等服务，其中发电子邮件是比较常见的服务，其服务程序是：

（1）主动迎接客人。

（2）了解邮件相关信息。向客人详细了解收件人的 E-mail 地址、客人发送的信件内容和有无附件以及附件的录入方法。同时向客人介绍电子邮件的收费方法。

（3）邮件发送。启动计算机，连接 Internet，打开电子信箱，输入收件人的 E-mail 地址及信件内容。如有附件，则加入附件内容，点击"发送"。需要注意的是，当信件或附件是客人提供的软盘时，首先应对软盘进行杀毒处理。

（4）按规定办理结账手续。

（5）向客人致谢并道别。

六、翻译服务程序

翻译，一般分为笔译和口译两种。一般情况下，饭店向客人提供简单的普通笔译服务，如果是复杂的或专业的翻译及其他语言的翻译，饭店则通过与当地的翻译公司联系而为客人提供该项服务。

（一）笔译服务

（1）主动迎接客人。

（2）阅读文稿，问明客人的翻译要求和交稿时间；迅速浏览稿件，对不明或不清楚的地方应礼貌地向客人问清。

（3）向客人说明有关的收费规定。

（4）当客人确定受理时，记清客人的姓名、房号和联系方式，礼貌地请客人在订单上签字并支付翻译预付款。

（5）通知本地翻译公司，要求他们来取客人稿件的影印本，原件由商务中心保留，同时，把客人的有关要求告知翻译公司。

（6）当翻译公司送回翻译完毕之稿件后，应知会客人领取签收；如客人对稿件不满意，可请译者修改或与客人协商解决。

（二）口头翻译服务

（1）当客人要求口头翻译的服务时，应向客人获取如下的资料：语言的种类、什么时候及需要多长时间、怎样翻译、在哪里翻译。

（2）向客人说明有关的收费标准。

（3）通知与饭店业务往来的翻译公司，看其是否在客人要求的时间内提供服务，之后，才与客人确认。

（4）在口头翻译服务备忘录上作记录。

（5）该服务完成后，办理结账手续。

（6）向客人致谢并道别。

七、会议室及其办公室设备出租服务

酒店一般备有会议室可供客人租用，此外，商务中心还向客人提供办公室设备出租的服务，其设备一般包括：幻灯机、投影仪、电视机、电影机及录音机等。

（一）会议室出租服务

（1）主动迎接客人。

（2）了解会议时需要的相关服务。向客人详细了解会议室使用的时间、参加的人数、服务要求（如坐席卡、热毛巾、鲜花、水果、点心、茶水、文具等）、设备要求（如投影仪、白板等）等信息。

（3）受理出租。主动向客人介绍会议室的出租收费标准。当客人确定租用后，按规定办理会议室预订手续。

（4）会议室准备。提前半小时按客人要求准备好会议室，包括安排好坐席、文具用品、茶具用品、茶水及点心，检查会议设备是否正常。

（5）会议服务。当客人来到时，主动引领客人进入会议室，请客人入座；按上茶服务程序为客人上茶；会议中每隔半小时为客人续一次茶。如客人在会议中提出其他商务服务要求，应尽量满足。

（6）结账。会议结束，礼貌地送走与会客人，然后按规定请会议负责人办理结账手续。

（7）向客人致谢并道别。

（二）办公室设备租用服务

（1）向客人获取有关的租用资料，如需要什么，什么时候用，在哪里用，将会用多久等；

（2）向客人说明有关的收费规定；

（3）根据所使用的项目及时间，检查一下是否能够提供，之后才能与客人作最后的确认；

（4）在将设备租给客人之前，必须检查一次设备，确保其无任何故障，能正常工作后，才交给客人；

（5）填写开始租用的时间、日期，向客人收取酒店规定的押金数额；

（6）当客人使用完设备后，记录归还的时间和日期，对所有的设备与客人作面对面的验收、检查；

（7）按规定收费。向客人致谢并道别。

【本章小结】

商务中心（Business Center）是饭店为客人进行商务活动提供相关服务的部门，是前厅服务的重要组成部分。商务中心的服务项目较多，主要服务项目包括打字、复印、印制名片、传真、票务、邮政、Internet 服务、翻译、会议服务（包括会议室出租、会议记录等）、办公设备出租等。商务中心被誉为"办公室外的办公室"，能为客人尤其是商务客人提供很多方便。

【案例分析】

不必要的投诉

怀特先生拿着那份密密麻麻才整理好的数据单匆忙来到饭店商务中心，还有一刻钟总公司就要拿这些数据与比特公司谈笔生意。"请马上将这份文件传去美国，号码是××××××"，怀特先生一到商务中心赶紧将数据单交给服务员要求传真。服务员一见怀特先生的紧张表情，拿过传真便往传真机上放，通过熟练的程序，很快将数据单传真过去，而且传真机打出报告单为"OK"！怀特先生舒了一口气，一切搞定。

第二天，商务中心刚开始营业，怀特先生便气冲冲赶到，开口便责备道："你们饭店是什么传真机，昨天传出的文件一片模糊，一个字也看不清。"服务员接过怀特手中的原件，只见传真件上写满了蚂蚁大小的数据，但能看清。而饭店的传真机一直是好的，昨天一连发出 20 多份传真件都没有问题，为什么怀特先生的传真件会是这样的结果呢？

【评析】

对于一些字体小，行间间隔距离太短的文件要求传真时，服务员一定要注意提醒客人，再清晰的传真机也传达不清楚此类的文件，所以商务中心服务员对每份即要传真的文件要大体看一下，如有此类情况应当首先提醒客人，可以采取放大复印再传出的办法来避免传真件模糊不清。同时，要将传真机调至超清晰的位置，尽量放慢传真的速度，以提高其清晰度，对于上述案例所发生的情况是完全可以避免的，如果服务员注重了细节，事先查看了传真件，相信一个不必要的投诉就会在你的一瞥中避免。

资料来源：北京酒店网 http://news.bjhotel.cn

【实训项目】

1. 参观酒店商务中心，观察商务中心布局，注意观察电话间、小型洽谈室、IDD 电话、休息区、员工工作区等的划分，体会氛围的营造。认识打印机、复印机、传真机、碎纸机等设施设备，并通过演示了解这些设施设备的使用操作方法。

2. 模拟演练打印服务的流程。将学生两人一组分为若干个训练小组，分别扮演商务工作人员及客人之角色，练习打印服务的全过程，使学生熟练掌握办理打印服务的流程，学会与客人"说话"的礼仪礼貌，其间教师不断巡视、指导、示范，最后针对实训情况进行总评。

【思考与练习】

1. 一名优秀的商务工作人员须具备哪些素质？
2. 如何为客人收发传真？
3. 为客人提供打字服务中需要注意的细节是什么？
4. 办理入住登记手续时应注意哪些问题？
5. 接到使用商务中心会议室的通知单后，怎么办？

第七章 前厅顾客关系管理

【本章导读】

前厅部作为联系饭店与宾客的桥梁和纽带,在顾客关系管理中起着非常重要的作用。前厅部员工要与客人建立良好的关系,就要树立"宾客至上"的服务意识,正确看待客人,了解顾客对饭店服务的需求,正确认识顾客的价值,掌握与客人沟通的技巧。

【学习目标】

学会与客人建立良好的关系,能够正确处理客人的投诉,了解客客史档案的建立。

【关键概念】

客户关系管理 沟通 投诉处理 客户档案

第一节 建立良好的顾客关系

前厅部作为联系饭店与宾客的桥梁和纽带,在顾客关系管理中起着非常重要 的作用。所谓顾客关系管理,是指通过对客人行为有意识地、长期施加某种影响,以强化饭店与客人之间的合作关系。顾客关系管理旨在通过培养客人对饭店产品或服务的更加积极的偏爱或偏好,留住他们并以此作为提升饭店营销业绩的一种策略与手段。顾客关系管理的目的已经从传统的以一定的成本争取新客源,转向想方设法地留住老顾客,从获取市场份额转向获取顾客份额,从追求短期利润转向追求顾客的终身价值。

前厅部员工要与客人建立良好的关系,就要树立"宾客至上"的服务意识,正确看待客人,了解顾客对饭店服务的需求,正确认识顾客价值,掌握与客人沟通的技巧。

一、正确认识客人

就与客人之间的关系而言,正确认识客人是做好服务工作的基本保证。

(一) 客人也是人

饭店服务是以人为对象的工作。把客人当人对待,包括以下几层意思:

1. 要真正把客人当做"人"来尊重，而不能当做"物"来摆布

"你希望别人怎样对待你，你就应该怎样对待别人"，"己所不欲，勿施于"，说的就是这个道理。服务人员要时时提醒自己，一定要把客人当做人来尊重！否则，一不注意，就会引起客人的反感。例如，一位心情烦躁的服务员，觉得客人妨碍了自己的工作，于是就很不耐烦地对客人说："起来！让开点！"像这样去对待客人，就会使客人觉得服务人员好像不是在把他当做一个人，而是在把他当做一件物品来随意摆布。

有时候，在一些细节问题上不加注意，也会引起客人的不满。例如，服务人员用食指对着客人指指点点地去查人数，客人很可能就要质问："你这是干什么？数板凳吗？"

2. 要充分理解、尊重和满足客人作为人的需求

服务人员决不能把客人当做达到某种目的的"工具"来使用，必须考虑到，顾客既然是人，就一定有他自身的需求。因此，把客人当做饭店的"财神"是有道理的。但是一定要清楚：客人光临饭店，不是为了当"财神"，只是为了满足他们自身的需要。如果我们无视客人的需要，不能使他们得到应有的满足，而只是想从他们那里挣到更多的钱，这只能让客人反感。

3. 要现实地对待顾客的弱点

顾客既然是人，就不可能完美无缺，也会表现出人性的种种弱点。因此，我们对顾客不能苛求，而要对他们抱有一种宽容、谅解的态度。对于服务人员来讲，有这样的心理准备对做好服务工作、处理好顾客关系是非常重要的。

(二) 客人是服务的对象

饭店业是"出售服务"的行业，饭店的客人不是一般的消费者，而是"花钱买服务"的消费者。服务人员是服务的提供者，客人是服务的接受者，是服务的对象。在这种社会角色关系中，服务人员必须而且只能为顾客提供服务，客人理应得到优质服务。

作为服务人员，要扮演好服务提供者的角色，必须时常提醒自己，为客人提供服务——这就是"我"在与客人交往中所能做的一切！所有与服务不相容的事情，都是不应该去做的。尤其要注意的是：

1. 客人不是评头论足的对象

客人中有各种各样的人，服务人员在服务中对顾客的行为、嗜好、生理特征等评头论足是一种极不礼貌的行为。

一位客人在写给报社的信中说：当我走进这家饭店的餐厅时，一位服务员颇有礼貌地走过来领我就座，并送给我一份菜单。正当我在看菜单的时候，我听到了那位服务员与另一位服务员的对话："你看刚才走的那个老头儿，都快骨瘦如柴了，还舍不得吃，抠抠搜搜的……""昨天那一位可倒好，胖成那样儿，还生怕少吃了一口。几个盘子全叫他给舔干净了！"听了他们的议论，我什么胃口也没有了。他们虽然没有议论我，可是等我走了以后，谁知道他们会怎样议论我？我顿时觉得，他们对我的礼貌是假的，假的！……

2. 客人不是比高低，争输赢的对象

服务人员在客人面前不要争强好胜，不要为一些小事与客人比高低、争输赢。例如，有的服务员一听到客人说了一句"外行话"，就迫不及待地要去"纠正"，与客人争起来。这是很不明智的，因为即使你赢了，你却得罪了客人，使客人对你和你的饭店不满意，实际上还是输了。

3. 客人不是"说理"的对象

在与客人的交往中，服务人员应该做的，只有一件事，那就是为客人服务，而不应该去对客人"说理"。服务人员如果把服务停下来，把本该用来为客人服务的时间用去对客人"说理"，其结果肯定会引起客人的反感和不满。

在服务中有两种情况，容易使服务人员忍不住要去对顾客"说理"。一种情况，是在客人抱怨时，服务人员认为那不是自己的责任，甚至不是饭店的责任，因此，急于为自己或饭店辩解。其实，在这种情况下，辩解是完全没有用的。

另一种情况，是服务人员向客人提出建议，客人不听，而服务人员认为"我这都是为你好"。其实，你可以向客人提出建议，但客人是否采纳这个建议，那完全是客人的事，客人也没有必要向你解释，你应该尊重客人的选择，完全没有必要一定说个明白。

所以，服务人员一定要懂得，客人是服务的对象，不是"说理"的对象，更不是争辩的对象。不管你觉得自己多么有道理，也不应该去和他争辩，争辩就是"没理"，"客人总是对的"。

4. 客人不是"教育"和"改造"的对象

在饭店各种各样的客人中，思想境界低、虚荣心强、举止不文雅的大有人在。但服务人员的职责是为客人服务，而不是"教育"或"改造"客人。不要忘了自己与客人之间的社会角色关系。

对那些言行不太文明的客人，也要用"为客人提供服务"的特殊方式进行教育。

如果客人说的话并不是一点道理没有，只是说话的方式不够礼貌，那么服务人员可以采用一种更礼貌的方式，去复述客人的意思。这样既能避免冲突，又能对客人起到一种示范作用。例如，在餐厅里，一位先生火气很大地对服务员说："这是什么破菜！打死卖盐的了？还是成心要把人咸死啊？"这时服务员可以心平气和地对这位先生说："对不起，先生，您是说这个菜太咸了，是吗？"这就等于是在告诉这位先生"有话好好说嘛"。但是，如果服务员以训

斥的口吻对他说："菜咸了，你不会好好说吗？"那就完全是另外一回事了。

二、顾客价值

顾客是企业的生命，饭店若想生存下去就必须向顾客提供比竞争者更高的价值。顾客价值是什么？如何分析顾客价值？如何给顾客提供更高价值？这是现代饭店必须解决的问题。

（一）顾客让渡价值及其构成

菲利普·科特勒在1994年提出了顾客让渡价值的概念。他认为，顾客将从那些他们认为能够提供最高顾客让渡价值的公司购买产品或服务。顾客满意度是由其所获得的让渡价值大小决定的。

所谓顾客让渡价值，是指顾客感知的总顾客价值与总顾客成本之差。总顾客价值，是顾客期望从某一特定商品或服务中获得的一系列利益，包括商品价值、服务价值、人员价值和形象价值；总顾客成本，是指顾客为购买某一商品所耗费的时间、精神、体力及所支付的货币量，因此，总顾客成本包括货币成本、时间成本、精神成本和体力成本。

（二）顾客让渡价值的决定因素

顾客在购买商品时，总希望以较便宜的价格、较少的时间和精力消耗获取更多的实际利益，以使自己的需要最大限度地得到满足。饭店要使自己获得比竞争对手更多的市场份额，就应尽可能减少顾客在购买过程中的总成本，增加总价值，使顾客在本饭店获得比在竞争对手那里更多的让渡价值。

1. 总顾客价值

使顾客获得更大顾客让渡价值的途径之一，是增加顾客购买的总价值。总顾客价值是由饭店创造的。它包括商品价值、服务价值、人员价值和形象价值。

（1）商品价值。它是指由商品的功能、特性、品质、品种与式样等产生的价值。

（2）服务价值。它是指饭店以有形设施设备为依托，向顾客提供的各种无形服务。如，前厅服务、餐厅服务、客房服务等。

（3）人员价值。它是指饭店员工的经营理念、业务能力、工作程序和质量、应变能力等因素带给顾客的利益。

（4）形象价值。它是指饭店及其产品与服务在社会公众中形成的总体形象所产生的象征性利益。形象价值与产品价值、服务价值、人员价值密切相关，在很大程度上是前三项价值综合作用的反映和结果。

2. 总顾客成本

使顾客获得更大顾客让渡价值的途径之二，是降低顾客购买的总成本。总顾客成本是顾客通过购买获得某种利益时所付出的代价。它包括货币、时间、精神和体力等代价。

（1）货币成本。它是指顾客购买商品时支付的价格、交通费等一系列货币支出。一般情况下，顾客购买产品或服务时，首先要考虑货币成本的大小。因此，货币成本是构成总顾客成本大小的主要基本因素。在货币成本相同的情况下，顾客在购买时还要考虑所花费的时间、精力和体力等因素。

（2）时间成本。它是指顾客从产生购买愿望到购得商品的全部过程所消耗的时间。在顾客总价值与其他成本一定的情况下，时间成本越低，总顾客成本就越小，从而顾客让渡价值越大。因此，提高服务效率，在保证服务质量的前提下，尽可能减少顾客的时间支出，是为顾客创造更大的顾客让渡价值，增强饭店市场竞争能力的重要途径。

（3）精力成本。它是指顾客在购买过程中进行选择、判断、购买等各种精神和体力的消耗。精力成本包括精神和体力两方面。顾客购买饭店产品或服务的过程，是一个从产生需求、寻求信息、判断选择、决定购买到实施购买，以及购买后感受的全过程。在这个全过程的各个阶段，均需付出一定的精力。因此，饭店采取有效措施，尽可能减少顾客在购买饭店服务产品时的精神消耗和体力消耗，对增加顾客购买的实际利益，降低顾客总成本，获得更大的顾客让渡价值具有重要意义。

三、与客人的有效沟通

（一）提供优质服务

提供优质服务是饭店与客人沟通的根本所在。饭店与客人几乎时时刻刻都在进行沟通，饭店的服务则是与客人沟通的基本载体。以优质服务赢得客人的满意。既是饭店生存发展的基础，也是使饭店价值得以体现的重要途径。

要提高服务质量，向客人提供优质服务，必须经常地、全方位地加强与客人的沟通。这不仅能更好地为客人服务，而且还可向客人了解许多信息，帮助饭店改进服务。客房预订单、住宿登记表、结账单等都可作为客源的信息来源，并以此对客人的需求特点进行系统描述。

前厅部对一些重要客人，如常客、消费额很大的客人或者对饭店声誉影响大的客人，要建立客史档案，以此来发现这些客人需求的详细特点，以便能更好地对他们提供有针对性的服务。

（二）与客人沟通的方式

1. 大堂副理或宾客关系主任的沟通

宾客关系主任代表饭店与客人保持密切的联系。宾客关系主任每天要与有代表性的若干位客人交谈（面谈或打电话），具体了解他们对饭店服务的意见、感受及改进的建议，并以此写成若干份书面报告，每日呈交总经理、副总经理及客人提及的有关部门经理，使服务工作和宾客关系能得到及时改善。

2. 电话沟通

给客人打电话也是一种极好的沟通方式。打电话是细小而富有人情味的行为，有助于巩固与客人之间的关系。

3. 信息沟通

利用信函与客人沟通，会使客人有一种被尊重的感受。信件是更加正规和庄重的沟通方式，是一个电话所不能比拟的，特别是饭店管理者的亲笔信。在日常工作中注重客人的每一封来信，对客人来信提出的问题迅速调查了解并复信告知客人处理结果，对其关心饭店工作表示感谢。慎重地对每一封客人的信件予以回信，是与客人沟通、建立长期稳定关系的有效方式。

4. E-mail 沟通

在计算机信息系统普及应用的今天，人们很少采用纸质的方式进行沟通，而是更多地采用 E-mail 进行沟通交流。E-mail 沟通是一种非常经济的沟通方式，沟通的时间一般不长，沟通成本低。这种沟通方式一般不受场地的限制，因此被广泛采用。这种方式一般在解决较简单的问题或发布信息时采用。

5. 座谈会沟通

召集客人座谈会有助于和客人的情感沟通，同时又有利于征求客人意见。通过这种形式征求客人意见，深入挖出隐藏的服务质量问题，从而采取有针对性的整改措施，提高服务质量。

6. 其他沟通

如逢重大节假日或饭店周年店庆等，举办酒会或其他活动招待饭店重要客人，以密切与客人的关系；定期向长住客、常客赠送鲜花或其他礼品等。

（三）与客人沟通的技巧

包括语言沟通、非语言沟通和倾听的技巧。

1. 语言沟通的技巧

语言是人们进行沟通的最主要的工具。运用良好的有声语言与客人保持良好的有效沟通。在说话时注意做到：

（1）言之有物。即说话力求有内容、有价值。不要信口开河，东拉西扯、胡吹乱侃，给客人以浮华之感。服务人员在为客人服务时，应以热情得体的言谈为客人提供优质的服务。

（2）言之有情。即说话要真诚、坦荡。只有真诚待客，才能赢得客人的喜欢。服务人员在与客人沟通时，要给客人以亲切感，要善解人意。这就要求服务人员在以热情的态度向客人提供服务时，还能够察言观色，正确判断客人的处境和心情，并根据客人的处境和心情，对客人作出适当的语言和行为反应。

（3）言之有礼。即言谈举止要有礼貌。在与客人沟通时，一是要做到彬彬有礼，即使客人无礼，服务人员也必须始终保持良好的礼貌修养；二是要做到谦恭和殷勤。如果说饭店是一座"舞台"，服务人员就应自觉地去让客人"唱主角"，而自己则"唱配角"。

服务人员要掌握说"不"的艺术，要尽可能用"肯定"的语气，去表示"否定"的意思，将反话正说。比如，可以用"您可以到那边去吸烟"，代替"您不能在这里吸烟"；"请稍等，您的房间马上就收拾好"，代替"对不起，您的房间还没有收拾好。"

（4）言之有度。即说话要有分寸。什么时候能说，什么时候不该说，话应说到什么程度，这都是很有讲究的。要注意沟通场合、沟通对象的变化。总之，恰如其分地传情达意才能有利于我们的工作。

在与客人沟通中出现障碍时，要善于首先否定自己，而不要去否定客人。比如：应该说"如果我什么地方没说清楚，您尽管问，我可以再说一遍"。而不应该说"如果您有什么地方没听清楚，我可以再说一遍"。

2. 非语言沟通的技巧

按照表达媒介的不同，非语言沟通可以分为辅助语言、面部表情、肢体语言等几类。

（1）辅助语言。是由伴随着口头语言的有声暗示组成的，表达方式所体现的含义与词语本身所体现的含义一样多。辅助语言包括语速、音调、音量和音质等。

语速，即说话的速度。服务人员应该尽可能以正常速度跟客人说话，即100～150个字/分钟。不能很好控制说话速度的人，只会给别人留下缺乏耐心或是缺乏风度的印象。

音调，即声调的高低。音调可以决定一种声音听起来是否悦耳。一般来讲，当听到高声说话时，不管其内容是否重要，人们都会感到不舒服；这是因为高声调往往使听话人感到紧张，而且听上去更像是训斥，而不像是谈话，所以服务人员应该尽量不要提高讲话的声音。但太低的语调难以听到，用低声调说话的人似乎是胆气不足，所以可能被认为没有把握或是害羞。

音量，即声音的响度。通常在彼此沟通时，用的多是常规声音或是低声，而很少使用洪亮的声音。如果合乎说话者的目的，且不是不分场合地在任何时候都使用，声音响亮是美妙的，柔和的声音也有同样的效果。

音质，即声音的总体质量，它是由所有其他声音特点构成的，包括速度、回音、节奏和发音等。音质是非常重要的，因为研究发现，声音有吸引力的人被视为更有权力、能力和更为诚实可靠。

（2）面部表情。一个人的面部表情同样可以袒露感情。服务人员在与客人沟通时，良好的面部表情有助于与客人的交流。服务人员应注意：

① 要面带微笑，和颜悦色，给客人以亲切感，不能面孔冷漠，表情呆板，给客人以不受欢迎感。

② 当客人向你的岗位走过来时，无论你在干什么，都应暂时停下来，主动与客人打招呼。当客人与你说话时，要聚精会神，注意倾听，给人以受尊重感；不要无精打采或漫不经心，给客人以不受重视感。

③ 要坦诚待客，不卑不亢，给人以真诚感，不要诚惶诚恐，唯唯诺诺，给人以虚伪感。

④ 要沉着稳重，给人以镇定感，不要慌手慌脚，给人以毛躁感。

⑤ 要神色坦然，轻松、自信，给人以宽慰感，不要双眉紧锁，满面愁云，给客人以负重感。

⑥ 不要带有厌烦、僵硬、愤怒的表情，也不要扭捏作态，做鬼脸，吐舌，眨眼，给客人以不受敬重感。

（3）肢体语言。主要是指四肢语言，它是人体语言的核心。通过肢体动作的分析，可以判断对方的心理活动或心理状态。

① 手姿。一般来说，掌语有两种，手掌向上表示坦荡、虚心、诚恳；手掌向下则表示压制、傲慢和强制。所以，服务人员在和客人说话时，一切指示动作都必须是手臂伸直，手指自然并拢，手掌向上，以肘关节为轴，指向目标。和客人交谈时手势不宜过大，切忌指指点点。在给客人递东西时，应用双手恭敬地奉上，绝不可漫不经心地一扔。

② 身体姿势。站姿：站立时要端正，挺胸收腹、眼睛平视、嘴微闭、面带微笑，双臂自然下垂或在体前交叉，右手放在左手上，以保持随时想为客人提供服务的状态。女子站立时脚呈 V 字形，双膝与脚后跟靠紧。男子站立时双脚与肩同宽。切忌东倒西歪、耸肩驼背，双手叉腰、插口袋或抱胸，要让客人感觉到你挺、直、高。

坐姿：就座时姿态要端正。入座轻缓，上身要直，腰部挺起，脊柱向上。双臂放松平放。双膝并拢，坐时不要把椅子坐满（以 2/3 为宜）。就座时切忌下列几种姿势：坐在椅子上前俯后仰，摇腿跷脚；将腿跨在沙发扶手或桌子上，或架在茶几上。

走姿：行走应轻而稳，注意昂首挺胸、收腹。肩要平、身要直，女子走一字步（双脚走一条线，不迈大步）要轻、巧、灵；男子行走时双脚跟走两条线。步履可稍大，稳健。男子走路时不扭腰，女子不要摇臀。切忌行走时摇头晃脑、吹口哨、吃零食、左顾右盼、与他人拉手、勾肩搭背、奔跑、跳跃。当工作需要必须超过客人时，要礼貌道歉。

3. 学会倾听

倾听，是一种非常重要的沟通技能。卡耐基曾说："专心地听别人讲话，是我们所能给予别人的最大赞美。"作为服务人员，学会倾听，将极大地有助于你与客人及组织成员之间保持良好的沟通效果。

（1）创造一个良好的倾听环境。倾听环境对倾听质量会造成相当大的影响。在嘈杂的地方，人们说的欲望与听的欲望都会下降。所以，当你需要与客人沟通时，记住应创造一个平等、安全，不被干扰的倾听环境。

（2）学会察言观色。倾听是通过听觉、视觉媒介，接受和理解对方思想、情感的过程。所以，首先要学会听，中国老话说得好："听话要听音"，有时同样的一句话。因不同的音量、语调、重音等，会产生不同的效果。同时，还要会看，因为有时，仅仅听对方的话，你难以判断对方的真实想法。

（3）使用良好的身体语言。使用良好的身体语言有助于提高倾听效果。在倾听时，要杜绝使用封闭式的身体语言。如，倾听时身体微微前倾，表示对讲话人的重视与尊重，要面带微笑。和颜悦色、集中精力，与说话者保持良好的目光接触。认真、有诚意、很投入，用你的面目表情告诉对方，你在倾听，他是一个值得你倾听的人。

（4）注意回应对方。在交谈时，如果听话方无表情、一声不吭、毫无反应，会令说话方自信心受挫，使说话的欲望下降。所以，服务人员在与人沟通时，必须注意用点头、微笑等无声语言，或用提问等有声语言回应对方，参与说话。只有这样，沟通才能畅通，才会愉快。

第二节 顾客满意与顾客忠诚

在市场竞争日趋激烈的今天，对于大多数饭店的经营来说，重要的问题不是统计意义上的市场占有率，而是拥有多少忠诚的顾客，即饭店竞争的目标由追求市场份额的数量（市场占有率）转向市场份额的质量（忠诚顾客的数量）。顾客满意与顾客忠诚，决定了饭店的生存和发展，也是饭店可持续发展的根本保证。从一定意义上讲，建立良好的宾客关系，是培育顾客忠诚的基础，而顾客忠诚又是饭店建立良好顾客关系的直接目的。

一、顾客满意

（一）顾客满意的含义

进入20世纪90年代之后，顾客满意（Customer Satisfaction，CS）战略作为一种重要的整体经营手段，成为服务企业广泛采用的经营战略。在理论界，不同学者对于顾客满意概念的界定基本是一致的。菲利普·科特勒（Philip

Koller）认为："顾客满意，是指一个人通过对一个产品的感知效果（或结果）与他的期望值相比较后，所形成的愉悦或失望的感觉状态。"亨利·阿塞尔也认为："当商品的实际消费效果达到消费者的预期时，就导致了满意；否则，就会导致顾客不满意。"因而，顾客满意度可以简要地定义为：顾客接受产品和服务的实际感受与其期望值比较的程度。这个定义既可体现顾客满意的程度，也反映出企业提供的产品或服务满足顾客需求的成效。假设顾客对饭店服务的期望为 E，实际接受的服务为 P，则 CS= P-E。

从中可以看出，顾客满意是一种期望与可感知效果比较的结果。它是一种顾客心理反应，而不是一种行为。

一般来讲，客人在饭店消费之前，心中就持有饭店服务应达到的一定的标准，从而形成期望。在接受服务之后，他会将服务的实际表现同自己的预期标准相比较，从比较中判断自己的满意程度。这种判断有三种可能的结果：

（1）如果服务表现与顾客的期望相符，他就会感到适度的满意。

（2）如果服务表现优异，超过了顾客的期望，他就会十分满意。

（3）如果服务表现达不到顾客的期望，他就会产生不满。

而且，满意本身又具有多个层次，如满足、愉快、惊喜等。所以，声称满意的顾客，其满意的水平和原因可能是大相径庭的。顾客只有对饭店服务产生高度满意，如惊喜的感受，并再次光临，才会表现出忠诚行为。

顾客满意是饭店制胜的关键，在激烈竞争的市场环境下，没有哪家饭店可以在顾客不满意的状态下得以生存和发展。

（二）顾客满意的重要性

1. 顾客满意是饭店取得长期成功的必要条件

顾客满意是饭店实现年利润、增加效益的基础，顾客满意与饭店赢利之间有着明显的正相关性。顾客只有对自己以往的消费经历感到满意，才可能继续重复光临同一家饭店，从而给这家饭店带来财源。顾客满意还可以节省饭店维系老顾客的费用，同时，满意顾客的口头宣传还有助于降低饭店开发新顾客的成本，并且树立饭店的良好形象。

2. 顾客满意是饭店战胜竞争对手的最好手段

在当今买方市场占主导地位的市场上，顾客对服务产品的期望值越来越高。如何更好地满足顾客的需求，是饭店成功的关键。如果饭店不能满足顾客的需求，而竞争对手做得更好，顾客就很可能叛离，投靠到能让他们满意的饭店中去。随着市场竞争的加剧，让顾客有了足够充裕的选择空间，竞争的关键是比较哪家饭店更能够让顾客满意。只有能够让顾客满意的饭店才能够在激烈的竞争中获得长期的、起决定作用的优势。

3. 顾客满意是实现顾客忠诚的基础

一般来说，顾客也希望能够与有能力的、可靠的饭店建立一种稳定的关系，但是究竟与哪家饭店保持长期稳定的关系，就要看饭店的表现了。从顾客的角度讲，曾经带给顾客满意经历的饭店，意味着可能继续使顾客再满意。所以，饭店如果上次能够让顾客满意，就很可能再次得到顾客的垂青，使之成为饭店的忠诚顾客。

二、顾客忠诚

顾客忠诚是顾客满意的升华，高度满意的顾客会形成对饭店及其服务产品的忠诚态度和高频率的购买行为。忠诚的顾客能够降低饭店的顾客流失率，进而降低顾客的维系成本。因此忠诚的顾客对饭店更具成本效益。现代饭店把不断提高顾客忠诚度和扩大忠诚顾客数量作为经营的重要目标。

（一）顾客忠诚的含义

1. 顾客忠诚的定义

所谓顾客忠诚，是指在顾客满意的基础上，使顾客对某种产品品牌或饭店服务产生的信赖、维护和希望重复购买的意识和行为的组合。由此可见，顾客忠诚包含两个基本成分：一个是意识成分，一个是行为成分。前者指顾客对饭店的员工、服务和环境氛围等的喜欢和留恋的情感，又称顾客忠诚感；后者受前者影响，往往表现出对饭店的经常或长期光临，并为饭店及其服务产品作有利的宣传等。从服务利润链理论来看，顾客忠诚是饭店收入增长和获得营利能力的直接原因。

研究表明，吸引一个新顾客的花费大大超过保持已有忠诚顾客的花费。这是因为新的顾客很大一部分来自于竞争对手，要争取他们，就必须给他们提供更多的利益以弥补其转换成本，同时要花费更多的时间和资金去做市场调查和研究。对待忠诚顾客的情况则相反，饭店只需经常关心老顾客的利益和需求，在服务各环节上做得更加出色就可以留住忠诚顾客。

2. 顾客忠诚的分类

根据顾客忠诚度的形成过程，可以划分为认知性忠诚、情感性忠诚、意向性忠诚和行为性忠诚。

（1）认知性忠诚。它是顾客凭借着对饭店产生一种感觉和体验，来选择或识别饭店产品或服务，这是最低层次的忠诚。饭店可以从以下几个方面衡量顾客的认知性忠诚：

① 顾客在购买决策中首先想到本饭店产品和服务的可能性；

② 顾客可以承受的产品和服务的价格浮动范围；

③ 与竞争对手相比，顾客更偏爱的程度。

（2）情感性忠诚。包含顾客对买卖双方关系的情感投入，是顾客在多次满意的服务体验基础上形成的对饭店的偏爱和情感。

情感性忠诚可衡量顾客对本饭店的态度，反映顾客忠诚的情感和心理依附特征。但是出于种种原因，喜欢某个饭店的顾客不一定就会购买这个饭店的产品和服务。因此，它很难区分真正的忠诚者和潜在的忠诚者。

（3）意向性忠诚。它是指顾客十分向往再次购买饭店的产品和服务，不时有重复购买的冲动。

（4）行为性忠诚。它是指顾客反复购买饭店服务产品的决策行为是一种习惯性反应行为，他们不留意竞争对手的营销活动，不会问津竞争对手的信息。

行为性忠诚，反映了顾客的实际消费行为。但是饭店只计量顾客的行为性忠诚，无法解释顾客反复购买某种服务产品的深层次原因。

（二）顾客忠诚为饭店带来的利益

1. 降低饭店成本

大量研究表明，发展一个新顾客所花费的费用，是保留一个老顾客的 6 倍。因为老顾客的重复购买可以缩短产品的购买周期，拓宽产品的销售渠道，控制销售费用，从而降低企业成本。同时，与老顾客保持稳定的关系，使顾客产生重复购买过程，有利于企业制定长期规划，设计和建立满足顾客需要的工作方式，从而也降低了成本。然而要获得一个新顾客所付出的代价，不光需要时间和努力，而且获得顾客的成本在很长的时间内会超出其基本贡献。美国的一项研究充分说明了这一点：要一个老顾客满意，只需花费 19 美元，而要吸引一个新顾客，则需花费 119 美元，减少老顾客背叛率 5%，获利率就会提高 25%~85%。

2. 集中饭店精力

拥有稳定的顾客群，可以排除一些不确定因素的干扰，防止营销市场的混乱，使饭店所制定的能够更好地满足顾客需要的决定更有效率。并且，饭店可以集中精力与重要的老顾客保持经常性的双向沟通，牢牢地把握住已有的客源市场，使饭店的竞争优势长存。尤其在网络经济时代，互联网技术为饭店与顾客之间的交流提供了互动平台，使客我之间的交流变得更直接、更生动，使二者的关系更加密切。

3. 宣传饭店企业形象

有调查显示，一个不满意的顾客至少要向 11 个其他人诉说，一个高度满意的顾客至少要向 5 个周围的人推荐。随着市场竞争的加剧，信息技术的发展，广告信息轰炸式地满天飞，其信任度直线下降。除了传统媒体广告之外，又加上了网络广告。人们面对这些眼花缭乱的广告真假难辨，在作出购买决策时更加注视亲朋好友的推荐，于是使忠诚顾客的口碑对饭店企业形象的树立起到不可估量的作用。

4. 排除信息透明化带来的负面影响

网络技术的发展，使得信息高度透明化，饭店作为卖方，在信息的获得上不再占优势，顾客可以利用互联网提供的各种信息，为自己寻求更大的价值。他们在信息基础上，与饭店进行讨价还价，把多家饭店进行比较，从中找出满足自己需要的、质量和价格更好结合的产品和服务。而顾客忠诚的建立，可以有效制止顾客对其他饭店信息需求的欲望，排斥其比较心理，使饭店获得终身顾客，从而排除了网络信息透明化对饭店的不良影响。

(三) 培育忠诚顾客的方法

1. 建立客史档案

饭店客史档案的建立与分析，是提供个性化服务争取回头客的前提和基础。每个客人都有各自的喜好和避忌，例如，有的客人喜欢某个特定房间号或某个特定朝向的房间，有些客人要求不吸烟的或远离电梯的房间等，这就要求前厅服务人员在平时的工作中注意收集相关资料，建立和完善客史档案。

2. 提供个性化的服务

通过对客人个人档案的汇集与分析，可以了解客人对客房风格的偏好、房价标准、个人愉悦的事情及餐食等特别要求。针对这些特别要求适时提供个别服务产品将有效提升顾客满意度，赢得回头率。

3. 让你的客人完全满意

要想赢得忠诚顾客，仅仅提供标准服务是远远不够的，还要更多地提供优质服务、后续跟踪服务、给客人惊喜愉快的服务。

顾客满意是顾客忠诚的必要条件。使顾客满意，体现在处处关心顾客、时刻关照顾客。饭店只有尽力向顾客提供最佳的优质服务，树立忠实于顾客的真诚形象，才有可能得到顾客的同等回报，赢得回头率。

4. 实施持续奖励措施

这是指饭店针对经常购买或大量购买的顾客提供累积奖励。这种奖励不断向顾客灌输忠诚会得到回报的意识，并鼓励他们去设法获取。其形式有折扣、免费住宿、奖品等。通过这种长期的、相互影响、增加价值的关系，确定、保持和增加来自最佳顾客的产出，赢得顾客的不断回头。

5. 提供后续跟踪服务

客人离店，是饭店现有业务的结束，也是新一轮业务的开始。对于主要顾客，饭店尤应提供一些后续跟踪服务，积极掌握顾客的心理感受和个人情况，仔细加以分析并采取相应措施。顾客光顾率的下降，有时并非是对饭店服务不满意，而是由个人情况的客观变化决定的。尤其是商务客人，职务的升迁与职责的变化时常会影响他们对某一饭店的光顾次数。考虑到费用成本，后续跟踪应主要集中于重要顾客。

6. 不断创新

奖励措施的低技术含量，使其他饭店的进入处于基本无障碍状态。同时，奖励措施是以低价格为代价的，如果其他竞争者相仿效，这将会成为所有饭店实施者的负担。因此，唯有不断创新，才能使饭店持续发展。这里的创新，包括以下几方面的内容：

（1）创新顾客的需求。对于无太多享受意识的顾客来说，教会他们去享受，即是创新他们的需求。

（2）创新奖励措施。奖励方式与顾客的正当需求相吻合时，这样的奖励再怎么出人意料也不失为一种创举。顾客认为的奖励方案由 5 个因素决定，即现金价值、竞争形式的多样选择、激励值、关联性和便利性。

（3）创新服务类别。例如，推出婴儿床、残疾通道等。

7. 培养忠诚的员工

服务利润链理论认为，在员工满意、忠诚、能力和服务效率与顾客价值、顾客满意、顾客忠诚，以及企业利润、成长能力之间存在着直接相关的关系。企业获利能力的强弱，主要是由顾客忠诚度决定的；顾客忠诚度是由顾客满意度决定的；顾客满意度是由顾客认为所获得价值大小决定的；价值大小最终要由工作富有效率、对公司忠诚的员工来创造；而员工对公司的忠诚取决于其对公司是否满意；满意与否，主要应看公司内部是否给予了高质量的内部服务。

服务利润链理论表明，饭店若要更好地为外部顾客服务，首先必须明确为"内部顾客"——饭店所有内部员工服务的重要性。为此，饭店必须设计有效的付酬和激励制度，并为员工创造良好的工作环境，尽可能地满足内部顾客的内在需求和外在需求。有忠诚的员工才会有忠诚的顾客。试想一个不爱企业的员工怎么能够积极主动地为客人提供优质服务呢？美国著名的 Marriott 饭店集团对其公司的研究表明，如果员工流失率降低 10%，顾客的改购率可降低 1%~3%，企业的营业额可增加 5000 万~15000 万美元。

我们要清醒地认识到，"顾客的忠诚永远是买不到的"，要想获得预期收益和竞争优势，关键在于提高顾客价值，让顾客满意。

第三节　客人投诉管理

客人投诉管理，是饭店宾客关系管理的一项非常重要的内容。由于饭店是一个复杂的整体运作系统，而且客人对服务的需求又是多种多样的，因此，无论饭店经营多么出色，都不可能百分之百地让客人满意。客人的投诉也是不可能完全避免的。饭店投诉管理的目的和宗旨，在于如何减少客人的投诉，及如何使因客人投诉而造成的危害减少到最低限度，最终使客人对投诉的处理感到满意。

一、投诉产生的原因

（一）投诉的含义

投诉，是客人对饭店提供的服务设施、设备、项目及行动的过程和结果表示不满而提出的批评、抱怨或控告。饭店客人投诉的原因涉及方方面面，但最基本的原因，是饭店的某些设施和服务未能达到应有的标准，不能给客人以"物有所值"，即客人感知到的服务与其所期望的服务有差距。当客人光临饭店，消费饭店服务产品时，对饭店的服务都抱有良好的愿望和期望值。如果这些愿望和要求得不到满足，就会失去心理平衡，由此产生的抱怨和想讨个说法的行为，就是客人的投诉。

客人对饭店的服务感到不满意的反应不外乎两种：一是说出来，二是不说。据一项调查表明：在所有不满意的客人中，有69%的客人从不提出投诉，有26%的客人向身边的服务人员口头抱怨，而只有5%的客人会向企业正式提出投诉。

（二）客人投诉的环节分类

1. 硬件设施设备出现故障

此类投诉，一般在顾客投诉内容中占有很大的比重。例如，空调不灵、电梯夹伤客人、卫生间水龙头损坏，还有照明、供电、家具、门锁、电器等不能正常运行和使用等。

饭店设施设备是为客人提供服务的基础，设施设备出故障，服务态度再好，也无法弥补。我国饭店与国际饭店相比，存在的突出问题之一就是设施设备保养不善，"未老先衰"，老饭店更是"千疮百孔"、"老态龙钟"，常引起客人不满和投诉。

当然，即使饭店采取了全方位最佳的预防性维修与保养，也很难杜绝所有运转中的设施设备出现的故障。

2. 软件服务质量不佳

此类投诉，如服务员在服务态度（如不尊敬客人、缺乏礼貌、语言不当、用词不准、形体语言不当）、服务礼仪（如不懂礼仪、无意间触犯宾客的忌讳、当着客人面用方言交谈）、服务技能（如缺乏专业知识、无法回答客人提出的问题或答非所问）、服务效率（如上菜、结账时间长）、服务时间、服务纪律（如索要小费）等方面达不到饭店规定的标准或客人的要求与期望。

3. 食品及饮料的产品质量与卫生问题

食品及饮料产品，是饭店向顾客提供的重要的有形产品。由此出现的卫生与质量问题常引起客人的不满。如餐具不清洁、菜品有异物、产品过期变质、口味不佳等。

4. 饭店安全秩序问题

此类问题，如住店客人在房间受到骚扰、客人的隐私不被尊重、财物丢失等。

5. 饭店的有关制度规定问题

有时顾客对饭店的有关制度规定不了解或误解引起投诉。如对房价、入店手续办理、结账时间（中午 12：00）、通信、会客等方面的规定，表示不认同或感到不方便。

6. 其他原因

其他原因，如客人在店外其他场合遇到不顺心的事，迁怒于饭店服务员。这纯粹是客人的"无名火"。这类投诉是把饭店及其员工当做"出气筒"，责任不在饭店，但处理好这类投诉，正是表现饭店优质服务的大好机会。反之，"处理不当"，就会成为质量问题，员工要有很强的心理承受能力。

有时是客人对饭店整体不满而迁怒于某个服务员；还有的客人个性孤僻或性格暴躁，对无差错服务百般挑剔等。

（三）客人投诉时的心理分析

从气质特征分析，可把消费者分为四大类：胆汁质型、多血质型、黏液质型和忧郁质型。经研究，大多数重复投诉的客人属于胆汁质型和多血质型客户，这两类气质的客人高级神经活动类型属于兴奋型和活泼型。他们的情绪兴奋性高，抑制能力差，特别容易冲动。因此，他们的投诉心理主要有三种：

1. 发泄心理

这类客人在接受饭店服务时，由于受到挫折，通常会带着怒气投诉和抱怨，把自己的怨气发泄出来。这样，客人忧郁或不快的心情会由此得到释放和缓解，以维持心理上的平衡。

2. 尊重心理

多血质型客人的情感极为丰富。他们对在接受饭店服务产品过程中产生的挫折和不快进行投诉时，总希望他们的投诉是对的和有道理的。他们最希望得到的是同情、尊重和重视，并向其表示道歉和立即采取相应的措施等。

3. 补偿心理

客人投诉的目的在于补偿，包括财产上的补偿和精神上的补偿。当客人的权益受到损害时，他们希望不但在身心方面得到慰藉，而且在物质方面也有所获取。因此，客人投诉时，需要在这两方面都同时得到补偿。

二、正确认识客人投诉的价值

很多服务人员对客人投诉有一种天生的恐惧心理，总是担心客人投诉会为饭店和自己带来一些负面影响。事实上，对于客人的投诉，最好的办法，就是真诚欢迎这些投诉的客人以及他们的投诉行为——这比什么都重要。

（一）投诉的顾客是饭店真正的朋友

服务人员把投诉当成一个"烫手山芋"，希望最好不要发生，如果发生了最好不是我接待，如果是我接待最好不是我的责任。他们把投诉的顾客当成敌人。有句西方谚语说："没有消息就是好消息。"可是对一家饭店来讲，没有投诉的声音是个可怕的信号。哈佛大学教授李维特（Ted Levitt）说过："与顾客的关系走下坡路的一个信号就是顾客不抱怨了。"

客人投诉给了饭店与顾客深入沟通、建立顾客忠诚的机会。顾客肯花时间来投诉，表明他对饭店还抱有一些信心。他们说几句怨言，发几句牢骚，但终究还是我们的顾客。在多数情况下，要去培养新顾客比挽留老顾客更难。因此，那些肯投诉的人可能是我们的忠实顾客。我们要保持一种积极健康的留住顾客的态度，这对饭店经营是十分重要的。

调查研究表明，所有不满意的顾客中，只有5%的顾客会提出投诉。也就是说，每一位站在你面前的投诉者身后还站着19位不满意的顾客。如果没有他们的存在，你将不知道自己的服务是否存在问题，也不知道如何去改进自己的服务。因此，投诉者应该受到我们的尊重和感谢，他们是我们真正的朋友。

研究还表明，不满意但不投诉的顾客有91%的人选择了离开。他们去了我们的竞争对手那里。投诉了但问题没有得到解决的有19%会回来，比前者高出10个百分点。这是什么道理呢？

比如，在餐厅吃饭，你对饭菜质量不满意，但什么也没说结账走了，以后不再来了；而有些人会向服务员抱怨："你这菜太咸了，很难吃。"服务员会给你解释："可能您的口味比较淡，我们是川菜馆，下次我给您推荐一些口味比较清淡的菜。真不好意思，谢谢您的宝贵意见。"这个人可能下次还会来。

投诉者的问题并没有得到解决，可他受到了重视，顾客有受到尊重的需求，他的不满得到宣泄后，有可能再回来。

如果投诉能得到迅速而合理的解决，投诉的顾客大多会成为饭店的忠诚顾客。

（二）投诉可以让饭店认识到不足并加以改进

对饭店服务的不满或责难，也表示顾客仍旧对饭店抱有期待，希望饭店能改善服务水平。

顾客的投诉可以成为我们改进和创新服务业务的最好同盟。他们指出饭店的系统在什么地方出了问题，哪里是薄弱环节；他们告诉你服务产品在哪些方面不能满足他们的期望，或是饭店的工作没有起色；他们指出你的竞争对手在哪些方面超过了你，或是你的员工在哪些地方落后于人家……这些都是人们给咨询师付费才能获得的内容和结论，而投诉的顾客"免费"地给了你！

饭店管理者还应认识到，一些顾客对饭店服务表示不满，然后提出看似"无理"的要求，往往正是饭店服务的漏洞，而其"无理"，仅仅是我们服务观念僵化的证明。饭店要不断完善服务，就必须依靠顾客的"无理"来打破"有理的现实"。

投诉是饭店服务质量的晴雨表，是提高服务质量的推动力。顾客投诉是饭店的"治病良药"，企业在顾客的不满中得到成长。

（三）投诉给了饭店第二次机会来避免顾客的流失

客人直接向饭店投诉，给饭店提供了挽回自身声誉的机会。如前所述，绝大多数不满意的客人不投诉，但他们会在饭店通过其他途径来进行宣泄：或自我告诫，以后不再到该饭店消费；或向亲朋好友诉说令人不快的消费经历，传播饭店不好的口碑。这就意味着饭店将永远失去这些客人，饭店就连向客人道歉、纠正错误、改进服务的机会也没有了。

在以投诉方式表达自己意见的客人中，也存在着几种不同的具体方式。除了直接向饭店投诉外，有些客人选择不向饭店而向旅行代理商投诉，或是向新闻媒体投诉，或是向消费者协会、旅游局投诉，甚至运用法律诉讼方式起诉饭店。

显然，从维护饭店声誉的角度来看。客人直接向饭店投诉是对饭店声誉影响最小的一种方式。饭店接受客人投诉能控制有损饭店声誉的信息在社会上传播，防止政府主管部门和公众对饭店产生不良印象。从保证饭店长远利益的角度出发，饭店接受客人投诉能防止因个别客人投诉而影响到饭店与重要客户的业务关系，防止因不良口碑传播而造成的对饭店潜在客户、客人的误导。直接向饭店投诉的客人不管其投诉的原因、动机如何，都给饭店提供了及时作出补救、保全声誉的机会和做出周全应对准备的余地。

（四）投诉信息是饭店的宝贵资源

投诉可使饭店更好地了解顾客需求。我们要善于从客人投诉中发现商机。顾客投诉的信息如果能被正确对待和处理，将是饭店非常有价值的资源。顾客投诉的内容五花八门、千奇百怪，但其中可能隐藏着我们容易忽视但又非常有价值的信息，可以帮助我们在服务产品设计、服务流程、服务规范等方面进一步改进。

因此，饭店对客人的投诉应持积极、欢迎的态度，无论客人出于何种原因、何种动机进行投诉，饭店方面都要理解客人的心理，都要给予充分重视并及时做出补救。只有这样，才可能消除客人的不满，重新赢得好感及信任，改善客人对饭店的不良印象。"闻过则喜"应成为饭店对待客人投诉的基本态度。

三、处理客人投诉的原则

饭店方面在处理客人投诉的过程中，要注意和把握以下几个原则，认真做好投诉的处理工作。

（一）真心诚意帮助客人解决问题

处理客人投诉，"真诚"二字非常重要。应理解客人的心情，同情客人的处境，努力识别和满足他们的真心需求，满怀诚意地帮助客人解决问题。只有这样，才能赢得客人的信任和好感，才能有助于问题的解决。饭店要制定合理、行之有效的有关处理投诉的规定，以便服务人员在处理投诉时有所依据。自己不能处理的事，要及时转交上级，要有一个引导交接的过程，不能使投诉中出现"空白"和"断层"。有些简单的投诉，凡本人能处理好的，就不要推诿和转移。否则，将会引起客人更大的不满。如果缺乏诚意，即使在技术上做了处理，也不能赢得客人的好感。

（二）绝不与客人争辩

"客人永远是对的"。接到顾客投诉，服务人员首先要能够站在客人的立场上考虑问题：一定是我们的工作没有做好，给客人造成了麻烦。同时，我们还要相信，没有一个客人会无事找事。他们投诉总会有他们的理由。"客人永远是对的"。这是一个非常重要的理念，有了这种理念，服务人员才会有必要的心理准备，即使客人使用过激的语言及行为，也会以平和的心态来处理客人的投诉，并且会对客人的投诉行为给予肯定、鼓励和感谢。

当客人怒气冲冲前来投诉时，首先应适当选择处理投诉的地点，避免在公共场合接受投诉；其次，应让客人把话讲完，然后对客人的遭遇表示同情，还应感谢客人对饭店的关心。一定要注意冷静和礼貌，绝对不要与客人争辩。我们必须清楚，客人不是我们争论斗智的对象，我们永远不会赢得争辩。也不要试图说服客人，因为任何解释都隐含着"客人错了"的意思。态度鲜明地承认客人的投诉是正确的，能使客人的心理得到满足，尽快地把客人情绪稳定下来，能显示饭店对客人的尊重和对投诉的重视，有助于问题的解决。

（三）不损害饭店的利益和形象

处理投诉时，应真诚为客人解决问题，保护客人利益，但同时也要注意保护饭店的正当利益，维护饭店的整体形象。服务人员和管理人员不能单单注重客人的陈述，讨好客人，轻易表态，给饭店造成一定的损失；更不能在安抚客人情绪时，顺着或诱导客人抱怨饭店某一部门，贬低其他服务人员，推卸责任，使客人对饭店整体形象产生怀疑。对涉及经济问题的投诉，要以事实为依据，具体问题具体研究，既不使客人蒙受不应蒙受的经济损失，也不让饭店无故承担不应承担的赔偿责任。

从经济上补偿客人的损失和伤害并非是解决问题的唯一有效的方法，而应在尽量不损害饭店利益的前提下，谋求饭店利润与客人满意度的最大化。在处理投诉时，既要一视同仁，又要区别对待；既要看投诉问题的情节，又要看问题的影响力，以维护饭店的声誉和良好形象。

四、投诉处理的流程和技巧

为使受理投诉工作得以有效控制，并使客人满意，无论是服务人员还是管理人员都必须掌握处理客人投诉的流程、方法和技巧。

（一）投诉处理的流程

为保证投诉处理达到预期目标，必须有一系列投诉处理流程作为支撑。投诉处理流程是饭店投诉管理的主体部分。

投诉管理的实质，就是一个将客人不满意转化为客人满意的增值过程。它通过一系列的活动或流程来完成。投诉处理流程一般可分为正常处理流程、升级处理流程和外部评审流程。

1. 正常处理流程

以下几种情况可以采用投诉正常处理流程：

（1）客人投诉的事项有明确的文件规定，可以正常处理。

（2）投诉信息清楚无误，足以作出判断。

（3）受理人有足够的权限可以进行处理。

（4）客人接受饭店预订的解决方案。

2. 升级处理流程

以下几种情况需要采用投诉升级处理流程：

（1）处理投诉所需采取的行动超出了受理员工的权限。例如，某饭店规定大堂副理在处理投诉时有不超过 1000 元的权限。

（2）可能对饭店的声誉或经济造成重大影响的投诉。例如，惊动新闻媒体的投诉要上报总经理。

（3）关系复杂，牵涉饭店多个部门的投诉。

（4）客人不接受受理员工提出的解决方案。

通过升级处理，可以避免因某些人为因素而使投诉处理停滞不前，当投诉处理和客人发生分歧时，升级处理可以缓解对立情绪，避免小事闹大。

3. 外部评审流程

尽管客人的投诉问题最好能在饭店内部解决，但是再好的投诉处理也不能期望让所有的客人都满意。因此，当客人不接受饭店提出的解决方案，且无法继续协商时，甚至要准备采取法律行动时，就需要进入外部评审流程，即通过饭店行业主管部门、饭店协会、消费者协会或仲裁委员会等机构处理。

饭店可采用多种处理投诉的方法和技巧力争内部解决。如果到了双方僵持不下的地步，为防止事态扩大，避免进入法律程序，应该主动推荐进入外部评审程序。

在进入外部评审程序前应做好的准备工作包括：澄清双方愿意接受的底线、收集投诉受理、双方沟通和已经采取的措施等用于外部评审时所需的证据。

从整个流程的角度看，所有的投诉处理都可以归纳为以下 5 个步骤：

受理→答复→行动→回访→改进

投诉处理的这 5 个步骤符合 PDCA（策划、实施、检查、处理）循环管理方法。

P——受理客人的投诉后，根据客人的要求和饭店的政策、原则提出解决方案答复客人，是一个解决方案的策划过程。

D——按照答复客人的解决方案采取行动，消除客人的不满，对于一些较简单的投诉，此步骤在答复的同时就已完成，如对客人赔礼道歉。

C——回访投诉客人，了解客人对处理结果的满意程度，实际上是对投诉处理结果的检查过程。

A——总结分析原因，采取改进措施，以防同类事件的发生。

（二）投诉处理的技巧

1. 受理投诉时的技巧

（1）积极倾听，给客人发泄的机会。大部分情况下，投诉的客人需要忠实的听者，喋喋不休的解释只会使客人的情绪更差。面对客人的投诉，投诉处理人员应掌握好聆听的技巧，从客人的投诉中找出客人投诉的真正原因及客人对投诉的期望结果。因此，倾听客人投诉不仅要了解事情的整个经过，同时还要掌握事情发生的细节，确认问题所在，并用纸笔将问题的重点记录下来。如果对于投诉的内容还不是十分了解，可在顾客将事情说完之后再请问对方。需要注意的是，在询问对方的过程中千万不能让客人产生被质问的印象，而应以婉转的方式请对方提供情况。例如，"很抱歉，有一个地方我还不是很了解，是不是可以再向你请问有关……的问题。"并且在对方说明时，随时以"我懂了"来表示对问题的了解状况。做一个好的听众，积极倾听客人的声音（即使是愤怒的言辞）有助于达到让客人发泄情绪和把握客人真实意图的效果。

客人提出投诉一定是认为自己受到了不公正的待遇。因此，他们往往感到十分气愤。此时投诉处理人员要学会让顾客将愤怒一吐为快，这样才有助于减轻他们的怨气和愤怒。因此，在客人还没有把事情全部说完之前千万不要打断客人，更不要与客人"理论"，因为这样只会刺激对方的情绪。事实上，做一个好的听众，让客人把话说完，可表示出你对客人的尊重和与客人合作的态度。他们的情绪也会因此得到缓解。

客人提出投诉一定包含一些期望和要求。例如，他希望服务人员恶劣的态度受到惩罚，希望得到一些赔偿等。在倾听过程中，投诉处理人员一定要把握问题的实质和客人的真实意图。因此，这就要求投诉处理人员在听的过程中详细了解事情的经过和每一个细节，并且做好记录。

（2）对客人表示同情和理解。倾听客人投诉过程中需要注意的一点是，一定要对客人的遭遇表示同情与理解，要站在客人的角度上考虑问题，因为客人的愤怒往往带有强烈的感情因素，如果能够首先在感情上对对方表示支持，那将会是圆满解决问题的良好开端。表达理解和同情要充分利用各种方式。例如，与投诉者直接面谈时，目光注视，以眼神来表示同情；以诚心诚意和认真的表情表示理解，例如适当的身体语言等；也可以说："谢谢您告诉我这件事"、"对不起，发生这类事，我感到很遗憾"、"我完全理解您的心情"等。在表示理解与同情时，态度一定要诚恳，否则会让客人理解为心不在焉的敷衍，可能反而会激起客人的愤怒。但是要注意，此时尚未核对客人投诉问题的真实与否，所以只能对客人表示理解与同情，不能肯定是饭店的过错。还要注意慎用"微笑"，否则，会使客人产生"幸灾乐祸"的错觉。

（3）真诚道歉并表示感谢。无论引起客人投诉的责任是否属于饭店，如果能够诚心地向顾客道歉（不等于认错），并对客人提出的问题表示感谢，都可以让客人感到自己受到重视。我们应该认识到，如果没有客人提出投诉，饭店管理人员和服务人员就不知道哪些方面有待改进，从这个意义上说我们也应该重视客人的投诉。不仅如此，一般来说，客人愿意对饭店提出投诉，同时也表示了他关心这家饭店，愿意继续光临，并且希望这些问题能够获得改善。因此，任何一个客人投诉都值得向客人道歉并表示感谢。尤其是明确在客人投诉事件上饭店确实有过失的情况下，投诉处理人员更应马上道歉。例如，"这件事给您带来不便，对不起。""给您添麻烦了，非常抱歉！"等。

（4）快速采取行动。这是投诉处理最关键的一个环节。为了不使问题进一步复杂化，为了节约时间，也为了不失信于客人，表示我们的诚意，必须认真做好这一环节的工作。如果是自己能够解决的，应迅速回复客人，告知客人饭店的处理意见；对真正是饭店服务工作的失误，应立即向客人致歉，在征得客人同意后，作出补偿性处理。客人投诉处理如若超出自己的权限，须及时向上级报告；的确暂时不能解决的，要耐心向客人解释，取得谅解，并请客人留下地址和姓名，以便日后告知客人最终的处理结果。

2. 答复投诉客人的技巧

（1）立即答复。对于那些信息充分、可以确定无疑地作出判断，并且有足够权限采取行动的投诉，受理人员应立即答复客人，越快越好。

（2）延期答复。对于那些还需要进一步调查或验证才能作出判断，或者没有足够权限采取行动的投诉信息，受理人员应告知客人延期答复的时限及通过何种方式来及时通知他们调查、验证的进展情况。

（3）转移答复。对于不在自己职权范围内处理的投诉，需要转移给饭店规定的专门人员或机构进行答复。当转移投诉时，要确保将投诉转移给适当的人员或机构处理，并向他们扼要叙述全部有关情况，转交相关材料，然后才让投诉人与这些人员或机构联络。

3. 与投诉客人沟通的技巧

（1）对事不对人。假如客人做错了事情，要间接地指出其错误。客人常常会因为直接指出了他的错误而感到难堪。进而可能会恼羞成怒地责备你。

（2）避免下命令。人们都不喜欢投诉处理没有选择的余地，因此，要文雅地请求客人去做某件事，并说明这样做给他们带来的好处。如，不要说："你必须……"而要说："请您……"、"我们最好这样……"

（3）用建议代替拒绝。不要对客人说"不"字。因为"不"意味着直接地拒绝了客人。"您可以?"来代替说"不"，会得到客人的谅解。如不要说："我帮不了你的忙。你必须找总经理。"而要说："您可以试着去找总经理。"

（4）暂时回避。如果你发现自己被激怒了，快要控制不住自己而要对客人大叫时，那就找个理由暂时离开一会儿，让自己有一个冷静的机会，然后再去处理问题。

为自己找一个合适的借口，表示出你愿意为客人服务："对不起，我要离开一会儿，去核实一下这方面的规定。""这个问题我要征求一下上司的意见，一会儿就回来。"

（5）叫客人的姓名。如果客人不停地大声嚷嚷，不给你说话的机会，你可以在说话之前先叫他的名字。大多数人在听到自己的姓名时会停下来倾听。

4. 对待难缠客人的技巧

难缠的客人是一种用非常规、破坏性手段，使别人注意自己的心理需求的客人。这样的客人非常难以沟通。大多数难缠的客人是因为他们缺乏安全感。实际上他们也有一种被理解、受欢迎、受尊重的需求。

（1）保持冷静。记住一点，客人不是对你有意见，而是对你的服务有意见。服务人员应控制自己的情绪，避免在自己情绪不稳定的时候，把矛头直接指向客人，不再是就事论事，而是变为一种互相之间的人身攻击。

（2）作为一个问题的解决者，要永远提醒自己，"我的工作是解决问题"，在处理投诉时，当你把问题解决了，投诉自然也就被化解了。

（3）征求对方意见。征求意见是为了让客人感到受到尊重、受到重视，目的是了解客人的真实想法。比如说："您看怎么做才能让您满意呀?""您觉得怎么处理比较好啊?"

（4）礼貌地重复。如果客人一直坚持某种无理要求，你不要直接回绝，而应当明确告诉他，你能够做些什么，不断地重复这一点，有礼貌地坚持你的原则，让客人明白你的底线在哪里。

（5）寻求帮助。如果客人变得难以控制或威胁要使用暴力，就应寻求帮助，请出你的上司或报警。

5. 采取行动的技巧

投诉处理所采取的行动，包括赔礼道歉、重新服务、升格服务、采取补救措施、退款、赔偿损失、赠送礼品或优惠券等。采取何种行动，要根据引起投诉的不合格服务的种类而定。不合格服务可以分为两种：

（1）过程不合格。它是指服务过程中出现的不合格。如服务态度差、等候时间过长等。过程不合格通常没有影响到过程的结果，没有给客人带来物质上的损失，但给客人带来不愉快的感觉。

（2）结果不合格。它是指提供的最终服务产品不符合客人的要求。如菜品质量差、地面湿滑使客人摔伤等。结果不合格会给客人带来精神和物质的双重损失。

对于过程不合格引起的投诉，通常采取赔礼道歉即可，而不必进行物质补偿。因为这时客人是希望得到尊重，发泄一下不满，重视的是心理上的感觉，只要道歉是真诚的，客人一般都可以接受。而对于结果不合格所引起的投诉，除赔礼道歉外，还应该考虑到客人在物质上遭受的损失及由此引起的额外损失，采取升格服务、退款、赔偿损失、赠送礼品等措施，使客人获得大于其所支付成本的价值，包括货币成本、时间成本和精力成本，这样才能真正让客人满意。

五、建立完善的客人投诉管理体系

饭店对客人的投诉处理，不应停留在投诉应对技巧和对当事人的奖罚上，而应加以系统管理，建立一套完善的投诉管理体系，确定处理投诉的方针和目标，明确饭店内各级人员对投诉承担的职责和权限。制定一系列投诉处理的工作流程和标准，目的在于让每一个投诉都纳入体系管理，得到妥善解决；让每一个员工都有法可依，正确处理投诉；让同样的投诉不再出现；让投诉管理变成一项增值业务；让不满意的客人变成忠诚顾客。

为达到这些目的，饭店投诉管理体系应在确定投诉方针和目标的基础上，对以下内容作出规定：

1. 资源

为保证投诉管理体系的正常运作，应确定体系所需的资源，包括人力资源、设施、技术、财务等方面。

2. 员工培训

确保饭店一线员工了解投诉管理体系的要求，有足够的能力和技巧处理投诉。

3. 责任

应确定各级员工的职权，授权员工快速而有效地处理正常的投诉。

4. 升级

建立升级程序，确保一旦遇到严重投诉，事情不会停滞不前，会由更高一级的管理人员和专业人士出面处理。

5. 外部评审

当顾客不接受内部投诉处理方案时，应设计一种外部机构的中立评审程序来解决问题，避免走上法庭或导致危机。

6. 改进行动

饭店应定期对投诉管理体系进行调整，从投诉中学习，获取有用信息，以便不断地改进服务和体系。

第四节　客史档案的建立与维护

客史档案又称宾客档案，是饭店在对客服务过程中对客人的自然情况、消费行为、信用状况、癖好和期望等所作的历史记录。建立客史档案是现代饭店经营管理的重要一环。

一、建立客史档案的意义

加强客史档案的管理对提高饭店服务质量，改善饭店经营管理水平具有重要意义。

（1）建立客史档案有助于饭店了解客人，掌握客人的需求特点，是饭店提供个性化、定制化服务必不可少的依据。

（2）建立客史档案有助于饭店做好有针对性的促销工作，与宾客保持良好、稳定的关系，争取更多的回头客，培养忠诚顾客。

（3）建立客史档案有助于饭店研究客源市场动态，不断改进饭店产品与服务质量，提高经营管理水平。

如果饭店未能对这一潜力极大的资料库加以很好地利用，忽视了它的作用，将影响饭店的经营工作。

二、客史档案的内容

客史档案通常可分为两种，即住客客史和宴会客史。

（一）住客客史

1. 常规档案

常规档案主要包括来宾姓名、国籍、地址、电话号码、单位名称、年龄、出生日期、婚姻状况、性别、职务、同行人数等。饭店收集和保存这些资料，可以了解市场基本情况，掌握客源市场的动向及客源数量等。

2. 消费特征档案

消费特征档案主要包括：

（1）客人租用客房的种类、房价，每天费用支出的数额、付款方式，所接受的服务种类及欠款、漏账等。饭店收集和保存这些资料，能了解每位客人的支付能力、客人的信用程度等。同时，还可反映客人对服务设施的要求、喜好、倾向及所能接受的费用水平。

（2）客人来店住宿的季节和月份、住宿时间、订房方式、来本店住宿是否有中介等。了解这些资料，可使饭店了解客源市场的情况，不同类型客人及特点，客人的入住途径等情况，为饭店争取客源提供有用的信息，而且有助于改进饭店的销售、推广手段。

3. 个性档案

个性档案主要包括客人脾气、性格、爱好、兴趣、生活习俗、宗教信仰、生活禁忌、特殊日期和要求等。这些资料有助于饭店有针对性地提供服务，改进服务质量、提高服务效率。

4. 反馈意见档案

反馈意见档案包括客人对饭店的表扬、批评、建议、投诉记录等。

（二）宴会客史

宴会客史的内容与散客客史相似。主要记录选订宴会者的情况，即来宾的姓名、单位地址、电话号码。每次宴会或酒会的情况也要详细记录在案，包括宴会日期、种类、出席人数、出席宴会者中有特殊要求客人的身份，要求的内容等。还有宴会的收费标准、宴会举行的地点、所需的额外服务、所用饮料、菜品名称及出席者事后评价等。这些资料由餐饮部收集，反馈给前厅部。

要特别重视选择下列重点客人建立客史档案：一是 VIP 档案，即贵宾客史档案。VIP 贵宾客人与普通客人有明显的区别，他们应是知名人士、经常光顾的中高档客人或是对本地区、本饭店有重要意义的人或群体。二是长住客档案。长住客是饭店生存的重要支柱之一，是饭店经营保本、收支平衡的重要基础。饭店要以更多的服务项目、更高的服务质量留住长住客、吸引长住客，而完整和准确的长住客信息的收集和建立客史档案则是其基础工作。三是忠诚顾客档案。他们经常或长期购买使用饭店产品，为这些宾客建立客史档案，将成为饭店开发新产品、设立新项目、质量上等级的重要依据。四是黑名单客人档案。有些客人因为逃账、欺诈、损坏设施、损害店誉、犯罪嫌疑等劣迹而上了饭店"黑名单"。收集与储存黑名单客人信息，既可保护绝大多数正常客人的权益，也有利于同行业的及时防范。

三、客史档案的资料收集与管理

（一）客史档案资料的收集

及时、准确地收集和整理客史档案资料，是做好客史档案管理工作的基础。这既要求饭店有切实可行的信息收集方法，又要求前台和饭店其他对客服务部门的员工用心服务，善于捕捉有用信息。收集客史档案资料的主要途径有：

（1）总服务台通过预订单、办理入住登记、退房结账等，收集有关信息。有些信息从客人的证件和登记资料中无法获得，应从其他途径寻觅，如征集客人的名片、与客人交谈等。

（2）大堂副理每天拜访宾客，了解并记录宾客的服务需求和对饭店的评价；接受并处理宾客投诉，分析并记录投诉产生的原因、处理经过及宾客对投诉处理结果的满意程度。

（3）客房、餐饮、康乐、营销等服务部门的全体员工主动与客人交流，对客人反映的意见、建议和特殊需求认真记录，并及时反馈。

（4）饭店有关部门及时收集客人在书报、杂志、电台、电视台等媒体上发表的有关饭店服务与管理、声誉与形象等方面的评价。

（二）客史档案的管理

饭店的客史档案管理工作一般归由前厅部承担，而客史信息的收集工作要依赖于全饭店的各个服务部门。所以，做好这项工作必须依靠前厅部员工的努力，同时还有赖于饭店其他部门的大力支持和密切配合。客史档案管理工作主要有以下几方面的内容：

1. 分类管理

为了便于客史档案的管理和使用，应对客史档案进行分类整理。例如，按国别和地区划分，可分为国外客人、国内客人、港澳台客人；按信誉程度划分，可分为信誉良好客人、信誉较好客人、黑名单客人等。经过归类整理的客史档案是客史档案有效运行的基础和保证。

2. 有效运行

建立客史档案的目的，就是为了使其在有效运行中发挥作用，不断提高经营管理水平和服务质量。客人订房时，预订员可以了解其是否曾住店。属重新订房的，可直接调用以往客史，打印客史档案卡，与订房资料一道存放，并按时传递给总台接待员。属首次订房的，应将常规资料和特殊要求录入电脑，并按时传递给总台接待员。总台接待员将次日抵店的客人档案卡取出，做好抵店前的准备工作。未经预订的常客抵店，总台接待员在客人第一次住店，总台接待员应将有关信息录入电脑，对涉及客房、餐饮、康乐、保卫、电话总机等部门服务要求的，要及时将信息传递到位。同时，也要注意收集和整理来自其他服务部门的有关客史信息。客人离店后，要将客人的客史档案再次输入新的内容，使客史档案的内容不断得到补充。

3. 定期清理

为了充分发挥客史档案的作用，饭店应每年对客史档案进行一至两次的系统检查和整理。检查资料的准确性，整理和删除过期档案。对久未住店的客人档案予以清理前，最好给客人寄一份"召回书"，以唤起客人对曾住饭店的美好回忆，做最后一次促销努力。

【思考与练习】

1. 怎样理解"顾客永远是对的"？
2. 顾客满意与顾客忠诚是怎样的关系？
3. 饭店应如何培育忠诚顾客？
4. 怎样正确看待顾客投诉管理体系？
5. 如何建立完善的客人投诉管理体系？
6. 为什么要建立客史档案？客史档案的内容有哪些？

第八章 客房管理概述

【本章导读】

改革开放30年，旅游业已成为令世人瞩目的产业。作为旅游业三大支柱之一的饭店业的发展，更是取得了不俗的业绩。饭店业是改革开放以后最先与国际接轨的行业，而饭店最主要的产品是客房，没有客房就没有真正意义上的饭店。客房部是饭店的重要职能部门，客房服务与管理水平的高低，直接影响到客人对饭店产品的满意度，影响到饭店成本消耗与经济效益。因此，客房部在饭店经营管理中起着举足轻重的作用。尽管各家饭店的情况有所不同，但客房管理的原理是相通的。

【学习目标】

通过本章的学习，使学生掌握客房部的定义，了解客房部在饭店中的地位与功能，知晓客房部的组织结构及其主要岗位职责，熟悉客房的功能，掌握客房的种类和客房商品的基本要求。

【关键概念】

客房部　客房分类

第一节 客房部基础知识

一、客房部的定义

客房部又称管家部，是现代饭店的一个重要职能部门。它的主要职责是组织销售客房产品，为客人提供优质服务。客人投宿饭店，客房则成为客人暂时的"家"，客房部要通过一系列管理手段和技巧，组织好客房员工管理好这个家，服务好这个家，使客人真切感受到"家"的温馨。因此，客房是客人的"家外之家"，是饭店重要的经济来源。

二、客房服务管理的特点

客房服务与管理是饭店服务管理的重要部分，科学、合理、有效地组织好接待服务工作，是客房管理的中心任务。具体来说，客房服务管理工作有以下

几个特点:

(一) 客源面广，客情复杂

客房是接待客人憩息的地方，每天迎来送往，接触面非常广泛。由于这些客人来自不同的国家和地区，具有不同的生活习俗，不同的身份地位，不同的文化修养，不同的兴趣爱好，不同的生活阅历，因而，也就造成了客人对服务要求的多面性，造成了客房商品生产管理的复杂性。例如，接待老年人和青年人不同，接待内宾和外宾不同，接待政府官员、VIP 客人和普通客人也不同，等等。客房服务管理工作要根据不同的客源情况，采取不同的、富有针对性的服务。只有这样，才能提高客房商品的生产质量，提供优质服务。

(二) 个性服务要求强，卫生质量要求高

饭店客房所提供的百分之百的规范服务并不能换来消费者的百分之百的满意。有时服务人员真诚的服务竟会招来客人的呵斥，原因就是服务人员没有针对不同的宾客提供个性化服务。个性化服务是一种人性化的超值服务。

客房是客人休息、会客、办公的地方，客人尤其是商务客人，对卫生要求非常高。高质量的卫生要求，在一定程度上给客房管理带来了难度。

(三) 运转时间长，独立作业性强

客房部是饭店少数几个全天候运转的部门之一。即使是在凌晨两点有客人入住，或住店客人生病等突发事件发生，客房部员工也会在很短的时间内把事情处理好。与餐饮部、康乐部相比，客房部员工在具体的工作中往往是独立作业。例如，客房卫生清扫、台班、夜班、做夜床等工作，都是一人独立完成，容易使员工产生枯燥疲劳感。从时间和独立作业上来看，客房管理存在一定的难度，这就要求员工不仅业务能力要强，而且心理素质要好，还要有健康的体魄，否则难于胜任客房服务工作。

(四) 工作繁多琐碎，随机性大

饭店是接待服务性行业，客人入住饭店，他们的日常生活、康体娱乐、生意往来、信息传递、票务订购、照看婴儿、洗衣、擦鞋、房内用餐、委托代办等，都是饭店服务的内容。这些工作非常琐碎，做好了是应该的，而任何环节稍有闪失，都会引起客人的不满甚至投诉。而且，这些工作之间没有逻辑上的联系，尤其是有些工作带有很大的随机性和偶然性。比如，遇到在客房醉酒的客人，服务人员不但要清理污物，而且还要观察客人的醉酒情况，要考虑是请医生来，还是送医院急救，同时还要防止其他意外情况发生。因此，管理者不仅要充分调动客房部员工的积极性和主动性，还要教育员工具有很强的服务意识，随时处理客人的临时要求和突发事件。

(五) 要求严格，协作性强

客房服务是带动饭店一切经济活动的枢纽。饭店的主要收入来自客房出租，而客房出租率又直接影响餐饮部、康乐部、商品部等部门的营业收入。要保证客房部的高效运转，就必须保证客房内部的相互协作，正常运转。同时，也要保证客房部与其他部门保持密切配合，共同努力才能把客房产品做好。

三、客房的种类、功能和标准

（一）按构成单位客房的房间数量划分

（1）单间：一个房间。

（2）套间：两个以上房间。

（二）根据单间房所配备的床的种类和数量划分

1. 单人间

房内配备一张单人床，有独立的卫生间，适合单个客人使用。单人间一般占饭店的数量很少，属于经济档。其特点是面积小、功能全、隐私性强、价格低。

2. 大床间

房内配备一张双人床房。这种客房适用于夫妇、商务、零散客人。许多饭店将大床间增设了先进的办公设备，开辟商务楼层。特别是在接待以商务客人为主的饭店，大床间占客房的比例逐渐增加。

3. 双床间：两张床的单间客房

（1）两张单人床，房内配备两张单人床，中间多以多功能床头柜隔开，可供两位客人居住，也叫标准间。适用于旅游团队、会议团队，也可以出租给一位客人使用。这类房间经济实用，是目前饭店尤其是旅游饭店中绝大部分的客房。

（2）两张单人床紧靠在一起，是以一种床头板连接两张单人床，既可独立作单床使用，又可合并作双人床使用。这种客房与大床间基本相同，可供夫妇俩人住用，又比大床间使用灵活。

（3）两张双人床，可供两个单身旅游者居住，也可供夫妇或家庭旅行客人居住，这种客房的面积比普通标准间大。

（4）一张双人床、一张单人床，或配一张大号双人床，一张普通双人床，这类客房主要是满足家庭旅游客人的需要。

4. 三人间

配三张单人床的房间叫三人间，属经济档客房。一、二星级饭店相对设置较多，高星级饭店设置较少，甚至不设。如有三人要求同住一间客房，可采用在标准间内临时加一张折叠床的方法。

（三）按构成套房的房间数量及内部装潢布置的档次划分

（1）普通套房：通常是两间连通的房间，称双套间或双连客房，一间用作卧室，另一间用作起居室。卧室中配一张大床或两张单人床，并配有卫生间。起居室用于会客、办公，也附有一个卫生间，小卫生间内可不设浴缸。如果三个连通房组成的套间，其功能与双套间相仿，只是将会客与办公分开。

（2）豪华套房：与普通套间相似，只是面积比普通套间大，室内装修华丽高雅，家具用品高级配套。套房可以是两间，也可以是三间。室内设备齐全，除卧室外，还有客厅、会议室、餐厅、厨房等。卧室内通常配备大号双人床或特大号双人床。

（3）总统套房，也称总统房，通常由 5 个以上的房间组成。总统和夫人的卧室分开，卫生间分用，卧室内分设帝王床和皇后床。套间拥有客厅、书房、会议室、娱乐室、随员室、警卫室、餐室、酒吧间及厨房等设施。室内装饰布置极尽华丽，设备用品极为考究，是饭店实力与档次的象征，甚至还是一个城市、一个地区接待能力的体现。一些中高档饭店常在饭店的最高层设总统套间，装饰风格各家饭店迥然不同，其主要目的就是提高饭店的知名度和饭店档次。总统套间除了接待"总统"等国内外重要客人外，普通客人也可入住。

（4）大使套房，仅次于总统套房，用于国宾接待。

（5）立体套房，不在同一楼层，由楼梯连接，功能专一，互相不干扰。

（6）组合套房，相邻或相通的单间大房组合而成的套房，灵活性强。

（四）根据客房的位置分类

（1）内景房，房间的窗户朝向饭店的内部庭院，如朝向停车场、员工活动区等。

（2）外景房，房间的窗户朝向饭店的外部景观，如朝向街道、江河、湖泊、大海、高山、公园等。

（3）角房，房间位于走廊过道尽头或拐角处，或是饭店有特殊造型的多边形房间。

（五）其他

（1）连通房，相邻的房间，内部有连通门连接。

（2）商务房，房间内布局、家具等考虑商务客人需要，如商务楼层、行政楼层。

（3）残疾人房，通道宽敞，地面无障碍，墙上有扶手，不用旋转开关。

（4）公寓房，为长住客人设计，布局功能家庭化，有厨房、餐室，有较大的储藏间。

（六）按房间经济等级划分

（1）经济间

（2）标准间

（3）豪华间

四、客房各功能区及设备用品

饭店客房设计在布置上分为 5 大功能区：睡眠休息区、起居会客区、书写办公区、储存物品区、盥洗区。

（一）睡眠休息区

1. 床

（1）单人床，其宽为 1000~1350mm，长 2000mm

（2）双人床，其宽为 1400mm，长 2000mm

（3）大号双人床，其宽为 1600mm，长 2000 mm

（4）特大号双人床，其宽为 2 米，长 2000mm

（5）婴儿床（Cot-Bed）

（6）加床（Rollaway Bed）

我国标准：一、二星级宽、长不低于 900mm×1900mm，三星级不低于 1000mm×2000mm，四、五星级不低于 1100mm×2000mm。

2. 床头柜

这是一种多功能床头柜，能操作控制房间内的音响、电视机、床头灯、夜灯、走廊灯、房外 DND 灯、时钟和呼叫服务员等按钮开关，使客人不必下床完成上述要做的事情。上面放电话指南和晚安卡，下面格板上放一次性拖鞋和擦鞋器或擦鞋巾。

3. 床头灯

（二）起居会客区

（1）茶几（Tea Table）：上面放相应数量的茶水用具、烟灰缸等。

（2）扶手椅（Armchair）或沙发（Sofa）：标准间在茶几两边各摆放一扶手椅或单人沙发。

（3）落地灯（Standing Lamp）

（三）书写办公区

（1）写字台（Writing Desk）

（2）椅子（Chair）

（3）台灯（Desk Lamp）：写字台上台灯的灯泡功率不小于 40W。

（4）电视机（TV Set）：放于写字台的一端。

（5）电冰箱（Fridge）：放于写字台下面的柜子内。

（6）电热水杯：不放开水瓶，保证客人随时饮用新鲜的开水。

（7）电话（Telephone）：一些豪华饭店，写字台上还放一部电话分机，方便客人使用。

（四）储存物品区

（1）行李架（Luggage Rack）：与写字台相连靠近门口的一端。

（2）壁柜（Closet）：一般位于卫生间门口的对面，客人可存入衣帽、箱子。深 55~60cm 时，衣服可垂直墙面挂放。柜内按每床 2 个西服架、2 个裙架、2 个裤架（双人间须配 12 个衣架）。柜内安装开门自动照明灯。

（五）盥洗区

（1）浴缸（Bath Tub）：有铸铁搪瓷、铁板搪瓷、工程塑料、人造大理石等多种。有大、中、小三种，各种长、宽、深尺寸为：

1680mm×800mm×450mm

1500mm×750mm×450mm

1200mm×700mm×550mm

目前高星级饭店常用大型浴缸，一般饭店采用中型浴缸，很多豪华饭店配备了冲浪式浴缸。

（2）淋浴器（Show）：挂在浴缸一端的墙壁上，也可用手拿着冲洗。

（3）水龙头（Tab）：客人可自己调节水温。

（4）淋浴帘（Shower Curtain）：悬挂在浴缸外侧，防止水洒在外面。

（5）洗脸盆（Sink）：也叫面盆，安装在云台面上，与浴缸相对，盆内装有可调节水温的水龙头。

（6）镜子（Mirror）：云台的墙壁上装有大型的梳妆镜，台面上按饭店规格摆放供客人使用的卫生清洁用品和化妆用品。

（7）毛巾架（Towel Rack）：放置洗脸巾和大小浴巾。

（8）电源插座（Socket）：供客人在卫生间使用电动剃须刀或电吹风时使用。

（9）马桶（Toilet）

（10）电话机（Telephone）：壁挂式电话，安装在马桶水箱旁与浴缸之间的墙壁上。

（11）面纸巾：高星级饭店往往在云台下侧配有面巾纸箱。

（12）卷纸架：安装在马桶旁。

第二节　客房部的功能

客房部是饭店经营管理的重要部门之一，负责管理饭店所有客房事务，为客人提供舒适、清洁的房间以及优良的服务产品。客房部是饭店的主要营利部门，它不但在饭店纷繁的日常工作中担任着重要角色，而且在饭店的经营中起着重要的作用。

一、客房部的主要任务

1. 科学、有效地组织好客房商品的生产

（1）安排好班次；

（2）做好清洁卫生，提供舒适的住宿环境；

（3）维护、保养好客房设备，确保客房正常运转；

（4）负责本部门新员工的培训。

2. 向客人提供专业的优质服务

为住店客人提供一系列的服务，使其在逗留期间更觉方便和满意。

3. 保障客人和饭店的安全

4. 减少消耗，降低经营成本

5. 负责客衣和员工制服及所有布草的洗熨

6. 与其他部门密切配合

为其他部门提供一系列的服务，提高饭店整体经济效益。

二、客房部在饭店中的地位和作用

（一）客房是饭店的主体部分和住店客人的物质承担场所

从建筑面积来看，客房面积通常占饭店总面积的 70% 左右；饭店规模的大小是由客房数量所决定的，饭店的综合服务设施数量也是由客房数量决定的，整个饭店的人力资源配备和人员编制也是以客房数量为依据。客房是饭店规模、接待能力及接待水平的重要标志。

（二）客房是饭店经济收入的主要来源

客房收入在饭店营业收入中大多超过 60%，有的甚至超过 70% 或 80%。客房经营成本小，客房是饭店利润的主要来源。

（三）客房产品质量是衡量饭店产品质量的重要标志

客房是客人在饭店中停留时间最长的地方，客房产品质量的高低直接影响到客人的情绪，影响到客人对整个饭店的评价和印象。另外，饭店的公共区域卫生也是由客房服务人员完成的，这些场所卫生清洁、舒适优雅也代表着饭店总体的产品质量。

（四）客房管理水平直接关系到全饭店的运行和管理

客房部是饭店的重要职能部门之一，"硬件"方面管理的范围广，"软件"方面涉及的人员多，设施设备分布在不同的楼层、区域，人员处在不同的岗位，形成复杂的人际关系。要生产、销售好客房产品，需要不同岗位、不同部门的人员齐心协力、互相协作方可完成。任何一个岗位、任何一个环节出现瑕疵，都可能引起客人的投诉，影响到饭店的声誉。员工要不断提高自身素质，加强培训力度，树立良好对客服务意识，提高服务技能和应变能力，从而保证客房服务的尽善尽美，不断提高客房乃至饭店的管理水平。

三、现代饭店客房工作的特点

现代饭店房务工作内容广泛，与以往仅能满足客人基本生活需要的客栈、旅店、招待所不可同日而语，而是有着自己的特点。

（一）服务性

客房装修华丽并配备各种设备用品，饭店为此花费巨大。但客人不会仅仅满足于此，因为他们还需要更多的方便，需要饭店进一步提供各种服务，诸如清扫、通信、洗衣、送餐、客房小酒吧等服务。饭店必须满足客人的这些需求，因此服务成为客房商品价值的重要组成部分。从客人入住到离店，从购买客房商品到消费结束，每一环节都离不开服务。当客人初次选择下榻饭店时，关注其外在的建筑、环境、设备设施等硬件水平多些，而入住之后，在相当大的程度上，服务水平高低就成为客人判断自己的选择是否正确的依据了。

（二）复杂性

客房部的工作范围广，涉及内容复杂，除了要保持客房的清洁安全外，还要对整个饭店的环境卫生、装饰绿化、设备保养、布件制服的洗涤保管及式样设计负责。客房部拥有的员工数量、管理的设备物质、开支的成本费用与饭店其他部门比较也都是高比例的，因此管理起来相当复杂。即使看起来简简单单的清洁工作也并不简单。比如清洗厨房沾满油污的通风设备、厨具，擦洗大型枝型吊灯上数以千计的水晶玻璃饰物，是需要有专门知识和技巧的。对室内装修、物资采购提出有见地的方案更非易事。客房服务的对象是来自世界各地的千差万别的客人，要使他们在或长或短的居留期间总保持满意的状态更是难上加难。所以做好客房管理与服务工作绝不是件简单的事。

（三）随机性

现代饭店房务工作繁杂而又含有许多不可事先预知的因素。如两个团队一进一出时间相差无几，客房清扫不出来，结果会很麻烦。有的客人也会提出特殊服务要求。客人是"上帝"，只要其要求正当合理，有条件满足的都应该满足。这样就给服务人员增添了计划外工作量和工作难度。客房部员工必须有强烈的责任心和服务意识，主动自觉地灵活服务，为客人排忧解难。这需要有广泛的知识面，包括心理学方面的知识，善于揣摩客人心理。同时要有独立判断、解决问题的勇气和能力。

（四）不易控制性

客房部管辖的人、财、物，工作岗位之多在饭店是名列前茅的。从管理角度说，客房工作比前厅工作难度更大。首先是客房员工工作独立性强，不利于管理人员督查；再者客房物资用品都是生活性用品，员工日常生活也需要，若管理不善，容易流失，加大客房费用开支；对设备的清洁保养也在很大程度上靠员工的责任心，若员工不按规定程序清洁保养，将会加速设备老化，提前报废。所以客房部加强对服务质量的控制管理和开展职业道德教育培训尤为重要。

第三节　客房部组织机构、各岗位主要职责

一、客房部设置组织结构的原则

（一）适合经营需要的原则

根据饭店规模、档次、接待对象、经营思想、劳动力成本、设施等实际情况来决定机构设置，要适合饭店经营的需要。

（二）专业化分工协作的原则

专业分工是将客房部的全部工作按需要划分为若干个较小的部分，分配给一些具体的岗位、个人去操作。每一个岗位的人员应该有明确的职责和明确的上下级隶属关系。分工能够提高工作效率，但岗位之间必须加强协作。只有分工没有协作，不可能成为一个有效的整体。规模越大专业化分工就越细，为了共同目标，各岗位的协作也变得越来越重要。

（三）精简与效率原则

为了防止机构臃肿、人浮于事，客房部结构要力求精简。要因事设岗，以利于发挥员工的主观能动性，提高工作效率。

二、客房部常见结构形式

（一）设立客房服务中心的组织结构

多为外商独资企业，中外合作的大、中型饭店采用（如图 8-1 所示）。层次分明，分工明确而细致，并充分体现了客房业务"暗"的特点，较受高档客人的欢迎。

（二）综合型组织结构

饭店设房务行政总监或房务行政经理，统一管理前厅部和客房部（如图 8-2 所示）。此结构大、中型饭店采用较多。若是小型饭店采用综合型组织结构则叫房务部，下设总服务台和客房两个班组。其最大特点是：把两个联系最多的部门合为一个部门，符合系统管理，便于统一协调指挥。

（三）小型饭店的组织结构

一般小型饭店多采用此结构（如图 8-3 所示）。楼层设有服务台，楼层服

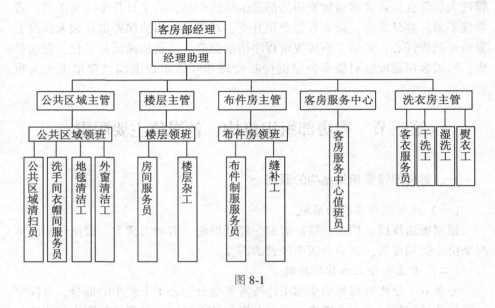

图 8-1

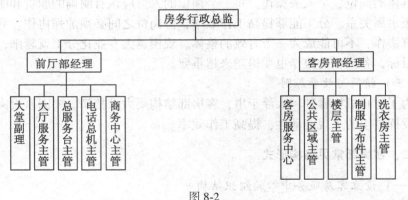

图 8-2

务员既要打扫房间卫生，做好接待服务工作，同时还要负责楼层的安全保卫工作。为了保证服务质量，公共区域不设专门的清洁工种，一些专业性强的清洁工作，可由专业清洁公司承担。小型饭店一般不设洗衣房，饭店所有布件可由专业洗衣公司承担。

三、客房部人员的配备

（一）影响客房部人员配备的主要因素

（1）服务模式：最常见的两种服务模式有客房服务中心和楼层值台。因

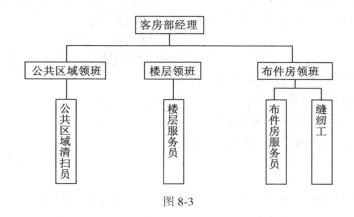

图 8-3

为前者注重用工效率和统一调控,后者突出面对面的"人情味"的对客服务,因而在人员的配备数量上有较大差异。

(2) 饭店规模、档次和管理层次:高档次大型饭店的客房部的管理范围大,服务项目多,分工细,管理层次设 4 层。小型饭店则将主管、领班并为一个层次,同时不设副经理或经理助理,服务员也不作工种细分,服务员是全能型的,不但要做清洁卫生,同时还要做楼层服务接待和安全保卫工作。

(3) 工作量的大小:客房部管理的范围大小决定着客房部工作量的大小。客房部工作量分为固定工作量和变动工作量。固定工作量是指那些只要饭店开业就会有,而且必须按时去完成的日常例行事务,如计划卫生、环境卫生、设备的保养工作等。变动工作量则是随着饭店业务量等因素的改变而变化的工作量,如走客房的数量、贵宾服务、突发事件的处理。客房部人员的配备与工作量的大小成正比。

(4) 服务员工作定额的大小:客房部管理者要制定科学、合理的员工工作量定额。工作量定额与人员的配备成反比。

(二) 定员的方法

(1) 岗位定员法:根据客房部内部的机构设置、岗位职责和工作量等因素确定员工人数的定员方法。主要适用于行政管理人员,如经理、秘书、文员。

(2) 比例定员法:根据客房部某部分员工人数或客房数量,按一定比例确定员工人数的定员方法。主要用于楼面服务员和客房管理人员。如楼层服务台每 2 名清扫员配 1 名接待员,6~8 名服务员配 1 名领班。如果设立客房服务中心,则 50~60 间/套房配一个日班领班,100~120 间/套客房配一个夜班领班,5~7 个领班配一个主管等。

（3）定额定员法：根据劳动任务、劳动定额和员工出勤率来计算员工人数的定员方法。主要适用于客房楼层员工。公式如下：

$$定员人数 = \frac{劳动任务}{劳动定额 \times 年出勤率}$$

劳动任务 = 客房间数 × 年平均出租率

年出租率 =（员工年实际工作天数 ÷ 365）× 100%

　　　　 =(365 - 年周末总数 - 固定假日 - 年假日

　　　　 - 病事假）÷ 365 × 100%

【案例】

某饭店有 528 间客房（均折成标准间），分布在 3～25 楼（其中 3～12 楼主要接待内宾，每层配备早、晚班值台服务员各一名）。客房清扫员的工作定额为：日班 12 间，中班 48 间。领班的工作定额为：日班 60 间，中班 120 间。假定饭店年均出租率为 80%，员工工作 8 小时/天，每周 5 天工作制，每年享受法定节假日 11 天，年假 7 天，1 年大约 8 天病事假。求该饭店客房楼层服务员和领班的定员总数应为多少人？

解：员工年实际工作天数 = 365 - 365 ÷ 7 × 2 - 11 - 7 - 8 = 235 天

　　员工年出勤率 = 235 ÷ 365 × 100% = 65%

　　楼层服务员人数：

　　　　日班清扫员 = 528 × 80% ÷ 12 ÷ 65% = 54 人

　　　　中班清扫员 = 528 × 80% ÷ 48 ÷ 65% = 14 人

　　　　值台服务员 = 2 × 10 ÷ 65% = 31 人

　　楼层服务员总数为：54 + 14 + 31 = 99 人

　　领班人数：

　　　　日班领班 = 528 × 80% ÷ 60 ÷ 65% = 11 人

　　　　中班领班 = 528 × 80% ÷ 120 ÷ 65% = 5 人

　　领班总数为：11 + 5 = 16 人

如果按比例定员法，一个主管管理 5～7 个领班，则该饭店楼层可配备 2～3 个主管。

四、客房部人员岗位职责及能力要求

（一）客房部经理

1. 管理层级关系

（1）报告上级：饭店副总经理

（2）督导下级：客房部副经理、楼层主管、公共区域主管、工服布草房主管、洗衣房主管

（3）联系部门：饭店各有关部门

2. 岗位职责

（1）主持客房部的日常管理二作，协调客房部所属各机构的工作。

（2）负责制定并落实本部门员工的岗位职责及工作程序。

（3）负责本部门员工的聘用、培训及工作评估。

（4）制定房务预算，控制房务支出。房务预算包括购置布件及员工制服制作预算；购置客房供应品，清洁用品等的预算；客房修理、改建、更新内装修及家具、设备的预算。

（5）对客房部设备设施进行管理和有效控制，保证部门经营成果与预算相符。

（6）提出客房陈设布置方案、更新改造计划。

（7）巡视和检查本部门的工作状况，确保客房部管辖区域内的环境整齐清洁。

（8）收集客人对客房设施和服务的要求及建议，及时处理投诉，改进服务，尽可能满足客人要求。

（9）保持与其他部门的联络与合作。

（10）不断改进和提高客房管理的水平，以适应最新标准和要求。

3. 知识及能力要求

（1）具备饭店管理知识。

（2）熟悉饭店规章制度及劳工法规。

（3）具备棉织品布料性能及质量知识，具备工服款式及洗衣的知识。

（4）熟悉清洁剂和客房用品的用途及机器的性能。

（5）能计划和执行各项任务，并能培训员工，公正评价员工表现，熟悉员工的思想和工作情况，能量才而用。

（6）有良好的人际关系能力和组织协调能力。

（7）具有一定的外语听说能力和语言表达能力。

（8）有基本的电脑知识和电脑操作能力。

（二）客房部副经理

1. 管理层级关系

（1）报告上级：客房部经理

（2）督导下级：楼层主管、公共区域主管、工服主管

（3）联系部门：饭店各有关部门·

2. 岗位职责

（1）通过对下属日常工作的检查，保证客房和公共区域处于干净整洁状态。

（2）监督和管理下属，优质完成客人的洗衣任务。

（3）每日查阅各种日报表格、办公室电话记录本和物品申领单，掌握本部门整个工作动态。

（4）恰当、合理地安排班次、分派工作，决定新员工的录用和人事调配，对员工的提职、降职、奖励、处分等提出意见，解决有关人事问题。

（5）帮助主管解决工作中的难题，对主管和领班的工作情况定期作出考核评价，发展良好的上下级关系。

（6）解答和解决客人对本部门服务工作的投诉，尽可能满足客人要求，尽力建立与客人之间的友好关系。

（7）通过检查工作记录定期盘点和发布批示，有效地控制客房用品、棉织品和清洁卫生用品的需求量。并决定特殊物品的需求量和供应标准，尽量减少本部门开支。

（8）与工程部保持经常联系，核准并监督家具、设备的维修和保养工作，使之达到饭店应有的标准。

（9）定期制订培训计划，监督下属培训工作，不断提高本部门员工素质。

（10）严格检查饭店规章制度及客房部规定在本部门的执行。

（11）通过分析现有工作程序及设备工具的使用情况，提出改进方案，以求不断提高客房服务工作的效率。

3. 知识及能力要求

（1）具备饭店客房管理知识。

（2）具备洗衣工作的完备知识。

（3）熟悉饭店标准和规章制度的知识。

（4）掌握洗衣和客房用品，如洗涤剂的用途及使用方法。

（5）具有分派工作，监督工作人员的业务培训，评价下属工作情况的能力。

（6）具有基本的电脑知识和电脑操作能力。

（7）具有同其他部门联系、协调的能力。

（8）具有一定的外语水平。

（三）楼层主管

1. 管理层级关系

（1）报告上级：客房部副经理

（2）督导下级：楼层领班

（3）联系部门：客房部办公室

2. 岗位职责

（1）通过对客房、楼道及工作间的日常检查和抽查，确保责任区内的清洁，保持饭店规定的标准。

（2）在当班期间，代表客房部经理负责所管楼层服务员的培训工作，指导实习生和新员工在培训阶段了解和掌握饭店和客房部的规章制度和工作程序，并按此检查要求如实汇报情况。

（3）观察领班和楼层的工作情况，并定期做出评价，研究解决有关问题，提出改进意见，对人员调动和新员工的选择提供建议，确保所管辖责任区的工作效率。

（4）检查客房家具、设备和各种装置，需要更新时做出报告，必要时可与工程部取得联系，以保持饭店的标准。

（5）检查记录，控制好客房用品和清洁用具。

（6）善于解答工作人员的问题，密切同工作人员的关系，必要时取得上级的帮助，尽量使管理部门和工作人员双方满意。

（7）合理调配人力，科学编排班次，通过与其他部门的密切合作来满足宾客的要求，解决客人的投诉，为客人提供高效的客房服务。

（8）分析现有的工作程序和设备，当批准或授权时，为改进现有工作状况、补充新设备和新的工作方案提供建议。

3. 知识及能力要求

（1）具备客房服务工作，如客房和有关区域的清洁和保养方面的完备知识。

（2）具备饭店客房标准的知识。

（3）熟悉饭店规章制度和本部门内章程的知识。

（4）熟悉客房内部管理体制和管理程序方面的知识。

（5）了解与客房服务有关的其他部门的工作。

（6）具备有关设备、清扫工具、洗涤剂的使用、操作和效果方面的知识。

（7）具备组织早、中、晚3班工作人员的能力。

（8）有全面调查研究，解决工作人员意见的能力。

（9）有培训工作人员，评价其工作情况，为工作人员的调动和新员工的选择提供建议的能力。

（10）有解释并执行饭店标准、规章制度、内部章程的能力。

（11）具有为满足宾客要求，维护饭店标准而同其他部门相互配合的能力。

（12）具有按照饭店的准则，圆满地处理宾客投诉的能力。

（四）楼层领班

1. 管理层级关系

（1）报告上级：楼层主管

（2）督导下级：客房服务员

（3）联系部门：客房部办公室

2. 岗位职责

（1）检查服务员的工作服、仪表、仪容和行为。

（2）合理编排本楼层服务员的班次及公休日，协调服务员之间的关系，确保本楼层的工作效率。

（3）分发员工表格、工作钥匙、BP 机，提出特殊注意事项。

（4）检查每间客房、楼道和工作间的卫生及服务工作情况，重点检查走道、房间卫生和 VIP 房。

（5）及时报告房间状态。

（6）负责填写工程修理单或向客房部办公室报修。

（7）保管好客人的遗留物品和书刊画报，并及时送交客房部办公室。

（8）检查和控制客房内所需物品及清洁用品的消耗，合理填写申领单，保证工作间有适量的备用。

（9）每日抽查客房内酒吧饮料的报账和补充情况。

（10）尽量满足客人的要求，减少客人投诉，提供有效的客房服务。

3. 知识及能力要求

（1）具有用英语与客人沟通的能力。

（2）了解客房内部的规章制度、工作程序及标准。

（3）具备客房工作知识和较高的操作技能。

（4）具有本岗位较强的专业知识、保洁知识、布巾知识等。

（5）具备督导员工圆满完成工作的能力。

（6）有良好的个人品质，办事公平合理。

（五）公共区域主管

1. 管理层级关系

（1）报告上级：客房部经理

（2）督导下级：公共区域领班

（3）联系部门：饭店各部门

2. 岗位职责

（1）制定公共区域清洁保养计划和植物花卉的养护方案，并负责实施。

（2）巡视检查和督导下属按标准和程序工作，遵守各项制度。

（3）负责下属的排班及考核工作。

（4）根据需要，做好人员、物资等方面的调整。

（5）制定对下属的培训计划并负责实施。

（6）负责清洁用品及鲜花的申购，确保物资的正常供应。

（7）负责所辖范围的清洁剂、清洁器具及插花用具等物资管理与控制工作。

（8）负责公共区域虫害防治工作。

（9）负责按饭店规定的标准安排鲜花、绿色植物的装饰布置工作。

（10）研究先进的清洁技术及新产品，不断提高清洁保养质量。

3. 知识及能力要求

（1）具有公共区域服务工作、服务标准的知识。

（2）熟悉内部工作程序和有关规定。

（3）具备正确使用和操作清洁剂、机器设备的有关知识。

（4）具有对下属分派工作并检查其实施情况使之符合饭店标准的能力。

（5）具备记录和评价下属工作表现的能力。

（六）楼层服务员

1. 层级关系

（1）报告上级：楼层领班

（2）督导下级：无。

2. 岗位职责

（1）为住店宾客提供各项对客服务。

（2）负责客房及楼层公共区域的清洁保养，承担楼层卫生工作。

（3）掌握楼层住客状况，填写房况表。

（4）负责客人结账时房间的检查工作。

（5）做好客人进店前的准备工作，根据要求布置客房。

（6）根据总台通知，提供加床服务。

（7）负责杯具的更换、清洗、消毒工作。

（8）为住客提供客房小整理及夜床服务。

（9）负责棉织品交接工作，协助完成客衣的收、送工作。

（10）管理工作钥匙及楼层物资。

（11）负责本楼层客房小酒吧的存放、补充与调换。

（12）协助安全部做好楼层的安全工作。

3. 知识及能力要求

（1）具有客房服务工作、服务标准的知识。

（2）熟悉客房内部工作程序和操作程序的规定。

（3）工作认真、责任心强，身体健康。

（七）客房中心服务员

1. 层级关系

（1）报告上级：客房服务中心主管。

（2）督导下级：无。

2. 岗位职责

（1）接听电话并做记录，将客人的要求或进店、离店、结账等信息准确、迅速地通知到相应人员。

（2）负责保存、发放、收取客房部工作钥匙。

（3）核对房态。

（4）整理、传送通知、报告及客情资料。

（5）熟悉客情，熟记当日进店、离店团队及贵宾的抵离时间、接待要求和规格，并督促有关人员提前准备。

（6）将客房维修要求通知工程部值班室，并做好当日客房维修的统计工作。

（7）接收、登记、保管饭店范围内的遗留物品。

（8）负责客房部员工的考勤记录。

3. 知识及能力要求

（1）具有两种以上的外语听说能力，能说比较标准的普通话，能听懂国内的一些主要方言。

（2）熟悉饭店的设施设备、服务项目、营业时间、电话号码等，能快速准确地回答客人的询问。

（3）具备一定的客房部工作经验，熟悉客房服务的程序和标准。

（4）能适应客房服务中心的排班要求。

【本章小结】

客房部是现代饭店的一个重要职能部门，也是饭店经济收入的重要来源之一。客房工作的质量，在很大程度上体现了饭店的服务与管理水平。

不同的客房种类及合理的布局是满足客人不同需求的重要保证。

客房部员工的配备，必须在所确定的客房组织结构的基础上，采用岗位定员、比例定员、劳动定额定员相结合的方法来确定。定员既要做到人员精简，保证服务质量，同时又要保证员工不因过度劳累而影响其身体健康。

饭店的规模、档次、经营思想、劳动力成本等都决定了饭店的客房组织结构。客房部不论采用设立客服中心的组织结构，还是综合性的组织结构，都必须遵循精简、统一、效率的原则。客房部的机构设置直接关系到客房部管理的科学性和合理性。各岗位人员的职责任务的落实是出色完成客房部工作的重要保证，同时也是招聘、考核员工的重要依据。

【实训项目】

　　走访两家不同类型的饭店，了解客房部的机构设置情况，指出其存在的主要问题，提出解决问题的措施。

【思考与练习】

　　1. 什么是客房部？

　　2. 客房部服务管理的特点有哪些？

　　3. 客房商品的特性？

　　4. 如何理解客房商品的地位与作用？

　　5. 客房部的主要任务有哪些？

　　6. 客房部常见的组织结构有哪几种形式？

　　7. 客房部的定员方法有几种？定额定员法的公式怎样？

　　8. 客房部经理的岗位职责与知识能力要求是什么？

　　9. 楼层领班的岗位职责是什么？

第九章 客房服务与质量管理

【本章导读】

　　饭店生产和销售的是服务产品，这种产品不能表现为实物产品，也不可能像工业产品那样可以用仪器、量具等来测定质量标准。饭店服务产品的生产过程和销售过程是同时进行的，所以服务质量也就包括了从生产到销售的过程。它不仅强调结果，而且更强调产生结果的过程，因而在衡量饭店服务质量的标准和方法上也就有所不同。饭店必须时时处处考虑客人的存在，为客人的利益而工作，全面地满足客人的合理需求，这正是饭店服务的含义所在。

【学习目标】

　　掌握客房对客服务的特点和要求。掌握各项对客服务的规范和要点，明确提高对客服务质量的有效途径。

【关键概念】

　　客房服务　服务质量标准　服务意识　个性化服务　无干扰服务

　　对客服务是构成饭店客房产品的重要因素。对客服务工作是服务人员面对面为客人提供各种服务，满足客人提出的各种符合情理的要求。

第一节　客房服务的主要模式

　　受服务设施设备和人力条件的影响，不同的饭店分别采取不同的服务模式。目前，国内的酒店客房对客服务的模式主要有两种：一是设立楼层服务台；二是设立客房服务中心。

一、楼层服务台

　　楼层服务台，也称楼面服务台，或称楼层值台，是指饭店客房区域每一楼层的服务台，这是我国旅游饭店特有的一种对客服务模式。一般设在靠近电梯口的位置，配备专职的服务值台，提供 24 小时对客服务。楼层服务台实际上起着前厅部总台驻楼层办事处的作用，受客房主管直接领导，业务上受总台指挥。

（一）楼层服务台的主要职责

楼层服务台受楼层主管直接领导，同时在业务上受总台的指挥。其主要职责是：

（1）负责本楼层客人和来访客人的接待及服务工作，入住客人特别是重点客人的接待服务工作。

（2）掌握客人动态，尤其是有关客人迁入、迁出及客房租用情况，及时通报总台。

（3）根据房态，安排工作定额及清扫顺序。

（4）负责保管客用钥匙，确保客房和楼面的安全。

（5）保证信息畅通。楼层服务台实际上是客房部重要的信息中心，必须保证与各部门的信息沟通。

（6）认真填写"楼层日报表"和"楼面工作日志"。

（二）楼层服务台的特点

客房部设立楼层服务台，这种对客服务模式有许多优点：

（1）能及时提供面对面的亲情服务，人情味浓，受东方客人和老弱病残客人的欢迎。

（2）有利于做好楼层的安全保卫工作。台班好比一个岗哨，值台员24小时值班，实际上为楼层增添了一道安全屏障，也给住店客人多添了一份安全感。

（3）配合总台准确控制房态。台班在值台过程中，能很清楚地了解客人的抵离店时间，在与总台及时联系后，能够更准确控制房态。

（4）有利于激励员工和树立酒店良好的形象。一方面，楼层服务台为员工提供了一个充分展示自己的舞台，客人对员工工作的认可与赞扬，是对员工的最好激励。另一方面，员工是酒店的代表，客人是从员工身上去认识饭店，员工通过优质的对客服务，也为饭店树立了良好的形象。

（5）提高了服务的时效性和主动性。设置楼层服务台，增加了饭店与客人之间进行交流和沟通的机会，预见客人的需求，随时解决客人的需求，主动及时地向客人提供服务。

正因为楼层服务台具有以上好处，一些老饭店和以接待会议团队客人为主，且又以内宾占大多数的饭店至今保留了这一对客服务模式，不少高档饭店还对这种服务项目模式加以改进，使之成为一种吸引客人的一种手段。例如，我国一些饭店在客房区域设立了商务行政楼层，它集饭店的前台登记、结账、餐饮、商务中心及客房贴身管理服务于一身，为客人提供更为舒适的环境，让客人享受更为优质的服务。特别是贴身管家服务最具特色，从客人进店开始，贴身管家便听从客人的吩咐和安排，使客人感到亲切而舒适。

当然，楼层服务台也有不足的一面：

（1）有可能使客人产生拘束感。现代社会，尤其是西方人和受西方教育较深的人，对自身各种利益非常重视，特别是个人隐私权。设立楼层服务台实行 24 小时值班，难免使部分"个人独立空间"意识很强的客人产生一种被"监控"的感觉。出入饭店的客人更希望有一种自由、宽松的入住环境。

（2）劳动力成本高。楼层服务台一天三班倒实行 24 小时值班，人力花费较大，营业费用较高。在劳动力成本日益昂贵的今天，许多饭店淘汰了这种服务形式，主要原因就在于此。

（3）服务质量难以控制。每个楼层都设立服务台，管理点分散，使客房部对员工的在岗状态控制有一定的难度。员工作业的独立性很强，业务的随机性也很大，员工对待工作的态度取决于员工的积极的自我约束能力。这无疑对保障客房服务质量带来了很大的困难。

二、客房服务中心

客房服务中心是从国外饭店引进的一种客房服务模式。客房服务中心与客房部办公室相连，实际上是客房部重要的信息枢纽，它与楼层及饭店先进的通信联络设备共同构建了一个完善的对客服务网络系统。设主管一名，工作人员若干名，实行三班 24 小时运行。住店客人通过电话将需求告知客房服务中心，由它通知离客人房间最近的工作间的服务员迅速为客人服务。

（一）客房服务中心的职责

1. 服务中心领班的职责规范

（1）编制本部门员工排班表，记录考勤，检查所属员工的仪表、礼节礼貌、劳动态度及工作效率；

（2）建立失物招领档案，保管客人的遗留物品，监督遗留物品处理程序的实施；

（3）填写服务中心物品需求提货单，并到库房领取；

（4）随时掌握客房状态的变化，向前厅、财务提供准确的房态资料；

（5）培训员工，定期进行业务考核，督促员工为住店客人提供各项服务；

（6）联系工程部，解决客房维修事项，建立工程维修档案；

（7）向楼层主管报告贵宾房号、到店时间及要求；

（8）严格执行客房万能钥匙的管理制度，监督万能钥匙收发工作；

（9）定期召开班组会，传达店内、部门内的指示和决议；

（10）编写工作日志，记录特殊事项，交接工作，办理物品外借手续。

2. 服务中心服务员的职责规范

（1）准确无误地接听电话，并详细记录，重要事项应记录在专门的本子上；

（2）迅速为客人提供各项服务；

（3）保持与其他部门联系，传达有关表格和报告，严格执行钥匙管理制度；

（4）对外借物品进行登记，并及时收回；

（5）统计酒吧的消耗量，填写酒水补充报告单，并负责保存；

（6）保管各种设备和用具，并编写建档，定期清点；

（7）随时掌握房态，准确无误地输入电脑，并与前台保持密切联系；

（8）及时通知楼层领班，即将抵店或离店的贵宾、旅行团的房号。

3. 夜班服务中心服务员的职责规范

（1）清理结财房间的账目；

（2）更新服务员工作报告表及楼层酒水控制表；

（3）夜间巡视楼层时，清扫防火通道墙壁、扶手及消火栓，清扫所有楼层的工作电梯间；

（4）通知送餐部收回客房饮食餐具，收集客房挂出的早餐牌及挂在客房门上的洗衣袋；

（5）向工程部报告所辖区域的维修事项，并检查结果；

（6）配合保安人员巡查所有楼层、走廊，做好楼层保安工作；

（7）完成中班移交的各项工作；

（8）编写工作日志和大事记；

（9）其他工作参照服务中心服务员职责规范。

（二）客房服务中心的特点

（1）楼层取消服务台，减少人员编制，有效地降低了劳动力成本；

（2）实现了对客服务工作的专业化，便于统一调度对客服务工作，整合客房资源；

（3）客房服务中心是客房部重要的信息中心，有助于强化客房管理；

（4）为住店客人营造了一个宽松、自由、和谐、温馨的环境；

（5）与客人接触机会相对来说要少，不利于客人与服务员之间的情感交流与沟通；

（6）由于客服中心是根据客人的需求提供服务，因此，服务员往往缺乏对客服务的预见性，部分客人产生不安全感。

【小知识】

分析电话记录——准确、迅速地把握宾客需求的有效措施

房务中心是客房信息传递中枢。每天来自客人、酒店内部的电话记录很多，通过分析这些记录，我们可以得知客人的潜在需求信息和工作中的不足。

许多客人反映房间设施设备不会用，例如电视机打不开、不知如何上网等。认真分析得出其中原因，一方面是客人很少入住酒店，对部分设施接触较少；另一方面也是客房的设备、设施在操作中过于复杂。因此，酒店应尽量提供简单、明了的使用指示或简化设备的操作程序；也可以在客人一进房间就给其进行详细的说明，以方便客人使用。

在电话记录中，有许多客人借用物品，如吹风机、插线板、转换器等，或是反映找不到拖鞋、鞋擦等。这其中有些小物品客房部有配备，但是如果客人入住率高，或更换不及时，或摆放位置不醒目，常会造成"没有"的错觉。所以，在房间安装或改装一些常用物件，查房时注意低值品的耗用情况，重新考虑客房物品的摆放位置，非常有必要。比如，自楼层房间安装自动烧水器后，客人要求送水的电话明显减少。这一方面及时满足了客人需求，另一方面减少了员工的工作量，从而可节省时间搞好其他服务。

分析电话记录，经常发现有其他部门询问一些关于客房设施和基本服务的电话。其中不乏前厅部员工，这表明员工对酒店产品不熟悉的程度令人吃惊，暴露出员工应知应会等诸多方面的问题，说明培训工作有待加强。同时，分析电话记录，也可发现一些重要信息在传递过程出现了遗漏或偏差。前台员工知道的东西，客房却无人知晓；客房推出的新服务举措，前台员工都一知半解，等等。这些都在电话记录中有直接或间接的反映。通过这些分析，说明酒店的信息管理工作的确任重而道远。

摘自蔡万坤：《新编酒店客房管理》

第二节　客房服务的主要内容

客房服务是饭店服务的重要组成部分，客房服务项目的多少与饭店的星级高低、饭店规模与档次、客源市场的需求有关，饭店要根据自身条件，在考虑客人的需求下合理地确定所提供的服务项目。

一、送（饮）水服务

（1）早班服务员每天早晨送开水进房或根据客人要求送水（商务客人在房间停留时间长，最好早晚各送一次）。

（2）新入住客房，一般接到总台通知后提供送水服务。

（3）客人需要冰块时，应在10分钟内送到房间。

（4）离开房间时，应询问客人是否还需要帮助。如果没有，告退时轻轻关上房门。

现在大多数酒店都在客房中配备了电热水壶或饮水机，服务员应每天做好相应的清洁和保养工作。

二、洗衣服务

提供优质的洗衣服务对提高客人对客房工作的满意度具有非常重要的意义。

洗衣服务可分为水洗、干洗、熨烫三种，时间上分普通服务和快洗服务两种。在对客服务工作中，洗衣服务比较容易引起客人的投诉，客房部应注意做好洗衣服务的控制工作。

（一）客衣收取

常见的送洗方式是客人将要洗的衣物和填好的洗衣单放进洗衣袋，留在床上或挂在门把手上。洗衣单一式三联，一联留在楼面，另两联随衣物送到洗衣房。为避免客人将要洗的衣物放在房内而延误收洗时间，服务员应在上午某一规定时间之前（一般为 9 点或 10 点）巡查一下可能有洗衣的房间，及时收出。电话接受客衣是国际上大部分酒店的例行做法。客衣服务员在电话中往往需提醒客人：填写洗衣单，并将其与所需洗烫的衣物一同装入洗衣袋，放于客房内。客人有时会有一些特别要求，服务员应问清楚并做好记录。在收取客衣的过程中，要特别注意以下一些问题：

（1）接到客人洗衣要求，服务员应迅速前往客人房间收取客衣。

（2）放在床上、沙发上，未经客人吩咐、未放在洗衣袋内的衣服不能收取。

（3）检查洗衣袋内是否有洗衣单，洗衣单上的房号是否与房号一致，单上的有关项目的填写是否符合要求，衣服的数量是否正确。

（4）服务员收取客衣时必须仔细清点件数，检查衣袋里是否有遗留物品，纽扣有无脱落，有无严重污渍或破损。

（5）不要将客衣随意乱放，不要把洗衣袋放在地上拖着走，要爱护客人的衣服；对于需熨烫的高级时装，应用衣架挂好。

（6）楼层服务员要配合客衣服务员的工作。发现客人把洗衣袋挂在门外后，要将其收至楼层工作间并电话告知客衣组。

（7）收到的所有送洗衣物均需记录在"客衣收取记录表"上（见表9-1）。

（8）接收客衣后，客房服务中心应立即通知洗衣房前来收取客衣，并按规定与洗衣房收发员进行交接。

表 9-1 洗衣单样表

房间号 Room No.		姓名 Name		日期 Date	普通服务 Regular service
		签名 Signature		时间 Time	上午 9：30 以后收衣，隔天送回。
数量 Count		男士衣物 Gentlemen	价格 Price RMB	金额 Amout	All garments received before 9：30a. m. will be returned by 6 p. m. garments received after 9：30 a. m. will be returned the next day.
客人 Guest	酒店 Hotel				
		长袖衬衣 shirt L/s	25.00		
		短袖衬衣 shirt S/S	20.00		
		外衣 jacket	30.00		
		牛仔裤、西裤 teans，trousers	25.00		加快服务
		T恤衫、运动衫 T-shirt/sports shirt	20.00		Express service
		短裤 shorts	18.00		下午 3 点以前收衣，3 小时内送回，增收50%
		袜子 socks	9.00		All garments received before 3 p. m. will be
		内衣 undershirt	10.00		returned within 3 hour
		内裤 underpants	10.00		with 50 % surcharge.
		围巾 scarf	10.00		特殊要求
		手绢 handkerchief	6.00		Special instructions
		羽绒服 down jacket	40.00		
		衬衫 blouse	25.00		挂好
		短裙 skirt	22.00		Shirt on hanger
		牛仔裤、西裤 Jeans/slacks	25.00		叠好
		胸罩 brassier	10.00		Shirt in order
		连衣裙 panty hoses	9.00		上浆
		短裤 shorts	18.00		starch
		连裤袜 panty hoses	9.00		不上浆
		衬裤 slip	9.00		No starch
		内裤 panty	10.00		去渍
		毛衣 sweater	22.00		Remove stain
		睡衣（两件）pyjamas（2 pcs）	22.00		
		袜子 socks	9.00		
以上合计 Sub total					
50%增收费 Surcharge					
15%服务费 Service charge					
合计 Sub total					
总合计 Grand total					

（二）客衣送回

主要有两种方式。一种是客衣服务员将客衣送至楼层服务台，再由楼层服务员将其送给客人。洗衣房送还客衣后，客房服务员应将经过核收的衣物及时送往客人房间，并请客人检查签收。另一种是由客衣服务员直接送回客人房间。客衣服务员上楼层送客衣前，应设计好送客衣的线路，从而节省送衣时间。准确无误是送返客衣工作中需要特别注意的问题，常见的错误是送错楼层和送错房号。对于"请勿打扰"及双锁房的客人，客衣服务员不可打扰，要把客衣交给客房中心服务员，并从门下放入"衣服已洗好"的说明卡，注意记下客人房号。例如：

亲爱的宾客：

因您的房间挂了"请勿打扰"牌/双锁，我们将您的衣物暂存放于洗衣部。若您需要，请拨电话××与我们联系，衣物将立刻送回。

送回客衣是一件十分细致的工作。按国际惯例，由于酒店方面原因造成衣物缺损，赔偿金额一般以洗涤费用的 10 倍为限。我国由于洗涤费用便宜，按 10 倍赔偿客人也不满意。也有饭店推出"保价洗涤收费方式"，即按客人对其所送衣物保价额的一定比例收取洗涤费。所以要求经手员工认真负责，不能出一点差错。否则会招致投诉，给酒店造成经济损失和声誉影响。

为住客提供洗衣服务是一项比较细致的工作，有关员工必须认真对待，不能因缺乏常识或粗心大意而出现差错。

【案例分析】

变小的衣服

住客王先生要洗一件衣服并选择了水洗这一服务项目。然后就交给客房中心转洗衣房洗涤。客衣送到洗衣房，洗涤工根据客人的要求，将客人衣服进行水洗，结果衣服洗后缩水。客人拿回衣服后发现衣服不合身，认为衣服给错了。后经几番解释，客人接下了衣服，但洗衣房却由此引发出一场关于服务意识方面的思考。

思考一：照单操作还是核单操作

一般客人在填写洗衣单时无外乎有三种情况：一是认为水洗比干洗干净，所以选择水洗；二是认为水洗价比干洗价便宜，所以选择水洗；三是客人根本不知道自己的衣服质地适合哪一类洗涤，随便找一个服务栏目填写。这样就产生了两种服务观念。一种观念是传统的，即照单操作。这好像药剂师按医师处方抓药，至于客人服药好不好与抓药的无关。一种观念迎合市场变化，把工作做细。如操作前核清洗衣单,以洗涤行业的职业习惯核对衣服保养标志,手感衣服面料质地等。

思考二:因循守旧还是因应变化

市场瞬息万变,服装业面料、饰物等也是日新月异,这肯定会直接影响洗涤行业。市场在不断地扩大,挑战随时来临。的确良、卡其布时代离我们越来越远。洗涤业的旧观念要不断地更新,这就要求我们的服务理念要尽快适应多变的市场需求。

由这一件"变小的衣服"让人认识到:只认定传统的服务理念是不可能让客人满意的。在复杂的市场需求方面,要善待客人的洗涤意愿,提高服务质量,减少服务摩擦,让客人满意加惊喜。这就要求每一个洗涤工养成良好的职业习惯,操作时做到"三核"即核清单子、核清衣物洗涤标志、核清衣物质地。不要因循守旧,要开放自己的头脑,多学习本行业业务知识,掌握好本行业技能技巧。

摘自邹益民,张世琪:《现代饭店房务管理与案例》

三、房内小酒吧服务

旅游酒店尤其是高星级酒店一般在客房内设有小酒吧,吧台上放有各种饮料,由客人自由取用。

(一)配备

在房内小酒吧的配备方面,客房部管理人员首先根据本酒店的星级及目标市场,确定饮料的配备品种及各品种的数量;然后再设计小酒吧账单,账单上应列出饮料及其他备品的品种、数量、价格及有关注意事项。目前,酒店所用的账单多为无碳复写纸,一式三联,两联送前台收款,其中一联作为计账凭证,第二联以备客人结账时查看,第三联则由客房部留存。如果用四联小酒吧账单则更好,因为这样就可在检查饮料消费后,将一联留在客房内,供客人了解饮料的消费情况。此外,房内还需配备饮料杯、酒杯、杯垫、调酒棒、开瓶器等用品。客房部管理人员应注意研究客人的消费情况,根据客人的需求定期调整小酒吧的品种。

(二)检查

为了加强对酒水饮料的管理,酒店应设计一份记有冰箱内(或吧台)酒水饮料的种类、数量和价格的清单,并要求客人将自己每天饮用的酒水饮料如数填写。

1. 住客房小酒吧的检查

通常由服务员在每次例行进房时进行,如清扫客房、小整理、做夜床时。

若有消费，应立即输入账款，并做好补充。如果客人已填好"客房小酒吧账单"（见表 9-2），应收取并补充新账单，还要注意查对账单填写是否正确。

表 9-2 　　　　　　　客房小型酒吧账单
MINI-BAR CHARGE VOUCHER

房号
Room No. ＿＿＿＿＿＿＿＿＿　　　　　　　　　　　　　　日期
　　　　　　　　　　　　　　　　　　　　　　　　　　Date ＿＿＿＿＿＿

品类 Items	点存 Inventory	耗量 Consumed	单价 Unit Price	小计 Sub. Total
金牌马爹利 Martell VSOP				
威士忌 Whisky				
人头马 Vsop Remy Martin				
青岛啤酒 QingDao Beer				
可口可乐 Coca Cola				
		总金额 GRAND TOTAL		

对于离店客人，国内大部分酒店要求总台收银员在其结账时通知客房部，由楼层服务员检查客人的饮料消费情况，并立刻电话通知总台收银处。该过程需要一定的时间，客人常常会因等待时间过长而提出投诉。国外绝大部分酒店则在客人结账时询问客人是否消费了小酒吧饮料，根据客人的回答进行结账，从而大大加快了结账速度。当然，不同档次、不同客源、不同地区的酒店，应从本酒店的实际出发，根据本酒店饮料损失率的高低，做出相应的决策。小酒吧一定量的损失率属正常现象，即使在发达国家，房内小酒吧的损失率也在 7%~10%。由于酒店房内小酒吧的饮料价格是市场价的数倍，已考虑了损耗，酒店不应在此问题上与客人过分计较。

2. 团队房饮料的检查

客房部管理人员应做好计划，每天查看次日团队离店表，根据客人的计划安排确定检查时间。有些地区由于交通原因，离店高峰时间集中在清晨，而这时早班服务员还未上班，因此造成查房不及时。针对这一情况，客房部可对PA夜班服务员进行查房培训，使其在客人离店高峰时帮助查房。

（三）盘点

客房部需定期统计和盘点楼层的小酒吧饮料，确保所有房内小酒吧饮料不超过保质期，这是小酒吧服务与管理工作中的一个重点。客房部应每月检查一次楼层所有饮料的保质期，更换快过期的饮料，将其退库，由库房将其调至餐饮及康乐部。在大型酒店，尤其在淡季，会出现餐饮、康乐部消化不了客房部快过期饮料的情况，报损率因此而提高。为解决这一问题，酒店可以与供货商进行协商，将从房内撤出的饮料与供货商调换，但前提通常是撤出的饮料须距保质期三个月以上。

客房服务员每天早晨对小酒吧进行盘点，把客人实际饮用的数目通知前台收银处。随后，对冰箱中所缺酒水饮料予以补充。

（四）注意事项

提供客房小酒吧服务时，客房服务员应注意以下事项：

（1）发现客人使用过小酒吧时，应核对客人新填的酒水耗用单。

（2）客人填写有误，应注明检查时间，待客人回房时，主动向客人说明并更正；如客人没填写，应代客补填并签名和注明时间。

（3）客人结账后使用了小酒吧，应礼貌地向客人收取现金，并将酒水单的第一联作为发票交给客人，收取的现金连同酒单的第二联记账凭证及时交给收银处。

（4）领取和补充小酒吧的酒水和食品时，要检查酒水的质量和饮料、食品的有效保质期。

四、拾遗服务

遗留物品大多在客人退房离店、服务员查房或整理房间时发现，服务员应立即设法交还给客人；对于不能当面交还的，要为其妥善保管遗留物品。

（一）服务规程

拾获者发现客人遗留物品时，应及时通知总台查问客人的动向。若客人尚未离店，应立即交还给客人。若客人已经离店，应将遗留物品上交客房服务中心或客房部办公室保管，并填写《遗留物品登记表》（见表9-3）记录拾获遗留物品日期、时间、地点、名称、数量、拾获者姓名等内容；然后，将遗留物品做适当处理。

表 9-3 　　　　　　　　　　遗留物品登记表
（LOST ARTICLES CONTROL）

编号：

地点

Location _____

物品特征

Description

日期	时间	拾获者
Date	Time	Finder

以上物品已悉数完好收妥，特签此据

Received items as described above from the hotel in good order

日期	签领
Date	Signature

（二）注意事项

在提供遗留物品保管服务时，应特别注意以下一些问题：

（1）遗留物品必须归口管理。遗留物品分部门或多部门管理，势必会给客人带来不便。相当一部分丢失物品的客人不会确切知道自己将物品丢失在何处，因而在多部门管理遗留物品的酒店，客人的问询可能被转来转去，从而影响效率。此外，遗留物品的管理需要一套严密的程序，归口管理不仅可以提高效率，而且会使错误率降至最低。

（2）明确专人管理。在设有客房中心的酒店，一般由中心服务员负责登记和保管。客房部秘书通常分管客房中心，因而遗留物品的保管处理也由秘书负责。一般来说，秘书需每月对遗留物品储存柜进行一次清点和整理。

（3）配备必要的储存柜。酒店要视自身的规模和星级，配备放置遗留物品的橱柜，一些大型高星级酒店甚至要设专门的遗留物品储存室。相当一部分酒店遗留物品柜的空间太小，遗留物品塞满了橱柜。这不仅会损坏遗留物品，而且还会使查找变得非常困难。

（4）确定保管期。酒店行业对遗留物品的保管期没有硬性规定，通常为3~6个月。高星级酒店的遗留物品中，有相当一部分是客人不要的遗弃物，只不过客人没有把它们放入垃圾桶而已，所以遗留物品的量很大，因而保管期也就比低星级酒店要短。贵重物品和现金的保管期一般为 6~12 个月，水果、食品为 2~3 天，药物为 2 周左右。衣物类保存前应先送洗衣房洗净。

（5）确定保管期后的处理方式。客房部应对遗留物品超过保管期后如何处理作出规定。按国际同行业的惯例，遗留物品应归物品的拾获者，但整瓶的酒须上交给酒店供餐饮部使用，开过封的酒应抛弃。贵重物品和现金须上交给酒店。国外一些酒店在找不到失主的情况下，将物品拍卖并将所得钱款捐给慈善机构。

客房部的员工在处理客人遗留的文件、资料时应特别慎重，凡未被放进垃圾桶的，都应被视为遗留物品，不可将其随意扔掉。对于客人对遗留物品的问询，客房部应及时给予答复。

【案例分析】

遗失的衣服

夏季的一天，客房部领班在查房时发现客房抽屉里有几件客人遗留的衣服。她感到很奇怪，立即到房务中心查询，询问此房间的客人是否已经离店。并向文员通报了客人有遗留物品在房间里，要文员做好记录，留备客人查询。然后在工作表上做详细记录，注明时间和所发生事情的概况。经过向台班实习生小谢和房务中心查询，得知此房客人并没有离店，而是转房去了其他楼层。这件事是台班实习生小谢在查房时没有发现客人遗留物品而造成的。而客人呢，却是在房务中心通知他领回自己的衣物时，才发觉遗失了衣服。

【评析】

①客人在转房或寓店时收拾物品，会因为粗心大意而遗留一些物品在房间。特别是那些不急用的东西，就更容易忽略。这就对当值台班提出很高要求，在查房的时候一定要认真仔细、一丝不苟。

②当客人转房后，台班会例行检查房间，经过整理之后，便可成为"OK"房，等待下一位客人入住。可是，案例中的台班粗心大意，没有发现客人遗留在抽屉里的衣服。而肯定地认为没有必要检查抽屉，导致问题的出现，这是她的失职。

③此案例中的领班工作非常认真、仔细，发现问题后立即找客房中心协调解决；她发现客人遗留物品后，严格按照规定的程序来处理客人遗留的衣服。由于发现及时，处理妥当，使转房的客人找回了自己的衣物，避免了可能产生的麻烦。

摘自邹益民，张世琪：《现代饭店房务管理与案例》

五、送餐服务

送餐服务（Room Selvice）是指应客人的要求（由于生活习惯或特殊要求，如早起、患病、会客等），将客人所点的食品饮料送至客房用餐。常见的房内用餐有早餐、便饭、病号饭、点心、小吃、夜宵等项目，其中以早餐最为常见。

（一）订餐

提供房餐服务时，酒店要设计专门的房餐服务餐牌，摆放在床头柜或写字台上，上面标明房餐服务电话号码。另外，提供房餐服务，通常要收取额外的服务费。客人若需要在客房用早餐，应于前一天晚上在客房备有的早餐牌上选好食物种类，注明用餐时间，然后将其挂在房门把手上。由服务员定时收集，代向餐饮部订餐员订餐。客人也可以直接打电话订餐。

在接受订餐时，要准确记录房间号码、客人姓名、餐饮内容、送餐时间、特殊要求等。在有些酒店中，这项服务是由餐饮部负责的。餐饮部设有房餐服务组，由专职人员负责提供房餐服务。在另外一些酒店，房内用餐则由餐厅服务员送到楼层，再由楼层服务员送进客房。采用这种服务方式，要求客房服务员必须熟悉菜单，并掌握一定的餐厅服务技巧。

（二）送餐

送餐时可以用托盘提供，也可以用餐车送，这要视所送餐食饮料的多少而定。如用餐车送餐，要小心谨慎，以免因地毯不平或松动而倾倒。另外，送餐车必须有保温装置，防止送到时饭菜温度不够影响质量。

在提供送餐服务时，应特别注意以下问题：

（1）按规定先敲门，自报身份，等候客人开门。

（2）托盘或餐车摆放位置要适当，可征求客人意见。

（3）摆放妥当后揭开餐碟盖，要一一报菜名，并询问客人还有什么需要。

（4）准备好账单并问清楚客人结账方式，如签单则请客人在账单上签字。

（5）提供房餐服务时，要注意及时将客人用过的餐具和剩物撤出（一般在1小时后，征得客人同意后撤出），以免影响房内卫生和丢失餐具。在送餐1小时后仍未接到客人收餐具的电话，需打电话询问。

（6）收餐具时要征求客人对用餐的意见。撤走餐具时应注意清点餐具并检查有无破损，同时还要注意随手更换烟灰缸、玻璃杯，擦净桌上的脏物，以保持房内清洁。同时注意不要与客房用品混淆。

六、访客接待服务

做好访客的接待也是客房部的一项重要的对客服务工作。提供这项服务时，客房部服务员应特别注意，要在先征得住店客人的同意后方可将来访者带到客房。在住客不在时，除非住客事先说明，否则不得将访客带进住客房。楼层服务员对来访客人的接待，应该像对待住客一样热情礼貌。在征得住客同意后，引领来访者进房间。如果来访者一次较多，应主动送坐椅到客房。还要询问被访者需要提供什么服务，并尽快满足。访客常常是酒店产品潜在的购买对象或者对住客有相当大的影响力。如果忽略对访客的服务，必会引起双方客人的不快，影响其对酒店服务的总体印象，甚至会促使住客搬出酒店另寻他处。

（1）热情地接待来访者，问清被访住客的姓名及房号，通过电话与该住客联系。

（2）如果住客不在房内，向访客说明，并提示其可以去总台办理留言手续。如果住客不愿接见访客，应先向访客致歉，然后委婉地请其离开，不得擅自将住客情况告知访客。如果住客同意会见，按住客的意思为客人引路。如果住店客人事先要求服务人员为来访客人开门，要请住客去大堂副理处办理有关手续；来访客人抵达时，服务人员须与大堂副理联系，证实无误后方可开门。

（3）如果会客地点在客房，将来访者引领进房后，礼貌地询问住客是否需要茶水、毛巾；若访客超过3人，还要询问住客是否需要坐椅。并主动询问住客有无其他服务要求。

（4）若会客时间较长或客人较多，应及时为客人补充茶水。

（5）会客完毕后如有需要，应再次整理好房间，以利于住客休息。

七、物品租借服务

物品租借已成为客房部的一项重要服务项目。客房内所提供的物品一般能满足住店客人的基本生活需求，但有时客人会需要酒店提供一些特殊物品，如熨斗、婴儿车、熨衣板、变压器、接线板等。因此，客房服务中心应备有此类物品，向客人提供租借服务。

（一）对客租借物品程序

（1）客人电话要求或向楼面服务员要求。

（2）仔细询问客人租用物品的时间。

（3）将物品准备好并迅速送到客人房间。

（4）请客人在租借物品登记表上签名。（见表9-4）

（5）客人归还物品时做好详细记录。

表9-4　　　　　　　　　　　租借物品登记表

日期	品名	房号	租借时间	经手人	归还人	归还时间

（二）对客租借物品注意事项

在为客人提供租借服务时，应注意以下问题：

（1）借出物品时要检查其清洁、完好情况；在客人租用一些电器用品（如电熨斗等）时，须当面演示使用方法，同时要提醒其注意事项。

（2）早晚班服务员在交接班时将客人租借物品的情况及手续移交下一班次，以便继续服务。

（3）如过了租借时间，客人仍未归还物品，可主动询问，但应注意询问的方式；客人离店时，要注意检查客人有无租借物品未归还。

八、擦鞋服务

为了方便客人，酒店在客房内放置擦鞋纸，也有的酒店以"自动擦鞋机"取而代之。除此之外，客房服务中心也可根据客人要求提供擦鞋服务。在提供此项服务的酒店，客房壁橱中放置了标有房间号码的鞋篓，并在服务指南中告之客人：客人如需要擦鞋，可将鞋放入篓内，放在房间门口，由服务员收集到工作间；或者打电话通知客房服务中心前来收取。

（1）服务员在接到客人要求擦鞋的电话或通知后，应在酒店规定的时间内赶到客人房间收取皮鞋，到工作间擦拭。

（2）收取皮鞋时，应在小纸条上写明房号放入皮鞋内，以防送还时出现差错。

（3）服务员在住客房工作时发现脏皮鞋，应主动询问客人是否需要擦鞋服务。如果客人不在，可先将皮鞋收回，留一张擦鞋单于门底缝隙处，让客人知道服务员正在为其擦鞋；如果皮鞋置于房间门口或鞋篓里，可直接收取到工作间。

（4）若遇雨、雪天气，服务员应在客人外出归来时，主动询问客人是否需要擦鞋。

（5）擦鞋时，先在鞋下垫上一张废报纸，将表面的尘土擦去。然后根据客人皮鞋的面料、颜色选择合适的鞋油或鞋粉，仔细擦拭、抛光。特别注意鞋底与鞋口边沿要擦净，不能有鞋油，以免弄脏地毯与客人的袜子。为避免差错，服务员一般只擦黑色皮鞋。若有其他颜色或特殊皮革制成的鞋，不能随意擦拭，可礼貌说明。若客人同意，可代请鞋匠处理。

（6）将擦净的鞋及时送至客人房间，如果客人不在，应将鞋子放于适当位置。

（7）做好记录，注明房号、颜色、时间等，以备核查。

【小常识】

擦鞋服务是旅游酒店客房服务的项目。它的操作程序看起来简单，但有时技术难度还比较大。客房服务员在做夜床和每天的例行清扫时，应注意查看鞋篓有无摆放皮鞋；如果是客人打电话要求擦鞋服务，则客房服务员应在10分钟内赶到客人房间收取皮鞋，并注意询问客人，在何时需要送回擦好的皮鞋。擦拭皮鞋工作要求服务员熟悉各种皮鞋及鞋油的性能，根据客人皮鞋的特性，选择适宜的鞋油和不同的方法，特别是高档皮鞋更应注意鞋油与擦拭方法的选择。如果服务员没有把握，就应向客人道歉，说明理由，不要接受这项工作。

摘自蔡万坤：《新编酒店客房管理》

九、托婴服务

托婴服务就是为外出活动办事的住客提供短时间的照看婴幼儿的有偿服务。酒店一般不设专职的人员负责托婴，此项服务大多由客房部服务员在班后承担。兼职的服务员须接受照料孩子的专业培训，懂得照看孩子的专业知识和技能。一般以3小时为计费起点，超过3小时的，按每小时增收费用。托婴服务是一项责任重大的工作，绝不能掉以轻心。凡是担负此项工作的人必须有责任心，受过专门训练，掌握照看婴幼儿的基本知识和技能。在接受客人托婴服务时，客房服务员应请客人填写"婴儿看护申请单"（见表9-5），了解客人的要求及婴幼儿的特点，并就有关注意事项向客人说明。

（1）客人申请托婴服务时，应问清照看的时间、小孩的年龄、特点和家长的要求等，并告诉客人收费标准。

（2）看护者在规定区域内照看婴幼儿，严格遵照家长和酒店的要求看护。

（3）不要随便给小孩食物吃。为确保安全，不要将小孩带出指定地点（通常是客房），更不能带出酒店。不将尖利物品及其他危险物品充当玩具，不托付他人看管。

（4）在照看期间，若婴幼儿突发疾病，应及时报告上级，请示客房部经理，以便得到妥善处理。

表 9-5 婴儿照看申请表

婴儿照看申请单
BABY SITTER REQUST

日期_____
房号_____

客人姓名_____

亲爱的顾客：

　　根据您的要求，我们已经安排了照看者_____，在_____，从_____点_____到_____点负责您的小孩的照看工作，请您在□内画"√"选择：

需要 □	需要 □	需要 □
早餐	午餐	晚餐
不需要 □	不需要 □	不需要 □

　　请注意托婴服务一般将 3 小时作为计费起点，收费为_____元，超过 3 小时增收费用_____元，如果您让照看者晚上 11 点后离开，请支付她_____元出租车费。请在饭店收银处直接付款。

　　　　　　　　　　　　　　　　　　我全部接受上述条款

签名_____　　　　　　　　　　　签名_____
客房服务员　　　　　　　　　　　　　　客人

Guest's Name _____　　　　　　　Date _____

Dear Guest,　　　　　　　　　　　　　Room No. _____

As requsted by you. We have arranged：

Name of Babysitter _____ to report to you

from _____ to _____ on _____

Tick（√）the appropriate

Yes □	Yes □	Yes □
Breakfast	Lunch	Dinner
No □	No □	No □

Kindly note there is a minimum charge of ￥_____ for the first 3 hours of babysitting. A fee of ￥_____ is charged for each additional hour. If you release the babysitter 11：00 p. m. , please pay her a fee of ￥_____ for taxi fare. A payment should be made direcl to the hotel cashier.

　　　　　　　　　　　　　　　　　　I fully accept the above

　　　　　　　　　　　　　　　　　　term and conditions

Signature _____　　　　　　　　　Signature _____
HOUSEKEEPER　　　　　　　　　　　　GUEST

十、加床服务

加床服务是客房部提供的服务项目之一。有时客人会直接向楼层服务员提出加床服务要求，客房部服务员应礼貌地请客人到总台办理有关手续，不能随意答应客人的要求，更不得私自向客人提供加床服务。

客房服务员接到总台有关提供加床服务的通知后，应立即在工作单上做好记录，随后将所需物品送至客房。如果客人在房内，主动询问客人，按客人要求摆放好加床；如客人无特别要求，则移开沙发、茶几，将加床放于墙角位置，为客人铺好床。在加床的同时，还要为客人增加一套客房棉织品、杯具、茶叶及卫生间用品等。

随着旅游饭店功能的不断完备，越来越多的、人性化的服务项目受到饭店管理者和客人的重视，如会议服务、叫醒服务、夜床服务等。这就要求酒店尤其是星级酒店，在服务设施、服务项目上，不断地充实、完善，以更好地满足消费市场的需要。

第三节　提高客房服务质量的途径

一、制定对客服务质量标准

（一）对客服务标准制定的基本原则

对客服务标准的制定，必须遵循方便客人、方便操作和方便管理的基本原则。

1. 方便客人

制定、实施对客服务标准，是为了使客人获得满意的服务，使其有宾至如归的感觉，感到像家里一样方便和温馨，享受家里所没有的舒适氛围。因此，对客服务标准的制定必须以此作为出发点。脱离了客人的需求，单纯强调标准和程序是没有任何意义的。对客服务标准的制定，必须结合人的特点，在对客服务中，既要制定相应的规范和标准，以保证服务质量，同时，又要根据客人的不同特点和要求，进行灵活和机动的有针对性服务。

2. 方便操作

节约时间，方便操作，减少不必要的体力消耗，提高工作效率是制定服务标准应遵循的另一个原则，因此制定对客服务标准应以具体、实用、可操作为主。如果对客服务标准难以让员工掌握和操作，就失去了意义。

3. 方便管理

实行标准化管理，在于减轻管理者的负担，易控制，易于贯彻管理意图，使客房对客服务有一个质量标准。对客服务标准的制定和使用是一种管理的艺术，因此，客房管理者凡事都要有自己的管理思想，根据客源市场的需求和自己饭店的特殊情况，包括客房设施条件和员工素质，甚至自己的管理风格等，来制定和实施符合客人需求的标准，而不应照抄、照搬别人的东西。

（二）对客服务的基本标准

为了提高宾客的满意程度，客房部一般应制定以下对客服务标准：

1. 服务程序标准

服务程序标准是服务环节的时间顺序标准，即在操作上应先做什么，后做什么。该标准是保证服务全面、准确及流畅的前提条件。

2. 服务效率标准

服务效率标准是对客服务的时效标准。这项标准是保证客人能得到及时、快捷、有效服务的前提条件，也是客房服务的质量保证。

3. 服务设施、用品标准

服务设施、用品标准是饭店为客人所提供的设施、用品的质量、数量标准。这项标准是控制硬件方面影响服务质量的有效方法。它是从质量、数量、状态三个方面去制定的标准。例如：四星级饭店所用的浴巾不得小于 140 厘米×80 厘米，重量不得低于 600 克；全棉，无色花，无色差，手感柔和，吸水性能好，无明显破损性疵点，在数量上要求每床配备一条，状态上要求洗涤干净，折叠整齐，放于毛巾架上。

4. 服务状态标准

服务状态标准是对服务人员言行举止所规定的标准。如接待客人时的姿势、面部表情、服务用语等。

5. 服务技能标准

服务技能标准是对客房服务人员应达到的服务操作水平所制定的标准。如铺床的标准、浴室清洁标准、抹浮尘标准、做夜床标准等，只有熟练掌握服务技能，才能提供优质的服务。

6. 服务规格标准

服务规格标准是针对不同类型宾客制定的不同规格标准。如在贵宾的房间放置鲜花、水果，根据贵宾的不同级别还需要布置其他物品，根据长住客人的客史档案记录布置房间等。

7. 服务质量检查和事故处理标准

服务质量检查和事故处理标准是上述各项标准贯彻执行情况的检查标准，也是衡量客房服务是否有效的尺度。此标准重点由两方面构成：一方面是对员工的奖惩标准，另一方面是对宾客进行补偿及挽回影响的具体措施。

二、培养、强化服务意识

服务意识是员工在服务过程中的心理活动过程，涉及对服务的把握和对服务本质的理解。在人们对服务质量要求越来越高的今天，如何培养并提高员工的服务意识显得越来越重要。但是，不是每个感觉到需要提供服务的员工都会懂得如何去服务，这就需要管理者去培养、强化他们的服务意识。

（一）端正员工的对客情绪和情感

以前人们常说"顾客就是上帝"、"客人永远是对的"、"不在客人面前说不"，其实这就是对服务员待客提出的要求。只有在客人得到充分尊重的情况下，整个服务过程才算是真正成功，才会让客人满意。不仅如此，现在对这些服务也提出了更高的要求，要求将客人当做自己的亲人朋友，使客人的自尊、情绪、癖好得到满足。我们将之称为个性化服务，也是高服务感知的体现。

（二）激发服务员的需要和动机

根据有关调查资料显示，在酒店工作的大部分服务员仍把服务当做是一种"任务"，对他们而言，酒店的荣誉与他们无关。他们只要完成了任务就行，效果怎么样就不是他们的事了。要改变他们这种状况，就要激发他们的主人翁意识，培养他们的团队精神和对酒店的归属感。只有使酒店变成员工的家，员工才不会对"管理"产生抵触的情绪。

（三）形成服务的心理定势

服务的心理定势也就是一种服务思维模式，使服务人员能够从客人的一个眼神、一个细微的手势和动作之中感知到服务的内容。对每一项进行分析归类，形成一套服务模式与服务规范。让"宾客至上，服务第一"的思想植根于每一位服务员的心中。

三、提供个性化服务

所谓个性化服务是根据客人不同个性需求，对每一位不同的客人提供有针对性的服务。服务带给客人的实际上是一种感觉。服务人员应在客人不经意的举手投足和言谈笑语之中，察言观色，想客人所想。应该让你的服务使客人产生满足感、被尊重感，甚至是离别时的依恋感。而要达到这"三感"，光靠规范化的服务是很难达到的，只有在规范化的服务中适时、恰当地提供个性化服务，客人才能真正体味到"宾至如归"。

（一）个性化服务的要求

随着酒店业的进步与发展，个性化服务已经成为一种趋势。由它所产生的客人与酒店间的亲和力是酒店增强市场竞争力的有力法宝。由于个性化服务的灵活性大，这就要求服务员在个人服务意识和职业素养上具备以下要求：

1. 了解酒店的规范化程序和操作规程

规范化的服务程序是个性化服务的基础，它可以反映出酒店的整体服务水平和特色。个性化服务是规范化服务的延续和补充。不仅如此，在实施个性化服务时，为满足客人的一些特殊要求，所提供的服务往往会超出酒店职能部门的界限，通过对各部门的统一协调来为客人提供服务。所以，服务的执行者——服务员，就必须熟悉和了解酒店各部门的操作规程。必要时应打破部门的局限，为客人提供及时的服务。

2. 具有服务超前意识

"想客人之所想，急客人之所急"。是提供优质服务的一个基本点。但在个性化服务时，服务人员应加入一些超前意识才能更加完美。例如：在客人有客到访时，房间内人数为 5 个人；这时，值台的服务员应主动加入三套茶具供客人使用，同时还应征求客人意见，是否需要其他的服务。

3. 尽快减少与客人的陌生感

作为身处异乡的人，最担心的就是来到陌生的地方。所以，在接到客人入住的信息后，服务员要尽快地熟悉客人的个人资料、生活习惯。这样，才能为客人提供灵活的服务，拉近与客人的距离，为他们创造一个真正的"家外之家"。

4. 要保持持续性

不论是以天数，还是以客人入住的次数来记录，只要是相同的客人，对其所提供的个性化服务都应该是有持续性的。即客人上次或前一天所享受的最满意的服务是怎样的，这次为其服务时还应是怎样。小到一杯咖啡放几块方糖，大到入住房间的摆设、楼层、房号，都应该与前一次客人入住时最满意的服务为基础。这样就可以减少客人对酒店的陌生感、吸引更多的回头客。这就要求服务人员在服务时，要有敏锐的洞察力。同时，还要对客人的特殊服务进行记录，制定出详细的客史档案。这也是实施个性化服务的重要环节。

因此，在实施个性化服务的过程中，服务员应时刻保持最佳的精神状态，了解客人的需求，尤其是针对回头客进行持续性的个性化服务，是酒店知名度和美誉度在社会公众中不断提高的有力保证。

（二）个性化服务的内容

个性化服务通常体现为服务员的主动性、发自内心的与客人之间的情感交流，以及设身处地揣摩客人的心情。它的内容很广泛，要体现其内容首先要了解它与规范化服务的关系。规范化服务就是按照标准运作，以有序的服务来满足各种常规的需要。但酒店业竞争激烈，只有规范化服务是远远不够的，还需要突出个性化服务。这个层次的服务有很多称谓，如灵活服务、意外服务、用心服务、亲情服务、创新服务、特色服务、超值服务、贴心服务、细微服务等。尽管称谓不同，但服务宗旨都一样：就是满足客人的某些特殊要求，打动客人的心，吸引客人。真正让客人"乘兴而来，满意而归"。

1. 灵活服务

这是最基本的个性服务。简单地说，不管是否有相应的规范，只要客人提出要求，就尽最大可能去满足他们。大多数灵活服务的技术技能要求并不高，但却最不可捉摸、不可预测。因此，它要求员工具备积极主动为客人服务的意识，做到心诚、眼尖、口灵、脚勤、手快。

2. 突发服务

这并不是客人原有的需求，但由于客人在酒店消费过程中发生了急需解决的问题，需要酒店帮助。如果此时服务准确到位，效果就会事半功倍，客人将永远难忘。

3. 针对性服务

针对性服务并不一定是很高档的，凡是满足客人心理需要的任何个性服务都能提高酒店的价值。这就要求服务员有强烈的服务意识，应该站在客人立场上看问题，使服务做得更加到位准确。

4. 延伸服务

客人临时遇到一些困难，试探性地向酒店提出要求。客人知道这些超出酒店的服务范围，酒店不提供或婉言谢绝他们亦可接受。但若满足了客人的需求，则会使客人感到惊喜，对酒店大加赞誉。作为酒店来讲，为增加产品附加值也可以主动延长产品线。这样做虽然会增加成本开支，但能赢得客人的心。

5. 细微服务

作为服务人员，天天在讲"服务无止境"、"金钱有限，服务无限"——细想起来，所有这些"无限"都体现在一些细节上。细节出口碑，细节出真情，细节出效益，细节是酒店制胜的法宝。因为，正是一些细节的服务，让客人感动，提高了对酒店的认可度，从而扩大了酒店的客源市场，促进了酒店的发展。

【案例分析】

荞麦枕头

2001 年夏天，一位军队高级将领下榻福建沿海某一城市的一家四星级酒店。酒店领导自然十分重视，公关销售部更是费心搜集这位 VIP 客人的个性消费资料。

当随行秘书提出酒店是否有荞麦枕头时，酒店客房部经理小王不免暗暗吃惊。据他所知山东人有睡荞麦枕头的习惯，而福建根本没有这种枕头。怎么办？小王急忙向总经理汇报此事。酒店总经理想起当地一家酒店用品公司，也许该公司见多识广，了解货源渠道，就急忙与该公司总经理联系。事也凑巧，该公司老总正在北方出差，就答应立即捎上两个荞麦枕头回福建。当这位将领的床上摆放着荞麦枕头时，也许他还以为是办事周到的秘书特意为他带来的呢。事后，几位管理人员试用了这种枕头，发现这种枕头虽然硬实而且沉甸甸的，但头部枕靠在上面确实服帖而且不轻易移位，感觉十分好。于是又少量地进了一批这种枕头，与软枕头搭配，先在几个楼层试用。经征求许多客人意见，都反映良好，他们决定将继续购进一批投放到客房里。

【评析】

某高级将领爱睡荞麦枕头，是个性化需求。个性化消费行为，看似个别人生活习惯使然，其实往往包含有合理成分和可取之处。把这种少数人的喜好产品推而广之，可能会受到更多人的欢迎和接受而成为一种具有满足共性需要的时尚特色产品或服务。本案例中的这一家酒店关注客人消费喜好的细枝末节，在不起眼的一个枕头上费尽心机，由满足个性化需要推演为提供一种特色产品，其用心经营的态度确实值得同行学习。

酒店竞争光靠拼价格不是高明之举。非价格竞争中的产品差异化竞争应成为一种重要手段。人无我有，则胜人一筹。这个"有"未必是大的产品，像客房里床上软硬枕头相配、客房卫生间易耗品托盘上多了个牙签袋、每日一换的晚安卡上注明第二天的天气预报等"小产品"，别人家没有，而你有，都将给客人以刺激、以惊喜、以记忆！经过你匠心独运的情感震撼之后的客人还怕不成为你的回头客吗？

摘自职业餐饮网

从以上服务实例中，可以深刻体会到细节服务的真谛：一是服务创新无止境，尤其是细节服务，只要广大员工善于学习、勤于探索、细心观察，类似的细节服务一定可以源源不断地被创造发明出来；二是细节服务来源于广大基层员工，细节服务的原动力来自于员工对客人真挚的关心和奉献，来自于"全心全意为客人服务"的精神；三是细节服务是酒店克敌制胜的法宝，要想在竞争中立于不败之地，就必须深挖细节服务，在客人的惊喜和感动中，培养忠诚客户，培育客源市场。

四、建立优质服务的新思维

俗话说："观念决定行动，思路决定门路"。一个理念的定位差异，将会产生截然不同的结果。所以，酒店要想真正改善服务状况，提升服务价值，就必须有正确的优质服务思路。

1. 充分读懂客人的心

酒店的优质服务首先必须做到充满人性化。具体要求是：

（1）给客人一份亲情。酒店必须做到用心服务，细心观察客人的举动，耐心倾听客人的要求，真心提供真诚的服务，注意服务过程中的感情交流，并创造轻松自然的氛围，使客人感到服务人员的每一个微笑、每一声问候、每一次服务都是发自肺腑的，真正体现一种独特的关注。

（2）给客人一份理解。由于客人的特殊心态和酒店的特定环境，客人往往会有一些自以为是、唯我独尊等行为，犯一些大惊小怪、无理指责等错误。对此，酒店应该给客人充分的理解与包容。

（3）给客人一份自豪。"给足面子，挣足票子。"这是时下最流行的话语，也可谓是酒店的生财之道。只有让客人感到有面子，他才会听从你的"调遣"；只有让客人感到愉悦，他才会常到酒店消费。所以，作为酒店的员工，必须懂得欣赏客人的"表演"，让客人找到自我的感觉和当"领导"的快乐。

2. 充分理解客人的需求

客人的需求具有多样性和多变性，但作为消费者，必然有其共同的需求。酒店的服务要打动客人的心，其前提是必须满足客人的共同需求。按照服务营销理论，低成本、有品位、高品质是酒店客人的共同追求，即客人总是希望以尽量低的代价换取自己所需要的服务。低成本，即酒店提供的服务必须充分考虑客人的支出，使客人感觉物有所值，甚至超值。有品位，即酒店提供的服务不能有失客人的身份，而应凸显和提升客人的身份和地位。高质量，即酒店提供的服务应使客人有舒适和舒心之感。酒店的服务必须科学化。科学化主要体现在酒店有形设施的数据化、无形服务的有形化，做到服务过程的程序化、服务行为的规范化、服务管理的制度化、服务结果的标准化。对此，酒店首先应正确认知客人的需求，并能正确认知客人评价服务的因素。酒店应明确提供给客人的核心服务、相关服务和辅助服务的内涵，并把握好每个层次质和量的要求。如酒店客房的核心服务是给予客人安全、宁静、舒适、温馨的住宿设施与环境，那么酒店就必须在以上4个关键点上力求完美。其次，把认知客人需求转化为服务质量规范。即对各个服务环节分析、规范、量化后，以制度的形式确立下来，变无形为有形，使无形的服务变得有章可循、有律可评。如对员工的进房次数及时机、整房的程序和要求、客房的大小、光线的明暗、温度的高低、客房的水温水流、客用消耗品、棉织品、电视机、电话机振铃声的音量等做出质和量的规定，就能使"安全、宁静、舒适、温馨"变得可衡量。再次，服务人员能够把服务规范演化成优质的具体服务。这就要求服务质量规范本身是科学合理的，同时要求服务人员训练有素。

3. 努力超越客人的期望

要打动消费者的心，仅有满意是不够的，还必须让消费者惊喜。现代营销理论告诉我们：满意是指客人对酒店产品实际感知的结果与其期望值相当时，形成的愉悦感觉；惊喜则是当客人对产品实际感知的结果大于其期望值时，形成的意料之外的愉悦感觉。只有当客人有惊喜之感时，客人才能真正动心。为此，酒店的优质服务应超越客人的期望，即酒店提供的服务是出乎客人意料或从未体验过的。根据美国心理学家赫茨伯格的双因素理论：激励因素能激发人的积极性。超常性服务就是一种激励因素，它能激发客人的亲情感和自豪感，能使客人感觉到下榻该酒店备受尊重和关照，从而愿意成为酒店的忠诚客人。

要超越客人的期望，关键是酒店的服务必须做到个性化和超常化，并努力做好延伸服务。超常化，就是要打破常规，标新立异，别出心裁，推陈出新，让客人有一种前所未有、意想不到的感觉和经历。超常化的服务，既可以是其他酒店所没有的、客人所没有想到的服务，也可以是与众不同的独特服务。如一束鲜花、一张服务员淳朴的问候卡、一封热情洋溢的欢迎信、一件独特的纪念品等。延伸服务，即把服务延伸至酒店常规业务之外，使客人共享酒店的有关资源，真正实现双赢的伙伴关系。如一位商务客人因业务关系需联络政府某部门，但由于初来乍到，人地两生，有一定困难。此时酒店凭借自己的业务关系网，主动帮助联络安排，使其心想事成。这些并非酒店的分内服务必然会使客人动情，进而对酒店产生忠诚。

当然，要超越客人的期望，酒店的宣传及广告必须适度。既应展示酒店的服务特色和优势，令客人向往并吸引他们光临；又应忠于客观实际，不能过度浮夸，以免造成客人的过高期望。

4. 努力实现酒店的服务目标

固然，优质服务是对客人而言的，但如果优质服务不能产生优良效益，那对酒店而言则不能算是优质的。因为客人满意并不是服务的最终目的，它是酒店获取良好效益的途径与手段。所以，酒店的服务目标应该是在客人满意最大化的前提下，达到企业利益的最大化。优质服务必须达到"双满意"。酒店经营者乃至普通员工均须铭记基本的使命：为客人创造价值，为企业创造效益。千好万好，酒店最终不能赢利就是不好。尽管你的服务非常到位，客人也非常满意，但由于服务成本过高而导致入不敷出，这种服务显然是不能持久的，最终必将以失败而告终。

提高酒店服务价值的基本途径主要有：

（1）功能不变，降低费用以提高服务价值。

（2）功能大大提高，费用适当增加，服务价值提高。如酒店增加午后进房服务项目，以提高客房的舒适度。

（3）功能提高，费用不变，以提高服务价值。如有效利用员工的工作时间，在不增加人力的情况下，改进服务程序和方式，增加服务项目。

（4）功能适当降低，费用大大下降，服务价值提高。如对只有极个别客人需要或一年中只有几天使用的项目加以重新组合，达到功能性兼容。

（5）功能提高，费用降低，以大大提高服务价值。如楼层服务台改为客房服务中心，降低了人力成本。

奉献打动客人心的服务是酒店发展的大势所趋，更是酒店创新、不断发展的原动力和不倦追求的目标。当然，在不同的时期和不同性质、档次的酒店会有不同的要求和表现形式。

五、把服务真正做到位

人们常常把服务是否到位，作为衡量服务水平高低的尺度。认为只要服务到位，就基本上算是好的服务。然而在现实中，客人对一些所谓到位的服务并不买账，认为并没有特别舒服的感觉；相反还有不满意见出现，甚至投诉。于是，酒店对服务的认识陷入迷茫。如为了美观或操作方便，台灯放在客人右手边，不符合多数客人的习惯；客房的席梦思不是太硬、太软，就是太长、太短……"服务到位"其实包括两层含义：一是服务者的工作到位，即服务人员按时、按质、按量完成了酒店规定的服务规范动作；二是为顾客服务的到位，即服务人员及时、准确地完成了客人提出的超过服务规范之外的个性化服务。通常情况下，前者都做得比较好，后者却有所欠缺，使客人对整体服务产生了不到位的感觉。造成这些情况的原因其实很简单，就是没有领会"到位"的真正含义。如何才能使服务真正到位呢？

1. 检测服务规范的有效性

在对客服务中，有时会出现被动服务的情况。也就是说等客人提出要求时，才发现客人需要帮助。这就要求服务员在工作中不断提高自身的洞察力，多了解客人的动态，留心观察每位客人的言行举止，争取做到主动服务、提前服务。当观察到客人有疑惑时，要积极主动地问候客人。注意语调温和、吐字清晰，让客人感觉到你是真诚地想帮助他，从而缩短与客人的距离，让客人有种亲切感。即使客人不需要帮助，它也会被你的热情服务所感染。只要以朋友的身份来对待每一位客人，一定会有所收获，甚至得到客人的好评。如果发生服务不到位的情况，服务员要迅速改正，把由于服务没能到位造成的影响减少到最小。作为服务员，应时刻站在客人的立场上，所以服务员必须牢固树立"客人永远是对的"的观念。这样，即使有些客人提出个别特殊的不合理的要求，也可以通过员工的努力赢得客人的理解和认同。

"换位思考"是提供到位服务的前提。即在为客人服务之前，让员工站在顾客的角度，对服务产品进行模拟体验消费，并根据感受对产品进行改正和完善后，再正式提交客人使用。如试一下客房中床的舒适度、检测一下书桌上台灯的位置等。如果连员工都感觉不舒服，客人肯定也不会舒服。一个不受到客人肯定的服务，即使做得非常到位，效果也是不明显的。

2. 提供恰到好处的服务

酒店要不断改进服务方式、提高服务艺术，不仅做好显性服务，更要做好隐性服务。服务恰到好处的衡量标准，是服务人员的服务是否到位；而到位的基础，是将合适的人放到合适的岗位。一些酒店倾向于使用年轻人，认为他们动感活泼、青春靓丽，客人容易接受。其实，酒店可以根据工种的不同，选择各个年龄段的人。在客房服务中，某些酒店习惯用身强力壮，但经验一般的年轻人。但是客房服务质量与经验是成正比的，年龄稍大一点的服务员有更多更好的服务经验。

六、不断提高服务语言艺术

讲究语言技巧、注意使用礼貌用语是做好服务工作的关键之一。酒店在拥有完善配套的设施设备基础上，努力提高员工的综合素质，尤其要注意提高服务人员的语言表达技巧和能力。只有这样，才可能吸引更多客源，成为市场竞争的赢家。

语言是人与人之间沟通的工具，服务语言是酒店与客人之间联系的纽带。在服务过程中，服务人员是靠语言来向客人传递相关信息的，信息传递的效果会直接影响服务质量和客人的满意度。在酒店的服务过程中，尤其是在进行面对面服务时，服务人员的语言表达技巧往往比说话的内容更引人注意，服务人员的每个语言暗示时刻都在左右和诱导着消费者的信心。有时同一句话用不同的方式表达出来，不仅效果大相径庭，而且还会起到意想不到的效果。

【案例分析】

两 种 说 法

夏日炎炎，常有客人买西瓜回房间享用。瓜皮、瓜汁极易沾染、弄脏地毯和棉织品，形成难以清除的污渍。服务员 A 对客人说道：“先生，对不起，您不能在房内吃西瓜，会弄脏地毯的，请您去餐厅吧！”客人很不高兴地答道：“你怎么知道我会弄脏地毯，我就喜欢在房间吃。”服务员 A 再次向客人解释：“实在对不起，您不能在房间里吃瓜。”客人生气地说：“房间是我的，不用你教训。酒店多的是，我马上就退房。”说罢愤然而去。

同样场景下，服务员 B 是这样处理的：“先生，您好！在房间里吃瓜容易弄脏您的居住环境，我们让餐厅为您切好瓜，请您在餐桌旁吃，好吗？”客人答道：“餐厅太麻烦了，我不会弄脏房间的。”B 又建议道：“要么我们把西瓜切好，送到您房间，省得您自己动手好吗？”客人点点头，说道：“那就谢谢小姐了。"

摘自蔡万坤：《新编酒店客房管理》

语言是表达思想感情的工具，要想做好服务工作，还要以客人利益为中心来考虑问题和提出解决问题的方法。同样是客人在房间享用西瓜的问题，却有两种不同的结果。两位员工的语言可谓"小同大异"，两者都注意使用了礼貌用语（您、请……），意图基本上一致，都提出了解决办法。但两者的实际效果是天壤之别：服务员 A 令客人愤愤而去，扬言转换酒店；而服务员 B 却使客人欣然接受了劝阻，并感受到了酒店细致入微的服务。究其原因，在语言的表达中存在以下两个主要的区别：

（1）考虑问题的出发点不同。服务员 A 从客人在房间吃西瓜对酒店不利的角度来解释原因，使客人认为酒店只为自身着想，并不在乎客人的感受。而服务员 B 表达出为客人的居住环境、为客人的利益考虑，服务就显得热情亲切。

（2）使用的方式不同，服务员 A 采用直截了当的方法，明确地告诉客人"不能"，似乎毫无商量余地，使客人有了受强制之感。服务员 B 却很委婉，且显露出关切之情。在客人固执己见的情况下，B 能灵活地做出合理让步。不仅照顾了客人的面子，满足了他的要求，也维护了酒店的利益。

七、及时收集顾客意见

顾客意见信息的有效获取，对于旅游酒店提高自身的管理与服务水平，满足并超越顾客需求，从而达到顾客满意的经营目标具有重要的现实意义。征求客人对服务质量的意见是改善客房服务质量的重要途径。

顾客意见信息主要包括顾客需求信息与顾客满意度信息两个大的方面。顾客意见信息的收集工作是客房服务质量管理工作的起点与终点，其职能表现在：第一，科学、全面、客观地了解顾客的需求与期望，以使酒店能够据此制定切合顾客需求的服务政策、服务程序与服务标准；第二，衡量服务的具体执行情况是否令顾客满意，以使酒店根据衡量工作得来的具体信息作出相应的反应（如必要的奖惩及有针对性的培训等）。

顾客意见信息的收集，一般可以通过以下途径进行。

1. 顾客意见调查表

顾客意见调查表是被酒店广泛采用的一种获得信息的方式。其具体做法是将设计好具体问题的意见征求表格放置于客房内，由客人自行填写，酒店定期收集汇总。

此种调查方式的好处在于：

（1）信息的提供完全由顾客自愿进行，是对顾客打扰最少的一种调查方式。

（2）信息收集的范围广泛，几乎所有的客人皆可容易地取到此表。

（3）所有信息是顾客在没有任何酒店工作人员在场的情况下提供，客观性比较强。

（4）放置于客房内的意见调查表往往列明了整个酒店主要的服务项目，获取的信息量比较大。

此种调查方式的缺陷在于：

（1）顾客对此种方式司空见惯，习以为常，再加之某些酒店对待顾客意见的态度消极，从而使顾客提供意见的热情大大减小。

（2）信息获取的深度不够。由于顾客大多只能在调查表上画几个勾或叉，往往很难进一步了解顾客的感受与想法。

（3）对于部分信息尤其是涉及服务过程（如态度）的信息，由于顾客往往没有直接给出具体的服务人员姓名或由于服务行为已成"过去时"，故而核实的难度比较大。

（4）调查信息的准确性及收集的频率易受客人情绪的影响，如顾客倾向于在特别不满或特别满意时才填写意见调查表。

2. 电话拜访调查

电话调查可以单独使用，也可以结合销售电话同时使用，或因为要了解或澄清一项特别的事情而使用。有些电话调查是根据设计好的问题而进行的，有些电话调查的自由度与随意性比较大，如公关部经理打给老顾客的拜访电话。

电话拜访调查法的好处是：

（1）如果时间允许而且顾客与酒店关系较好时，可以与顾客谈到深层次的问题，更详细地了解顾客的想法。

（2）效率比较高，节省调查费用。

此种调查方法的缺陷是：

（1）对客人的打扰比较大，有些顾客可能不愿意回答调查者的问题。

（2）调查的准确性受调查者的主观愿望与素质的影响大，对调查者的能力要求较高。

（3）由于只能凭声音沟通，有时会误解对方的意思，或对对方的表述理解不深。

3. 现场访问

现场访问是获得顾客意见的一种最重要的调查方法，其做法是抓住与顾客会面的短暂机会尽可能多地获取顾客的意见。客房部经理定期或不定期的拜访住店客人，可以及时发现客房服务中存在的问题，了解客人需求，增进与客人的感情交流。例如：对 VIP 客人在迎来送往中的现场访问；对特殊敏感人群的现场访问（有些顾客对酒店服务质量的重视与热心程度可能不亚于酒店自身，而且信息来源比较广，具有代表性，如会议的组织者、旅游团导游等。对这类特殊敏感人群的现场访问是必要而且重要的）；客房部经理每日选择几间客房带上名片、鲜花对住客进行拜访，同时对回答问题的顾客给予一定的纪念品或折扣上的优惠。

其优点在于：

（1）现场访问就发生在服务与消费的现场，顾客对服务产品的印象还十分鲜活、深刻，往往能提出一些平时被忽略但又十分重要的细节问题。

（2）现场访问是与顾客建立长期关系、维持顾客忠诚的一个重要方法，尤其是在顾客感到受到特别的礼遇或顾客反映的问题被很好地解决时。

当然，现场访问也有一定的难度与弊端：

（1）收集到的信息不易保存。若没有一套科学的信息收集系统，很可能随着访问人的遗忘而消失得无影无踪。

（2）现场访问掌握得好，是一种沟通感情的方法；若掌握得不好，则无疑是一种打扰。因此，一定要掌握好一个"度"的问题，要注意区分时间、场合、气氛、对象是否适合进行现场访问，同时，还要注意访问的方式、方法。

（3）现场访问由于是面对面地进行，往往会因为客人有某些顾忌而不能全面、深刻地展开调查。

（4）现场访问往往需要由一定层次的管理人员亲自出面进行。这无疑对做现场访问人员的综合素质提出了更高的要求。

八、提倡无干扰服务

所谓无干扰服务，就是指在顾客不需要的时候感受不到，需要的时候招之即来的服务。

在酒店中，百分之百的规范服务并不能换取百分之百的客人百分之百的满意。这是因为服务需求的随意性很大，尽管服务员已尽心尽责，但客人会因其自尊、情绪、个人癖好、意外情况、即时需求等原因提出服务规范以外的各种要求。这也说明，标准化的规范是死的，而人的需求是活的。酒店服务必须满足客人形形色色的需求，才能更上一个新的台阶。就客人的需求而言，客人的各种各样的需求中本身就包括"无需求"这种需求，对这种"无需求"的需求提供的服务就是无干扰服务。酒店业倡导无干扰服务的意义在于满足客人的"无需求"这种需求，使酒店的服务达到尽善尽美。在酒店中，如果说规范服务是一种程式的话，那么服务员在具体执行过程中对热情的"度"的把握也就显得特别重要。热情不够会显得怠慢客人，但是热情过度又容易给客人造成拘谨和压抑的感觉。造成客人拘谨和压抑感的另一个方面是规范服务本身过于规范化、程式化。服务员不顾客人的需求，提供客人不需要的服务，机械有余，灵活不够。在客人"无需求"的情况下，服务员提供的服务不管是热情过头的规范服务，还是灵活不够的规范服务，只能说是服务员把自己的意志强加在客人身上，是对客人的一种干扰。因此，无论是在酒店管理理论中，还是在酒店的具体实践中，建立无干扰服务的概念，树立相应的服务意识有着十分重要的意义。

如何把握客人的这种需求，适时地提供无干扰服务，其实是酒店规范服务中"度"的把握问题：服务不到位显得怠慢客人；如果过"度"，又容易给客人以拘谨和压抑的感觉。再者，客人什么时候需要服务，什么时候不需要服务，是一个"时机"的把握问题。如何掌握这个"度"和"时机"，应该说是一门服务的艺术。当然，酒店实行无干扰服务必须以服务的规范化、标准化为基础。如果在缺乏基础的前提下去奢谈无干扰服务，那只能是舍本求末、缘木求鱼。无干扰服务不需要增加任何成本，无干扰服务的倡导只是强化一种服务的意识，并没有增加任何真正意义上的服务内容。因此，在以客人的需求为导向的今天，酒店树立无干扰服务的意识，实行无干扰服务，有十分现实的意义。

【本章小结】

要为宾客提供优质的客房服务，首先需要培养服务人员的服务意识，分析宾客的类型与特点，了解客人对客房服务的要求；其次，掌握各项对客服务的规范和要点；最后加强对服务质量的控制，站在客人的角度，了解客人的需求，在进行规范性服务的同时，有效提供个性化的服务是提高客房服务质量的关键。

【案例分析】

我要红茶

一位来自台湾的客人入住杭州市某酒店，进入房间后，泡了一杯茶。由于他喜欢喝浓茶，就用两袋茶叶泡了一杯茶，然后便靠在床上边喝茶边看电视。茶冲过几次后，味道变淡了，他又用剩下的两袋茶叶重新泡了一杯。当他发现茶味又不够想再泡一杯时，茶叶已经没有了。于是，他打电话到楼层服务台，要求再送一些茶叶。服务员小李很快就拿了几包同样的茶叶送到房间。没想到，客人大为不满："我不要绿茶，我要红茶！"小李很委屈，一脸茫然："明明我送的茶叶与房间里的一模一样，而且你在电话里也并没有说只要红茶呀！"

摘自《职业餐饮网》

请问：如果你是当时的小李，你会以什么样的方式，在既不伤害客人面子，又能打破尴尬局面的前提下，完成接下来的服务？

【实训项目】

选择一家二星级以上的饭店，调查该饭店所制定的对客服务质量管理办法。

【思考与练习】

1. 提高饭店客房服务质量的途径有哪些？
2. 你如何理解"客人永远是对的"这句话的真正含义？
3. 怎样在客房服务中实施无干扰服务？

第十章 贵宾（VIP）接待服务

【本章导读】

VIP，是英文单位"Very Important Person"的缩写，意思是非常重要、尊重的客人。VIP（贵宾）接待不仅是旅游酒店的一项重要内容，也是树立酒店品牌形象的关键举措。

【学习目标】

1. 明确贵宾（VIP）接待的意义和作用。

2. 了解贵宾（VIP）服务的特点和要求。

3. 掌握贵宾（VIP）服务的程序及要点。

【关键概念】

贵宾接待 素质要求

一、分类

VIP客人按职务、身份的不同，将其分为三个等级：

（一）第一级贵宾

（1）国内外有影响的政治家、政府官员；

（2）国际上有影响的人士或对酒店的经营与发展有重要影响人士。

（二）第二级贵宾

（1）副省（部）以上政府官员或领导；

（2）国家旅游局正局级以上领导；

（3）国内外著名企业、集团、酒店、旅行社总裁；

（4）国内外文化界、艺术界、教育界、体育界知名人士及社会名流；

（5）对酒店的经营与发展有重要贡献或影响的人士。

（三）第三级贵宾

（1）厅（局）级以下政府官员或领导；

（2）各地企业界、金融界、新闻界人士及社会名流；

（3）国家副局领导、国家旅游局正处级领导、省旅游局副局级领导；

（4）星级酒店、旅行社总经理、副总经理等旅游业人士；

（5）对酒店经营与发展有较重要影响的人士。

二、贵宾（VIP）的接待

酒店的贵宾（VIP）接待与日常的服务接待相比，在规格上，在接待整个过程中必须有更严谨的程序。其接待分为：

（一）接待前的准备

（1）接到 VIP 客人入住通知，必须先填写《VIP 接待通知单》（见表 10-1），经总经理审批后分送各个部门，使各个部门提前做好接待准备。

（2）客房服务中心接到贵宾接待通知后，应熟悉有关内容，了解贵宾的姓名、职务、单位、生活习惯与爱好、随行人员、抵离店时间及贵宾等级。并及时通知相关楼层，做好准备工作。

（3）贵宾抵店前 4 小时（最迟 2 小时），客房部须按照《贵宾接待通知单》的要求完成对贵宾房间的准备，协助花房服务员、房内用膳服务员将增放的物品放入房间。

（4）贵宾抵店前 2 小时（最迟 1 小时），领班进行严格检查，发现问题，立即纠正。

（5）贵宾抵店前半小时，总经理根据贵宾接待服务的各项准备工作进行检查。

表 10-1　　　　　　　　　　贵宾（VIP）接待通知单

房号：		国籍：
姓名：		身份：
抵店时间：　　年　月　日　时　分		离店时间：　　年　月　日　时　分
接待单位：		联系人：
部门主要接待人：		日程安排：
接待方要求：		
客人生活习惯：		
备注：		

（二）贵宾接待服务程序

1. 总经理

（1）对呈报的《贵宾申请单》迅速做出回复，确定贵宾等级和接待规格、标准。

（2）详细审批或拟定接待方案。

（3）客人抵店时，到机场或带领部门经理到大堂迎接。

（4）客人离店时，到大堂或机场送行。

2. 销售部

（1）销售部将总经理批复的《贵宾申请单》留本部门存档备查，并迅速向各相关部门下发《贵宾接待通知单》，《贵宾接待通知单》必须注明贵宾等级、接待标准、抵离日期、时间及住店期间的日程安排，销售部联系人应与接待单位或贵宾助手保持密切联系，如有更改应立即通知有关部门，主动了解贵宾住店期间的宴请、会客和其他重要活动，详细询问对客房、餐厅、会场布置的要求。

（2）销售部负责贵宾抵离的迎送准备工作。

（3）美工须做好照相、摄像的准备工作。酒店大堂根据需要放欢迎牌。

（4）会议服务：根据预定单的要求将所需的工具、设备等准备好。

3. 前厅部

接到通知单后，在客人抵达酒店的前一至两天与销售部、客房部确定好房号，做好各项准备工作。

（1）贵宾抵达前，将住房卡和房间钥匙，并装入贵宾信封（房卡上加盖VIP印章）。

（2）贵宾抵店时不需在总台登记，请贵宾在《住店登记表》上签字即可。贵宾资料应精确地输入电脑。

（3）贵宾房号必须保密。贵宾的信件、传真等必须严格登记、专人收发。

（4）贵宾钥匙要仔细核对，经常检查。

（5）接待员、礼宾员、总机话务员应熟悉贵宾姓名，了解接待规格和要求。

（6）重要客人的行李由前厅部礼宾司（金钥匙）或礼宾部领班亲自运送或亲自指挥运送。

（7）如需去机场或车站接站，行李员应衣着整洁，提前到达。行李装车后，马上返回酒店。

（8）酒店部门迎候的礼宾员应戴白手套，并根据情况提前将旋转门打开，方便贵宾进入。

（9）贵宾行李到店时，应即刻挂上贵宾行李牌，马上送进客房。

（10）贵宾外出前，调好车辆在门口恭候。

（11）客人离店之日，应根据掌握的离店时间，派行李员在客房门口等候。运送行李要及时，要严格清点有无遗漏和破损。

（12）客人离店后，记录整个接待过程，并输入客史档案。

三、贵宾接待的注意事项

1. 及时传递信息

保持信息传递的畅通和及时，是做好 VIP 接待工作的一个重要环节。接待通知单，是客房部接待贵宾的主要信息来源和依据，接到通知单后，客房部应将通知单上的有关信息和需要采取措施传达给所有相关人员，以确保准备工作的完成。

2. 注意细节，精益求精

常言道："细节决定成败。"服务水平的高低、服务效果的好与坏，往往见于细节之中，因此，在接待贵宾的过程中，要特别注意细节，做到精益求精。比如：为贵宾客房选用新的印刷品、布草及其他用品；注意将电视调到客人的母语频道或是客人喜欢的频道；服务人员应充分了解客情：贵宾的姓名、国籍、职业、职务、年龄、禁忌、宗教信仰，并按其生活习惯提供个性化服务等。

3. 能用姓名或尊称称呼客人

接到贵宾通知单后，客房中心应将其放在醒目的位置，贵宾的姓名和房号写在客房部、洗衣房办公室以及楼层工作间的告示板上（也可采用显示电话，在显示房号的同时显示客人的性别、姓名等），以帮助部门员工记住有关信息，从而确保各部门员工在与客人服务的过程中准确、无误地叫出客人的姓名或尊称。

4. 提供无干扰服务

客房部在工作中常出现因过多地关心客人或过度的热情而造成对客人的打扰。

由于是重要客人，而这些客人一般晚上应酬多，早晨起床可能会相对迟一些，如果楼层服务员按接待要求首先去清扫他们的房间，无疑会打扰客人。因此，除非确定客人已经离开房间，否则，清扫时间安排在 9：30 以后比较合适。

过多的检查也是一种打扰。按惯例，VIP 客房每天指示要做 3 次清洁，即早晨的清洁、下午的小整、晚上的夜床，主管和经理还要进行检查，除此之外，服务员还要送报、换水、补充饮料等，看起来是热情、周到的服务，却打扰了客人的休息或工作。因此，对 VIP 客房服务一定要掌握好时间、次数，把握好一个度，即提供无干扰服务。

5. VIP 服务人员素质要求

酒店要想做好贵宾（VIP）接待服务，除具备相应的设施、设备，制定完备的接待计划外，还必须有一批经验丰富、业务能力强且训练有素的服务人员。因此，作为贵宾（VIP）接待服务员，必须达到下列素质要求：

（1）要求具有丰富的饭店基础知识，并且具有较深的人生阅历和生活、工作经验；

（2）要求具有较广泛的个人兴趣和爱好，并且具有高雅的欣赏水准；

（3）要有快速反应能力和清晰准备的判断力；

（4）要善于表现和表达自己的个性、乐意与他人交往。

总之，贵宾（VIP）接待服务是酒店的一项重要工作，只有通过酒店上下一心、各部门通力合作、密切配合，才能确保万无一失，真正树立起酒店的品牌形象。

【本章小结】

贵宾（VIP）接待是酒店服务的一项重要内容，也是树立酒店品牌形象的重要举措，在整个接待过程中，不仅要有严格的接待程序，还必须有一批具有良好的专业素养和训练有素的专门的服务人员。

【思考与练习】

1. 贵宾（VIP）接待的关键是什么？
2. 分析贵宾（VIP）接待给酒店带来的相关利益。

【实践操作】

某日，××省旅游局副局长下榻某五星级酒店，请拟写一份详细的贵宾（VIP）接待程序表，以保证这次接待任务的圆满完成。

第十一章　客房物资管理与控制

【本章导读】

　　客房的物资是客房部员工赖以从事客房商品生产的物质条件和技术保证，是客人获得饭店产品使用价值的物质基础，是体现饭店等级水平和规格的重要方面。良好而有效的客房物资管理与控制，不仅能够提高服务质量，也是降低消耗，达到客房预期利润目标的重要途径和保证。

【学习目标】

　　1. 了解饭店客房物资的种类及概况

　　2. 熟悉饭店客房物资的选择

　　3. 掌握饭店客房物资的管理与控制方法

【关键概念】

　　客房布件　客房设备　客房用品

第一节　客房物资管理概述

一、客房物资管理的范围

　　客房的各种物资，如客房布件、客房设备、客房用品等是客房部员工赖以从事客房商品生产的物资条件和技术保证，是体现饭店等级水平和规格的重要方面。做好客房物资管理，不仅能提高服务质量，也是降低消耗的重要途径。客房物资管理的主要内容一般来说，大致包括：客房物资的选择与采购、使用与保养、储存与保管。对于客房部门来说，主要是做好设备用品的计划、使用控制和储存保管工作。

二、客房物资管理的要求

　　为了便于管理，客房的基本物资可分为两大类：一类是设备部分，属于企业的固定资产，如机器设备、家具设备等；另一类是用品部分，属于企业的低值易耗物料用品，如玻璃器皿、各种针棉织品、清洁用品、一次性消耗品等。这些客房物资的质量和配备的合理程度，装饰布置和管理的好坏，是客房商品质量的重要体现，是制定房价的重要依据。客房物资的管理应达到"4R"的管理要求：

1. 适时（Right Time）

在要用的时候，能够及时供应，保证服务的延续性和及时性。

2. 适质（Right Quality）

提供使用的客房物资的品质要符合饭店业的标准，能够满足客人的需要。

3. 适量（Right Quantity）

计划采购的客房物资数量要适当控制，确定合适的采购数量和采购次数，在确保适时性的同时，做到不囤积，避免资金积压。

4. 适价（Right Price）

以最合理的价格取得所需的客房物资。

三、客房物资的管理方法

饭店客房物资种类繁多，价值相差悬殊，必须采用科学的管理方法，做好管理工作。

（一）核定需要量

饭店客房物资的需要量是由业务部门根据经营状况和自身的特点提出计划，由饭店客房物资主管部门进行综合平衡后确定的。客房物资管理，首先必须科学合理地核定其需要量。

（二）设备的分类、编号及登记

为了避免各类物资之间互相混淆，便于统一管理，客房部要对每一件设备进行分类、编号和登记。客房部管理人员对采购供应部门所采购的设备必须严格审查。经过分类、编号后，需要建立设备台账和卡片，记下品种、规格、型号、数量、价值、位置，由哪个部门、班组负责等。

（三）分级归口管理

分级就是根据饭店内部管理体制，实行设备主管部门、使用部门、班组三级管理，每一级都有专人负责设备管理，都要建立设备账卡。归口是将某类设备归其使用部门管理，如客房的电器设备归楼层班组管理。几个部门、多个班组共同使用的某类设备，归到一个部门或班组，以它为主负责面上的管理，而由使用的各个部门、各个班组负责点上的使用保管、维护保养。

分级归口管理，有利于调动员工管理设备的积极性，有利于建立和完善责任制，切实把各类设备管理好。

（四）建立和完善岗位责任制

物资的分级管理，必须有严格明确的岗位责任作保证。岗位责任制的核心是责、权、利三者的结合。既要明确各部门、班组、个人使用设备用品的权利，更要明确他们用好、管理好各种物资的责任。责任定得愈明确，对物资的使用和管理愈有利，也就愈能更好地发挥设备用品的作用。

（五）客房用品的消耗定额管理

客房用品价值虽然较低，但品种多，用量大，不易控制，容易造成浪费，影响客房的经济效益。

实行客房用品的消耗定额管理，是指以一定时期内，为保证客房经营活动正常进行必须消耗的客房用品的数量标准为基础，将客房用品消耗数量定额落实到每个楼层，进行计划管理，用好客房用品，达到增收节支的目的。

第二节　客房设备管理

一、客房设备的分类和选择

（一）客房设备分类

客房设备主要包括家具、电器、洁具、安全装置及一些配套设施。

1. 家具

家具是人们日常生活中必不可少的主要生活用具。客房使用的家具主要有：卧床、床头柜、写字台、软坐椅、小圆桌、沙发、行李架、衣柜等。

2. 电器设备

客房内的主要电器设备有：

（1）照明灯具。客房内的照明灯具主要有门灯、顶灯、地灯、台灯、床头灯等。它们既是照明设备，又是房间的装饰品。

（2）电视机。电视机是客房的高级设备，可以丰富客人的生活。

（3）空调。空调是使房间保持适当温度和调换新鲜空气的设备。

（4）音响。供客人收听有关节目或欣赏音乐的设备。

（5）电冰箱。为了保证客人饮料供应，在客房内放置小冰箱，在冰箱内放置酒品饮料，方便客人随意饮用。

（6）电话。房间内一般设两架电话机，一架放在床头柜上，另一架装在卫生间，方便客人接听电话。

3. 卫生设备

卫生间的设备主要有：洗脸台、浴缸、座厕、毛巾架、镜子、灯具、垃圾桶等。

4. 安全装置

为了确保宾客安全，客房内一般都装有烟雾感应器，门上装有窥视镜和安全链，门后张贴安全指示图，标明客人现在的位置及安全通道的方向。楼道装有电视监控器，自动灭火器。安全门上装有昼夜照明指示灯。

（二）客房设备选择

选择客房设备，是为了选购技术上先进，经济上合理，适合饭店档次的最优设备，有利于提高工作效率和服务质量，满足宾客需求。每个饭店要根据自身的特点，确定客房设备的选择标准，这是进行客房设备管理的基础。

1. 客房设备选择的标准

（1）适应性。它是指客房设备要适应客人需要，适应饭店等级，与客房的格调一致，造型美观，款式新颖。

（2）方便性。它是指客房设备的使用方便灵活，简单易操作，同时易于维修保养、工作效率高的设备。

（3）节能性。它是指能源利用的性能。随着水、电能源的日益紧张，人们节能意识也逐渐加强。饭店用电、用水量都比较大，节水、节电成了大家比较关心的问题。在选择设备时，应该选择节能设备。

（4）安全性。安全是饭店客人的基本要求。在选择客房设备时要考虑是否具有安全可靠的特性和装有防止事故发生的各种装置，商家有无售后服务也是设备安全的重要保证。

（5）成套性。它是指各种设备的配套，以保持家具的一致性和外观的协调性。

（6）可发展性。为了配合新时代商务旅客对饭店服务的需要，饭店在选购设备时要综合考虑其设备的经济性和发展性。

以上是选择客房设备要考虑的主要因素，对于这些因素要统筹兼顾，全面权衡利弊。

2. 客房主要设备的选择

（1）家具的选择。家具必须实用、美观，构架结实、耐用和易于保养。家具的表面要耐火、耐高温、耐污染、防水、防划和防撞压。家具的拉手和铰链必须简单、坚固，使用时无噪音。

① 客房用床。客房用床的尺寸合适。床是饭店为客人提供休息和睡眠的主要设备，大多数的床包括弹簧、床垫和床架三个部分。弹簧使床具有弹性并提供支撑；床垫覆盖弹簧并加以衬料；弹簧和床垫都安放在床架上。一般来说，客房用床应有1.95米长，55~66厘米高，主要考虑客人的舒适程度和服务员的工作强度，使用时要舒适、安静无声。

② 床头柜。床头柜的高度要与床的高度相配套，通常在60~70厘米。床头柜上安装有客房内主要电器的开关，所以对质量要求很高。

③ 组合柜。要求抽屉不宜过多，否则客人容易遗忘东西。

④ 衣柜。深度以55~60厘米较为理想，宽度平均不小于60厘米，最好采

用拉门或折叠门。

（2）卫生间设备的选择。客房卫生间是客人盥洗空间，它的面积一般为4~7平方米，主要设备是浴缸、马桶和洗脸盆三大件。

① 浴缸。有铸铁搪瓷、铁板搪瓷和人造大理石等多种。以表面耐冲击、易清洁和保温性良好为最佳。浴缸按尺寸分大、中、小三种。一般饭店多采用中型的一种，高档饭店采用大型浴缸。浴缸底部要凹凸或光毛面相间的防滑措施。近年来，一些高档酒店的豪华客房选用了各种按摩、冲浪式浴缸。

② 马桶。尺寸一般为36厘米宽，72~76厘米长，前方需要有50~60厘米的空间，左右须有30~35厘米的空间。

③ 洗脸盆。有瓷质、铸铁搪瓷、铁板搪瓷和人造大理石等多种，使用最多的是瓷质。它具有美观且容易清洁的优点。

卫生间的三大件设备应在色泽、风格、材质、造型等方面相协调。

（3）地毯的选择。地毯主要有纯毛地毯、混纺地毯、化纤地毯和塑料地毯四种。不同种类的地毯有不同的特点。纯毛地毯好看、弹性强、耐用、便于清洁，但价格较高。混纺地毯具有纯毛地毯质感舒适的特点，价格又低于纯毛地毯。化纤地毯外表与触感均像羊毛地毯，阻燃、耐磨，且价格低廉。塑料地毯则质地柔软、耐用、耐水，可用水冲洗。

选用地毯要考虑以下因素：

① 与酒店的等级、客房的档次相一致，选择怎样的地毯与客房的位置、档次及预算等因素有关。

② 应体现装饰艺术效果，使客人进入房间有一种舒适、安宁、温暖的感受。

（4）清洁设备的选择

清洁设备的恰当选择不仅关系到客房的经济效益，而且是保证客房部清洁卫生工作顺利进行的一个基本条件。因为，不少清洁设备的投资比较大，使用的周期长，其选择的得当与否对于客房部的清洁保养能力和效果具有不可忽视的制约作用。每一家酒店都应根据自身的等级和规模以及清洁保养要求和经费预算等，做出购买设备或转让承包的决策。一旦需要购买，客房部管理者必须参与其间。

清洁设备的选择应注意遵循协调、实用、经济的原则，还应特别注意清洁设备的安全可靠性，如电压是否相符，绝缘性如何等。为了保证清洁效率、节约酒店资源，清洁设备还应具备操作方便、易于保养、使用寿命长、噪音小等特点。

二、客房设备的使用与保养

客房设备的使用，主要涉及员工与客人两方面。客房部要加强对职工的技术培训，提高他们的操作技术水平，懂得客房部设备的用途、性能、使用方法及保养方法。

（一）制定使用制度

包括设备使用操作规程、设备维护规程、操作人员岗位责任制、交接班制度、日常检查制度等。各项规程要落实到班组和个人，定机定人，使全体员工在制度的约束下，按规程操作、管好、用好、养好设备。

（二）加强人员培训

客房部要加强员工技术培训，提高员工操作技能，是指掌握楼层各类设备的用途、性能、使用及保养方法。同时，培养客房服务人员爱护设备的自觉性和责任心。服务员要及时准确地向客人介绍客房设备的使用方法，以避免客人不当或不会使用而造成设备损坏。如遇宾客损坏设备，要分清原因，适当索赔。

（三）制定保养制度

应就客房所有的设备制定保养条例，定期进行检查维护。如定期清洁空调网罩、家具上蜡、电话机消毒等。各种设备都应注意防潮、防锈、防腐蚀、防超负荷使用。存放在库房中的备用设备或维修、报废设备必须擦干净、摆放整齐，并有防护措施。

（四）做好相关记录

客房设备不能随意搬进搬出，搬动和更换都需要办理相关手续。所有需要出门维修的设备，即使是从客房部拿到工程部也要经过客房中心做好记录，填写维修单，同时要在原设备摆放处打上维修标志或以备用品补充，直到维修完毕放回原处。

（五）做好报废工作

设备的报废，首先由客房部提出申请，由工程部会同有关技术单位进行技术鉴定，确认符合设备报废条件后，填写设备报废鉴定书。价值较大的设备，经总经理批准，由设备管理部门对报废设备进行利用和处理，回收的残件做更新改造之用。同时注销设备资产，注销台账卡片，将设备报废的各项手续、凭证存入设备档案。

（六）更新改造

随着时间的推移和客人需求的变化，为了保持并扩大对客源市场的吸引力，确保饭店规格档次，饭店必须有计划地对客房设备进行更新改造，并对一些设备用品实行强制性淘汰。这种更新按期周期不同，可分为以下几种情况：

1. 常规修整

一般每年至少进行一次。其中包括：地毯、饰物的清洁；墙面的清洗和粉饰；家具的装饰油漆；窗帘、床罩的洗涤等。

2. 部分更新

客房使用 5 年左右，即应对部分设备进行更新。包括更换地毯、墙纸，更换沙发布、靠垫等装饰品，更换窗帘、床罩等。

3. 全面更新

一般 10 年左右要对客房设施进行一次全面装修，并对客房设备进行更新。其项目包括：衣柜、写字台的更新，床垫和床架的更新，椅子、床头板的更新，灯具、镜子、画框等装饰品的更新，地毯的更新，墙纸和油漆的更新，卫生间设备的更新（包括墙面和地面材料、灯具和水暖器件等）。

第三节　布件的管理

布件又称为布草、布巾和棉织品。在客房经营活动中，布件作为一种日常生活必需品提供给客人使用，同时，也用于客房装饰环境和烘托气氛等。

一、布件的分类和选择

（一）布件的分类

1. 按照用途分类

（1）客房布件，包括床上布件（枕套、床单等）以及卫生间布件（方巾、面巾、浴巾、地巾等）。

（2）餐厅布件，包括台布、餐巾、小毛巾等。

（3）装饰布件，包括窗帘、椅套、裙边等。

2. 按照质地分类

（1）棉织物，如客房的各种布件。

（2）麻织物，如餐厅台布、餐巾等。

（3）丝织物，如客房的装饰物或豪华客房的睡衣、睡袍等。

（4）混纺织物等，主要有棉麻混纺织物等和棉涤混纺织物。主要用于餐厅台布和餐巾的制作。

（二）床上布件的选择

床上布件主要指床单与枕套。一般情况下，饭店宜选用全白的床单与枕套（漂白或本白），这不仅是因为白色看起来清洁和舒适，还在于易于洗涤和保养。如果选用了有色高级布件，则应考虑到其使用成本的问题，包括洗涤剂的选用等。

1. 质量的要求

主要取决于以下因素：

（1）纤维质量。纺织纤维比较长，纺织出来的纱就比较均匀，强力高。织物漂亮、细腻、平滑、舒适。反映在使用上，即为耐洗、耐磨。

（2）纱的捻度。纱纺得紧一些，使用中不易起毛，强度也比较好。

（3）织物密度。密度高而经纬分布均匀的织物比较耐看。

（4）断裂强度。一般情况下，织物的密度较高则其强度就高。

（5）制作工艺。卷边要平整、够宽，针脚要直而密。缝线的牢度要够。

2. 规格尺寸

对于床单，即使是同一种类的，其尺寸也可能有所不同，因此，为了简化对布件的管理，提高工作效率，不少饭店都尽可能地减少床单不同的规格种类。下面是 4 种不同规格的床单的常用尺寸：

单人床单	1.6 米×2.44 米～1.82 米×2.64 米
双人床单	2.09 米×2.64 米
大号床单	2.29 米×2.79 米～2.29 米×2.92 米
特大号床单	1.6 米×2.44 米～2.74 米×2.92 米

如果可能的话，尽量不要选用太大的床单，这样不仅节省资金，而且方便铺床操作和洗涤保养。

（三）卫生间布件的选择

卫生间布件通常指的是卫生间的方巾、面巾、地巾、浴巾，由于它们基本上属于毛圈织物，故都可统称为毛巾。越高档的饭店所使用的毛巾越舒适越讲究。

1. 质量的要求

主要取决于以下因素：

（1）毛圈的数量和长度。毛圈多而长，则其柔软性好，吸水性佳；但毛圈太长容易被钩坏，一般控制在 3 毫米左右。

（2）织物密度。毛巾类织物是由地经纱、纬纱和毛经纱组成的，故纬纱愈密则毛圈抽丝的可能性也越小。

（3）原纱强度。地经纱要有足够的强度以经受拉扯变形，故常用股线；毛经纱是双根无捻纱，这就提高了其吸水性和耐用性能。

（4）毛巾边。毛巾边应牢固平整，每根纬纱都必须能包住边部的经纱；否则，边部易磨损和起毛。

（5）缝制工艺。要查看其折边、缝线和针脚等。

2. 规格尺寸

（1）方巾，可供选择的规格有：

20 厘米×20 厘米，26 厘米×26 厘米，

30.5 厘米×30.5 厘米，28 厘米×28 厘米，33 厘米×33 厘米

（2）面巾，可供选择的规格有：

32 厘米×76 厘米，34 厘米×78 厘米，32 厘米×92 厘米

（3）浴巾，可供选择的规格有：

51 厘米×102 厘米，56 厘米×112 厘米，61 厘米×122 厘米，

68 厘米×137 厘米，76 厘米×152 厘米，96 厘米×132 厘米

（4）地巾，又称为脚巾、脚垫，它主要用于卫生间地面，起清洁、防滑、保温、装饰作用，一般尺寸为：

40 厘米×70 厘米，50 厘米×70 厘米，50 厘米×80 厘米

二、布件的管理和控制

客房、餐厅及其他部门每天需要使用大量的布件，而客人对布件的质量要求很高，布件的内在质量和外观清洁程度直接影响到饭店的服务质量和规格。同时，由于饭店布件使用量大，容易损耗，搞好布件管理，从经济效益上看也十分重要。

（一）核定各布件的需要量

1. 需要考虑的要求

（1）能够满足饭店客房出租率达到 100%时的周转需求；

（2）能够满足饭店客房一天 24 小时营业运转的使用特点；

（3）能够适应洗衣房的工作制度对布件周转所造成的影响；

（4）适用饭店关于客用布件换洗的规定和要求；

（5）考虑到规定的布件调整和补充的周期及可能会发生的周转差额、损耗流失量等；

（6）最好能让洗熨出来的布件有一段搁架保养的时间。

2. 布件的需要量

一般来说，按酒店制定的布置规定将所有客房布置齐全，其需要的量就称之为一套。自设洗衣房的酒店要求配备 3~5 套。5 套中，一套在客房，一套在楼层布件房，一套在洗衣房，另外一套或两套在中心布件房，而在店外洗涤布件的饭店则还应多配置一套。

（二）确定布件的损耗率

损耗率指布件的磨损程度。饭店要求对破损或陈旧过时的布件进行更换，以保持饭店的规格和水准。

确定损耗率要考虑两点：

一是布件的洗涤寿命。不同质地的布件有着不同的洗涤寿命。

二是饭店的规格等级要求。不同规格等级的饭店对布件的损耗标准是不同的。

根据布件的洗涤寿命和饭店确定的损耗标准，可以计算出布件的损耗率。

例1：某饭店客房床单单间配备为3套，每套4张，床单每天更换1次，其洗涤寿命为250次，试确定该饭店床单的年度损耗率。

计算方法如下：

每张床单实际年洗涤次数：360天÷3天＝120次

每张床单的年度损耗率：250÷120次＝2.08年

年度损耗率为：1÷2.08＝48.1%

（三）确定客房布件的消耗定额

计算公式为：$A = B \times X \times F \times R$

其中，A为单项布件年度消耗定额，B为布件单房配备套数，X为客房数，F为预计的客房年平均出租率，R为单项布件年损耗率。

（四）布件的日常管理

1. 把好质量验收关

客房部管理者应对新购进的布件进行验收，仔细检查布件的品种、数量、规格、质地等，保证布件的质量符合客房要求。

2. 布件存放要定点定量

在用布件除在客房里的一套之外，楼层布件房应存放多少，工作车上要布置多少，中心布件房要存放多少，布件的摆放位置和格式怎样等，这些都应有一定的规矩。有了统一的规定，员工就有章可循。一般工作车放置一个班次的量，楼层布件房存放本楼层一天的量，中心布件房存放按客房数配备的每房一套或两套的总量。

3. 建立布件收发制度

目的是控制好布件的数量和质量，减少不必要的布件损耗。

部件数量的控制原则是送多少脏布件换回多少干净布件。客房布件收发一般有两种形式：一是布件收发员直接到各楼层收发布件；二是客房服务员到布件房送领布件。

4. 确立布件报废和再利用制度

对破损、有无法清除的污迹以及使用年限已满的布件，应定期分批报废。布件报废也有严格的审批手续：一般由中心布件房主管核对并填写"布件报废单"（见表11-1），洗衣主管审批。布件房收回旧的布件后，要视情况分别予以处理，凡能利用的就要加以利用。报废的布件可以改制成小床单、抹布、枕套、盘垫等。

表 11-1   **布件报废单**

品名：   规格：   填报人：   批准人：

报废原因	数量						报废总数
年限已到	床单	枕套	面巾	地巾	方巾	浴巾	
无法缝补							
无法去迹							
其他							
合计							

5. 控制员工使用布件

在日常工作中，要严格禁止员工使用各种布件，如用布件做抹布，或私自使用客用毛巾等，这样既造成了浪费，又使劳动纪律得不到保证。

6. 定期进行存货盘点

布件房应对布件进行分类，同时登记实物数量和金额，并设"在库"和"在用"科目，分别控制实物和楼面在用数量。在设立账卡的基础上，布件房要每月或每季度进行一次存货盘点。这个制度不仅是为了控制布件的数量，也是为了方便会计核算。在对布件盘点的基础上进行统计分析，能及时帮助客房部管理人员发现存在的问题，堵塞漏洞，改进管理工作。

第四节　客房用品的日常管理

客房用品，主要指低值易耗品，是供客人使用的生活必需品。在客房部的费用中，客用品的耗费占较大的比重，但其耗费的伸缩性也很大。这些客房用品的品种繁多，使用频率高，数量大，美观、实用，所以流失环节多。它们的日常管理是客房用品控制工作中最容易发生问题的一环，也是最重要的一环。

一、客房用品的分类

（一）按消耗形式分类

1. 一次性消耗物品

提供客人一次性使用消耗完成价值补偿或用作馈赠客人而供应的用品，也称供应品。

2. 多次性消耗物品

可供多批客人使用，价值补偿要在一个时期内逐渐完成，但不能让客人带走的客用品，也称客房备品。

（二）按供应形式分类

1. 客房供应品

客人可以带离饭店的东西，不同的饭店对客房供应品的范围有不同的规定。

2. 客房备品

放在客房或在客房内使用，一般不允许客人带走。

3. 客房租借物品

一般不放在房间内，放在房务中心，供客人临时需要时借用。

二、客用物品的配置的基本要求

（一）客房用品配置的内容

（1）客房在生活功能上所必需钧家具、设备、用品的布置，兼有装饰客房的作用。

（2）单纯起装饰作用的，如字画、工艺品、鲜花、古玩或文物复制品等。

（二）客房用品配置遵循的原则

1. 体现客房的礼遇规格

要从满足客人需要出发，使客房用品的"价"与"值"相符。

2. 广告推销作用

客房用品不仅可供客人使用，还是很好的宣传广告品。饭店应在客房用品上印制饭店的名称、标志、地址及电话等，以加深客人对饭店的印象和了解。

3. 客房设施设备的配套性

既要设施设备、用品的外观配套，包括外观、色彩、造型、质地的统一；又要某一用途的设备用品自身配套。

4. 摆放的协调性

各种设备和用品配套齐全后，应形成一个协调的整体，给客人以舒适和方便感。同一等级、面积和布局的客房的各种设备、用品必须位置固定，同时保持适当的距离和通道，既照顾客人的活动空间，又方便客人取用和服务员的工作。

三、控制流失

（一）建立客房用品领班责任制

各种物资用品的使用主要是在楼层进行的，因此，对客用品使用的好坏及定额标准的掌握，关键在领班。各楼层应配备专人负责楼层物资用品的领用、保管、发放、汇总以及分析的工作。

（二）控制日常客房用品消耗量

客房用品的流失主要是员工造成的。比如有些员工在清洁整理房间时图省事，将一些客人未使用过的消耗品当垃圾扔掉，因此领班做好员工的思想工作，通过现场指挥和督导，是减少客用品浪费和损坏的重要环节。同时，还要为员工创造不需要使用客房用品的必要条件。

客房用品的发放应根据楼层小库房的配备定额明确一个周期和时间。这不仅方便中心库房的工作，也是促使楼层日常工作有条理以及减少漏洞的一项有效措施。

在发放日期之前，楼层领班应将其所管辖楼段的库存情况了解清楚并填明领料单（见表11-2）。凭领料单领取货物之后，即将此单留在中心库房以便作统计用。

表11-2　　　　　　　　　　　　日常消耗品申领单

楼层：＿＿＿＿＿＿＿＿＿　　　　　　　　　　　日期：＿＿＿＿＿＿＿＿＿

	申领数	实发数		申领数	实发数
普通信笺			火柴		
航空信笺			水杯		
普通信封			小香皂		
航空信封			烟缸		
明信片			圆珠笔		
门后指示图			服务指南		
便笺纸			门把菜单		
宾客意见书			干洗单		
住客预订表			湿洗单		
小酒吧账单			垃圾袋		
大香皂			浴帽		
卫生纸			浴液		
面巾纸			鞋刷		

申领者：＿＿＿＿＿＿　　　　　　　　　　　发放者：＿＿＿＿＿＿

四、客房用品每日统计

服务员按规定数量和品种为客房配备和添补用品，并在服务员做房报告上做好登记。楼层领班通过服务员做房报告汇总服务员在每房、每客的客用品的耗用量。

五、客房用品定期分析

一般情况下，这种分析应每月作一次。其内容有：

（1）根据每日耗量汇总表制订出月度各楼层耗量汇总表。

（2）结合住客率及上月情况，制作每月客用品消耗分析对照表。

（3）结合年初预算情况，制作月度预算对照表。

（4）根据控制前后对照，确定间天平均消耗额。

六、客房用品消费定额制定

（一）一次性消耗品的消耗定额制定

一次性消耗品消耗定额的制订方法，是以单房配备量为基础，确定每天需要量，然后根据预测的年平均出租率来制订年度消耗定额。

计算公式为：$A = b \times x \times f \times 365$

其中：A 表示每项日用品的年度消耗定额；b 为每间客房每天配备额；x 为饭店客房总数；f 为预测的年平均出租率。

例题：某饭店有客房 300 间，年平均出租率为 80%，牙膏、圆珠笔的单间客房每天配备额为 2 支、1 支。求该饭店牙膏、圆珠笔的年度消耗定额。

根据上述公式计算得：

牙膏的年度消耗定额 $= b \times x \times f \times 365 = 2$ 支 $\times 300$ 间 $\times 80\% \times 365 = 17.52$（万支）

圆珠笔的年度消耗定额 $= b \times x \times f \times 365 = 1$ 支 $\times 300$ 间 $\times 80\% \times 365 = 8.76$（万支）

（二）多次性消耗品的消耗定额制定

多次性消耗品定额的制订基于多次消耗品的年度更新率的确定。其定额的确定方法，应根据饭店的星级或档次规格，确定单房配备数量，然后确定其损耗率，即可制订消耗定额。

计算公式为：$A = B \times x \times f \times r$

其中：A 表示每项日用品的年度消耗定额；B 为每间客房每天配备额；x 为饭店客房总数；f 为预测的年平均出租率；r 为用品的损耗率。

例如：某饭店有客房 400 间，床单单房配备 3 套（每套 4 张）。预计客房平均出租率为 75%。在更新周期内，床单的年度损耗率为 35%，求其年度消耗定额。

根据上述公式计算得：

床单的年度消耗定额=B×x×f×r=3 套×400 间×75%×35%=315(套)

【本章小结】

客房的布件、设备、客房用品等物资关系到客房部员工的生产频率和饭店高规格的服务质量的保持，是饭店客房部管理的重要方面。本章从物资的选择到日常的管理进行了详细的阐述。

【思考与练习】

1. 某饭店有客房 200 间，年平均出租率为 85%，茶杯、茶叶的每间客房每天配备额为 2 只、4 包。该饭店茶杯、茶叶的年度消耗定额应为多少？

2. 某饭店有客房 300 间，客房床单单间配备为 3 套，每套 4 张，床单每天更换 1 次，其洗涤寿命为 250 次，预计客房出租率为 70%，试确定该饭店床单的年度损耗率、年度消耗定额各为多少？

【案例分析】

毛巾丢失之后

某日晚，从外地来广州做生意的李先生住进了某大酒店。由于初次到广州，李先生办理好手续之后就出去游玩，直到凌晨 1 时左右才回房间。回来后李先生脸也没洗就睡觉了。早晨 9 点起床洗脸时，他发现洗手间里没有毛巾，于是就向楼层的服务员反映了此情况。中午 12 时左右，李先生办完事到前台退房，没想到酒店要他赔偿毛巾的损失。而李先生认为他在房间里根本就没有见到毛巾，凭什么要他来赔偿？双方因为毛巾问题发生了矛盾。

酒店认为，客房的物品配备是有标准的，并经过领班查房，检查完毕才让客人入住。当日早晨，服务员接到李先生反映的情况后，查询记录，证明房间里的基本用品配备齐全，两条毛巾的配备也有记录，所以等到李先生来退房时，前台服务员就用征询的语气询问毛巾的去向，而客人却非常激动，认为服务员怀疑是他偷了两条毛巾，一怒之下还把登记台上的大理石台牌摔碎了。

最后，公安机关介入了此事，一直耗到当日下午 3 时李先生才脱身离开，虽然酒店未再追究毛巾和台牌的赔偿问题，但李先生却满腹委屈："大庭广众之下，服务员质问我毛巾在哪里，别人还以为我是个小偷……"

摘自《酒店服务管理案例精选》，中国旅游出版社 2006 年版

试问：酒店管理者如何正确对待和处理向客人索赔？

第十二章　客房与公共区域的卫生与质量管理

【本章导读】

客房是宾客休息、睡眠的场所，宾客对客房的整洁状况要求很高。客房部卫生工作的好坏不仅是构成饭店服务质量的重要内容之一，而且直接影响到宾客对饭店的评价、宾客满意程度及饭店的经济效益。

公共区域是饭店的重要组成部分，客人往往会依据其对饭店公共区域的感受来评判饭店的服务质量和管理水平。

因此，饭店必须做好客房和公共区域的卫生和质量管理工作，为宾客提供一个舒适优雅的环境。

【学习目标】

1. 了解饭店客房与公共区域卫生的准备工作及各项清洁保养工作的特性。
2. 熟悉饭店客房与公共区域的卫生和质量管理的内容。
3. 掌握饭店客房与公共区域的卫生工作的专业知识和技能，能够对客房部清洁保养工作进行计划与安排。

【关键概念】

小整理服务　夜床服务　做床　做房

第一节　客房的卫生与质量管理

饭店客房服务与管理的重要内容也是基本内容之一是客房的常规性服务，而搞好卫生即客房的清洁保养又是其核心工作。为住店客人提供清洁保养服务是客房服务员的常规职责，规范的清洁服务需要服务员掌握基本的知识、技能，同时灵活地、有针对性地解决服务过程中的问题，还需要对清洁保养工作的质量予以控制。

一、客房的清洁整理

客房的清洁整理又称做房。为了使清洁整理工作能有条不紊地进行，同时避免不必要的体力消耗和意外事故的发生，客房服务员应根据不同状态的房间，严格按照做房的程序和方法进行清扫，使之达到饭店规定的质量标准。

（一）客房清洁整理前的准备工作

1. 熟悉房间房态，掌握必备技能

不同房态的客房，其清扫方式也不同，为了保证清洁效率，避免重复工作，有必要熟悉客房类型及特点。

房态基本有：

空房 Vacant，指客人走后，经过打扫尚未出租的客房。

住客房 Occupied，指有客人入住，正处于出租状态的客房。

走客房 Check-out，指客人刚刚结账离店，尚未清扫的客房。

VIP 房，重要客人租用的客房。

必备技能有：

客房服务员在上岗前还应进行敲门、抹尘、做床等服务技能的标准训练，以保证保洁业务的质量与速度。

2. 整理仪容仪表，签领工作钥匙

在上岗前，应按饭店的规定换好工作服，整齐着装，整理好仪容仪表，然后到客房中心签到。接受领班对着装、仪表的各项检查，了解领班下达的工作任务，明确自己的工作楼层、客房号、当日客情、房态以及特殊要求或特殊任务等。领取工作钥匙，填写有关钥匙收发登记的表格。

3. 核实客房状况，确定清扫标准

服务员在开始清扫整理前，了解核实客房状况，确定房间清扫的程度和顺序。

（1）选择清扫类型，确定房间清扫的程度。

一是简单清扫房间。

一般对于暂时没人居住，但随时可供出租的空房，应用此类清扫方式。服务员只需视具体情况每天擦擦灰尘，隔几日吸一次地毯，检查一下设施设备是否能用，放掉卫生间水箱和水龙头等积存的陈水。适当打开窗户换新鲜空气，调节温度，使室温比较适宜。

二是一般清扫房间。

对于有客人住宿的住客房和客人刚刚结账离店、尚未清扫的走客房应采用此种清扫方式。服务员除需以上除尘打扫外，还需要整理床铺、撤换床单、枕套、毛巾、浴巾等脏布件，并较为全面地清扫客房。

三是彻底清扫房间。

服务员要仔细地刮地毯，进行地毯除污，认真擦洗客房内各个角落、设施设备地里里外外，若墙纸脱落或有污损，还应更换墙纸，翻转褥垫甚至撤换窗帘。长住客人离店后的客房应给予这样的彻底清扫。此外，VIP 房间也应进行除污、打蜡、抛光等，遇到特殊客人，还应按客人的要求布置房间。

（2）决定清扫顺序。

服务员应按照一定的顺序打扫客房。这样不仅能够提高工作效率，更重要的是能够提高客房利用率，是酒店尽可能多的客房能够出租。在不同的时间，客房清扫顺序也有所不同。

① 淡季时的清扫顺序：总台指示要尽快打扫的房间→门上挂有"请速打扫"牌的房间→走客房→VIP 房→住客房→空房

② 旺季时的清扫顺序：空房→总台指示要尽快打扫的房间→走客房→门上挂有"请速打扫"牌的房间→VIP 房→住客房

客房的清扫顺序在遵守规范标准的基础上，可以根据客人的特殊要求进行灵活调整。

清扫长住房应与客人协商，定时打扫。

待修房是因为房内有质量问题需要维修，应检查是否修好。如果尚未修好，一般不予清扫。

请勿打扰房是表明客人要求不受打扰，一般客人没有取消这一要求前，客房不予打扫。

4. 掌握清洁剂类型，明确其使用范围

为了卫生清洁业务的顺利进行，客房部需准备必要的清洁剂，选择适当的清洁剂不仅能够提高工作效率和服务质量，而且有利于客房设施设备的保养。但使用不当，会损伤客房设备用品。因此，应熟悉各类清洁剂的类型，并且知道其应用范围，选择适当类型的清洁剂。

现代酒店常用清洁剂如表 12-1。

表 12-1

名　　称	从化学性质上划分的类型	功　　能
多功能清洁剂	中性略呈碱性	去除家具表面的污垢、油渍、化妆品污渍，防霉
三缸清洁剂	碱性、酸性	碱性时，清洁浴缸、洗脸盆的酸性污渍以及一切油污；酸性时，去除马桶、便池上的污垢，有较好的除臭、杀菌功效
消毒剂	酸性	可作为卫生间的消毒剂、消毒杯具，但一定要用水漂净

续表

名　　　称	从化学性质上划分的类型	功　　　能
金属上光剂	含轻微磨蚀剂、脂肪酸、溶剂和水	清洁客房内的铜制品和金属制品
玻璃清洁剂	碱性	清洁客房内的玻璃和镜面，特别是卫生间镜面上不易清除的污迹（如化妆品渍、油印等）有很好的去除效果
家具蜡	内含蜡、溶剂、硅酮	能较好地为木制家具、皮革制品去除动物性和植物性油污，并能在家具表面形成透明保护膜、防静电、防霉、防潮、防污
地面蜡	需要两层：封蜡、面蜡	水基地面蜡主要用于大理石地面，油基地面蜡主要用于木板地面
地毯除渍剂	碱性	一种专门用于清除地毯上的果汁色斑；另一种用于清除油脂类脏斑
杀虫剂	含除虫菊酯	杀灭蟑螂、苍蝇、蚊子等害虫
空气清新剂		能令空气芳香、杀菌

5. 准备工作车，备齐清洁工具

准备工作车。将车内擦拭干净，干净的垃圾袋和布草袋挂在挂钩上，再把棉织品、水杯、烟缸、文具用品及其他各种客用消耗品备齐。按一个班次工作量所需供应品、备品数量布置工作车，按饭店规定布置充足、整齐。按规定的标准整齐地摆放在车上，要求工作车完好无损，车上房间用品和清洁工具齐全，摆放有序。

准备清洁用具。检查吸尘器的性能，蓄尘袋是否已倒净，准备房间抹尘及擦抹卫生间的抹布，准备好刷洗卫生间所用的清洁剂、恭桶刷、浴缸刷。

（二）客房的日常清洁保养

又称做房。它包括以下几方面的工作内容：

1. 整理

即按规格和要求，整理和铺放客人使用过的床铺；整理客人使用过后放乱的各种用品、用具；整理客人乱放的个人衣物、用品。

2. 打扫除尘

用扫把扫清地面；用吸尘器吸去地毯、软坐椅上的灰尘；用揩布揩擦门框、窗台、桌柜、灯罩、电视机等家具设备；倒掉烟灰缸中的烟灰、纸篓里的废物。

3. 擦洗卫生间

整理各种卫生用品及客人用具；倒去脏纸污物；擦洗卫生洁具（洗脸台、恭桶、浴缸）、镜面、水龙头；擦洗四周的瓷砖墙面及地面。

擦洗卫生间的程序和标准如表12-2。

表 12-2

程　序	标　准
1. 清洁前准备	（1）撤掉脏布巾 （2）倒垃圾
2. 清洗烟缸及垃圾桶	用温水将垃圾桶和烟缸内的污迹刷洗干净并擦干（最好用替换方式）
3. 清洗杯子	（1）用温水并加适量的洗洁液，使用杯刷进行清洗 （2）使用专用抹布将其擦干净（最好用替换方式）
4. 清洁恭桶	（1）使用规定的恭桶清洁剂（酸性） （2）用专用工具从上至下进行刷洗并擦干净 （3）将恭桶外部刷洗干净并擦干
5. 清洗浴盆和面盆	（1）使用浴盆清洁剂进行清洗 （2）用干净抹布将其擦干净
6. 清洁镜子	（1）将玻璃清洁剂喷在干净抹布上 （2）用干净抹布从上至下擦净
7. 电镀制品的清洁	（1）用干布将其表面擦亮 （2）必要时可用抛光剂进行擦拭
8. 清洁门和地面	用湿布蘸少量的清洁剂从上至下、从里向外进行清洁
9. 排风口的清洁	将排风口拆下，用温水冲洗干净

4. 更换及补充用品

在客房和卫生间的清洁整理过程中，按要求更换床单、床垫、枕套、面巾、手巾、浴巾、脚垫巾等棉织品；补充文具用品、火柴、卫生纸、肥皂、茶叶等供应品。

5. 检查设备

在客房和卫生间的整理过程中，检查灯具、水龙头、恭桶的抽水设备，以及电视机、音响设备、空调设备、电话机等设备是否能正常工作。同时，还应注意各种家具、用品是否被客人损坏等。

6. 如果有住客，还要做好客房晚间服务

如倒烟灰、垃圾，整理用品、用具，做好夜床、拉上窗帘并打开床头灯等服务。

（三）住客房和退房卧室的清扫程序

1. 停放工作车

工作车挡住房门 1/3 靠墙停放，这样既便于观察工作车上的物品，又不致使住客房的客人出入房间遇到障碍。

2. 进入客房

（1）敲门前要先观察门上是否挂有"请勿打扰"牌或是否有双锁标志，避免唐突客人。

（2）如无上述情况，则用中指第二个指节叩门三下，不要用手拍门或直接用钥匙开房门。

（3）敲门的同时应目视门镜，便于客人观察门外情况。

（4）若房内无反应，则第二次敲门，静候房内反应。

（5）如仍无动静，此时才可将房门用钥匙打开，但应注意不要用力过猛。

（6）将房门打开一半时同时报一下自己的身份，注意音量适中，如知道客人的姓名，应以姓氏称呼。

（7）如房内有客人，则应先向客人道歉，征得客人同意才可进房打扫；如无客人则将房门全部打开并开始清扫；如客人在睡觉，则应轻轻退出房间，将门轻轻带上，先去打扫另外的房间。

（8）在清扫过程中应注意无论客人在房内与否都应将房门全部打开直到清扫工作结束。

3. 收拾垃圾

（1）注意环形收拾，对于住客房内可能有保留价值的东西不可随意丢掉。

（2）不要忘记收拾卫生间内废弃客用品以及废纸篓内的垃圾。

（3）收拾垃圾过程中，不要忘记将房内用过的烟缸、杯子放入卫生间准备刷洗或放回工作车准备调换。

（4）将垃圾袋的袋口系紧放入工作车上的大垃圾袋内，并将房内所需新的床上用品带入。

4. 铺床

按饭店要求，并遵循节时高效、清洁卫生、方便入睡的原则铺床。

（1）西式铺床程序和标准（见表 12-3）

表 12-3

程　序	标　准
1. 将床拉离床头板	弯腰、用力拉床，使床离开床头板 60 厘米
2. 清理床垫	（1）清除床面杂物（毛发）等 （2）将床垫、褥垫整理好
3. 铺一单	（1）将叠好的床单拿到床上，注意翻看正反面 （2）站在床尾，甩单，用两手抓住床单一边，一次甩单定位 （3）不偏离中心线，正面向上 （4）铺好的一单无皱折
4. 包边角	（1）将一单四边四角包入床垫下 （2）床两侧塞进床垫部分不少于 15 厘米，床头、床尾塞进床垫不少于 15 厘米 （3）四角呈 45° 或 90°，要求四角角度一致 （4）包包包角后，床单无皱折
5. 铺二单	（1）将叠好二单拿到床上，注意正反面 （2）甩单，与铺一单方法一致 （3）中线居中，与一单中线重叠，反面朝上 （4）二单多出床头 20 厘米即可
6. 铺毛毯	（1）将毛毯甩开一次到位 （2）不偏离中心线 （3）毛毯商标在右下方 （4）毛毯卡齐床头
7. 铺护单	（1）与铺一单方法一致 （2）护单与毛毯对齐
8. 包边角	（1）将二单反折于毛毯、护单之上，再将二单、毛毯、护单一齐反折 30cm （2）将护单、毛毯、二单一齐包进床垫下 （3）包边包角与一单包角方法要求一样
9. 套枕芯	（1）将枕套抖开平放在床上 （2）将平整饱满的枕芯对折，右手抓住枕芯的两边（两半部） （3）左手将枕套口从中缝处提起，使开口分开 （4）两手合力将枕芯装进枕套 （5）两手抓住枕套口边提起用力抖动，使枕芯全部进入枕套 （6）封口 （7）将枕头放置床头正中间，开口反向于床头柜

程　　序	标　　准
10. 铺床罩	（1）将床罩盖在床上，床罩与床垫边线重叠 （2）床罩盖没枕头不露白边，床罩多余部分要塞入两个枕头中间和底部 （3）床尾两角垂直、挺括 （4）床面垂直美观
11. 床复原位	将铺好的床推至原位

（2）中式铺床的程序和标准（见表 12-4）

表 12-4

程　　序	标　　准
1. 将床拉离床头	弯腰，用力拉床，使床离开床头板 60 厘米
2. 清理床垫	（1）清理床面杂物（毛发）等 （2）将床垫、褥垫整理好
3. 铺床单	（1）将叠好的床单拿到床上，注意翻看正反面 （2）站在床尾，甩单，用两手抓住床单一边，一次甩单到位 （3）不要偏离中心线，正面向上 （4）铺好一单无皱折
4. 包边角	（1）将床单四边四角包入床垫下，四角呈 90°或 45°，要求四角角度一致 （2）包边角后，要求床平整无皱折
5. 套枕芯	（1）将枕套抖开平放在床上 （2）将平整饱满的枕芯对折，右手抓住枕芯的两边 （3）左手将枕套口从中缝处提起，使开口分开 （4）两手合力将枕芯装进枕套 （5）两手抓住枕套口边提起用力抖动，使枕芯全部进入枕套 （6）封口 （7）将枕头放置床头正中位置，开口反向于床头柜
6. 套被罩	（1）将干净的被罩套在羽绒被上 （2）要求四角饱满 （3）将套好被罩的羽绒被铺在床上，整理平整
7. 打枕绒	（1）将羽绒被头反折 30 厘米 （2）要求平整无皱折
8. 床复原位	将做好的床推至原位

5. 抹尘

抹尘时应遵循从门开始、自左至右或自右至左、从上到下、从里到外、一擦到底的抹尘原则，凡伸手可及的地方都要擦到。在抹尘过程中遇到有电器时均应顺手开关，对有故障的电器做到心中有数。

6. 补充客用物品

按要求摆放卧室、卫生间等客房客用品，按酒店规定的品种、数量及摆放要求补足、放好，并注意将店标面对客人。整理房间时，将客人的文件、杂志、书报等稍加整理，放回原来的位置，不得翻看。尽量不触动客人的物品，更不能随意触摸客人的照相机、计算器、笔记本和钱包之类的物品。

7. 吸尘

用吸尘器吸净地毯灰尘，从里到外，顺方向吸一遍，吸尘过程中应顺手将家具摆放整齐。另外，注意行李架、写字台底、床头柜等边角位置的吸尘。

8. 复查

服务员应回顾一下房间、卫生间是否干净，家具用品是否摆放整齐，清洁用品是否遗留在房间等。检查完毕，把空调调到适当的温度。关好总电源开关，锁好门，取下"正在清扫"的牌子。若客人在房间，要礼貌地向客人表示谢意，然后退出房间，轻轻将房门关上。

9. 填写客房清洁报表

如有需要维修的项目，应填写报修单。

（四）夜床服务

就是对住客房进行晚间寝前整理，又称"做夜床"或"夜间服务"。是一种高雅而亲切的服务，其作用主要是方便客人休息，表示对客人的欢迎和礼遇。通常在 18：00 以后进行。

其服务程序和标准如表 12-5。

表 12-5

程 序	标 准
1. 准备工作	备好充足的晚安卡、早餐卡、巧克力
2. 倒垃圾、擦尘	将房内垃圾倒掉，并清洁垃圾桶，简单除尘
3. 开床	（1）根据人数为客人开床 通常标准间只住一个人时为靠卫生间的床做夜床 （2）将床罩撤下，放在指定位置 A. 预抵房：放在衣柜上层 B. 住人房：放在沙发或椅子上，不得置于地上 （3）床角向上折开 90°或 30° （4）将早餐单、晚安卡、巧克力放置在枕头中间 （5）将拖鞋开封放至床下 （6）将浴袍叠好放至床一侧

续表

程　序	标　准
4. 更换布巾	如布巾客人用过，立即补充新布巾
5. 清洁卫生间	将客人使用过的面盆、浴盆、恭盆，立即清洗干净
6. 放地巾、防滑垫	将地巾放至浴盆外侧地面，防滑垫平铺于浴缸底部
7. 补水、换开水	（1）确保冰桶内冰块为半桶以上 （2）开水温度须达 90°
8. 关闭窗户	将厚窗帘拉严，以不透光为标准
9. 打开夜灯	关灯，只打开床头灯或地灯

（五）小整理服务

对住客房而言，在住客外出后，客房服务员对其房间进行简单的整理。其目的就是使客人走进房间有一种清新舒适的感觉，使客房经常处于干净整洁的状态。一般对 VIP 房、高档房间进行这项服务。具体做法是：

（1）拉回窗帘，整理客人午睡后的床铺。

（2）整理桌面、烟缸、纸篓内和地面的垃圾杂物，注意有无未熄灭的烟头。

（3）简单清洗整理卫生间，更换客人用过的布件、杯具等。

（4）补充房间茶叶、热水和其他用品。

（六）客房计划卫生

在搞好日常清洁工作的基础上，拟定一个周期性清洁计划，对清洁卫生的死角或容易忽视的部位，以及家具设备进行彻底清扫整理和维护保养。

1. 客房计划卫生的意义

在不增加服务员日常劳动强度的情况下，能够完全保证客房的卫生质量，保证饭店内外的清洁和家具设备的良好状态。主要是因为客房服务员每天的整理清扫工作的工作量已经较大，所以不可能对房间或区域的每个角落都进行彻底清洁保养，而且有些家具设备也不易每天都清扫，容易缩短其使用寿命，所有定期清理是最为合适的和最经济的。

2. 客房计划卫生的内容

（1）地板打蜡。选择在天气干燥晴朗时，搬动家具，卷起地毯，按砂擦、除尘、上蜡和磨光的程序，对整个地面进行打蜡。

（2）地毯吸尘。对整个地面的地毯进行吸尘，包括平时不易接触的地方，家具、床下面等。

（3）擦窗。要采用粉擦、水擦、干擦等各种方法，擦拭整个玻璃窗面、窗框，并用铜油擦净铜制的窗把。

（4）家具除尘。客房内某些家具物品，如床的软垫、厚窗帘、软坐椅及沙发等都要定期吸尘，还要擦抹家具四周底部及背后等部位，以保持其清洁。

（5）清扫墙面。包括天花板和出风口，地面卫生洁具上的金属零部件等须定期重点擦洗，恭桶用消毒水进行重点消毒。

3. 客房计划卫生的组织方式

各酒店根据自己的设施设备、针对不同的项目和淡旺季合理地安排卫生工作计划的内容、周期和时间。通常有三种组织方式：

（1）除日常的清扫整理外，规定每天大扫除一间客房或某个区域。

例如，客房服务员负责 10 间客房的清扫，每天彻底大扫除一间，10 天即可完成所负责的客房的全部卫生。

（2）要求每天对几个房间的某一部分进行彻底清扫。

例如，对日常清扫不到的地方，通过计划日程，每天或隔天彻底清扫一部分，经过若干天后，也可以完成全部房间的大扫除。

（3）季节性大扫除或年度性大扫除。

在客人较少的淡季进行客房分楼层全面大扫除，同时，维修人员利用此时对设备进行检查和维修保养。

二、制定客房清洁整理标准

（一）客房清洁整理标准的内容

客房卫生服务工作要有一个明确的标准，这个标准是做好服务工作的依据，是标准化管理的主要内容。

1. 服务质量标准化

服务质量标准化是就饭店服务工作制定和实施明确的服务标准的过程。实行质量标准化，能使客房的清扫和其他服务工作以及每个服务员都有了明确的目标。客房的卫生服务质量标准化主要包括两个方面：

（1）标准摆件，是明确规定摆件的顺序、位置、方向、件数与种类，如客房卫生间"七巾"的数量及摆设规格。

（2）标准分量，是指明确规定每种用品或实物的数量定额。例如，标准间规定的壁柜中的衣架数量定额。

2. 服务方法规范化

它是指大家按照饭店明文规定的服务标准的方法进行服务工作。例如，客房清洁整理所规定的从上到下、从里到外的清扫规范。规范化的服务不但可以提高服务的质量，而且也便于检查和管理，避免差错和不必要的体力消耗。

3. 服务过程程序化

它是指大家按照规定的、合理的次序进行服务的过程。客房清洁整理的每一项工作，如果都按照规定的程序进行，服务质量就能得到基本的保证。

（二）制定客房卫生标准的原则

1. 饭店的经营方针和市场行情

饭店的档次和星级的高低，主要反映的是不同层次的客源的不同要求，标志着建筑、装潢、设施设备、服务项目、服务水平与这种需求的一致性和所有住店客人的满意程度。饭店的档次和星级不同，其服务规格的高低和服务项目的多少必然有所区别。客房部在制定客房清洁整理标准和规格时，都应以饭店的经营方针和市场行情为依据。

2. 尽量少打扰客人

客房的清洁整理工作是客房部管理水平、人员素质等内容的综合体现。客房之所以成为客人休息、睡眠的区域，成为客人的"家外之家"，有两个条件：整洁，否则无法很好的生活；安全，否则无以成其为"家"。因此，客房部管理人员在制定有关客房清洁整理的程序和规范时，应将尽量少打扰客人作为一条重要的原则。

3. "三方便"准则

所谓"三方便"准则，是指在制定有关标准和程序时，必须依照方便客人、方便操作和方便管理的准则来进行。

（1）方便客人。实行标准化管理的目的在于使客人获得满意的服务，使其有宾至如归的感受。宾至如归，就是要让客人在客房的起居生活，感到像在家里一样方便，且享受家里没有的气氛。因此客房的清洁整理标准，包括家具设备摆设的位置、用品的配备、各项服务标准都必须以此为出发点。脱离了客人的需求，单纯强调一切标准化，是没有任何意义的。标准化的管理要注意结合人的特点。客房服务的对象是人，因此，在客房的清洁整理工作中，既要按相应的规范提供服务，以保证服务的质量，同时又应根据客人的不同特点和要求，进行灵活机动的针对性服务。

（2）方便操作。节省时间，方便职工操作，减少不必要的体力消耗，提高工作效率是制定标准应遵循的一个准则。因此，客房清洁标准应该简明、实用。如果清扫客房的操作程序和规范要求让职工感到费力难做，就失去了标准化管理的本来意义。

（3）方便管理。实行标准化的管理，在于减轻管理者的负担，便于贯彻管理意图，使客房服务工作有一个统一的质量标准。客房的清洁整理标准不是什么新东西，各个饭店都有，而且国内外不少饭店都有自己成功的经验。但这些标准是否都合理，是否都适合自己的饭店，是否都有利于提高工作效率，就不一定了。客房服务标准的制定和贯彻是管理的一种手段。因此，客房部的管理者，凡事都要有自己的管理思想，都必须根据自身的情况，包括客房设施设备的条件、清洁器具的配备和员工素质，甚至自己的管理风格等，来制定和实施符合自己饭店客房实际情况的标准，而不应照抄照搬别人的东西。

（三）制定客房卫生标准应考虑的因素

1. 进房次数

我国许多饭店传统的服务做法是每天三进房甚至四进房，这沿袭了宾馆接待的作风。现在，一些外资、合资饭店大多采用了二进房制（即白天的大清扫和晚间的夜床服务）。因为劳动成本的昂贵，在西方国家里甚至只有高于三星级的饭店才有二进房服务。

一般来说，进房次数适当的多表示服务规格较高，但必须注意，这样一来各方面的成本都将上升。所以，确定进房的次数要作全盘考虑，本饭店的档次、客源对象和营业成本应作为主要考虑因素。当然，不论规定进房几次，一旦客人需要整理客房，我们则应该尽量满足其要求。

2. 操作标准

操作标准一般在各项工作程序中予以说明。不少饭店将有关操作要领拍成照片并张贴出来以供参照，这确实是一种好办法。

3. 布置规格

各种类型的客房应设哪些客房用品、数量多少及如何摆放，这些大多应有图文说明，以确保规格一致、标准统一。通常，这些布置讲求美观、实用、简洁。否则，员工难做，且易出差错，客人也不一定都欣赏。

4. 整洁状况

一般来说，它含有两方面的内容：生化标准和视觉标准。前者往往由卫生防疫人员来做定期或临时抽样测试与检验，后者却要由饭店自己来把握。客人与员工、员工与员工的视觉标准都不尽一致。要掌握好这一标准，唯有多了解客人的要求，从中总结出规律性的东西。如客人对于客房地面、窗户、床和卫生间的清洁、舒适最为看重，因而要求卫生间嗅不到异味、看不见污迹、摸不着灰尘，做床平挺、张弛有致，地毯要每天吸尘，窗户要定期擦洗。有些饭店还对客人散乱的衣物和桌上用品如何整理做出了一般性的规定。

为了坚持标准而又不致造成人力的浪费或时间的紧张，客房部往往在日常整理客房的基础上拟定一个周期清洁的计划，它也被称为"计划卫生"。这一计划要求在一定的时期内（两周或一个月），将所有客房中平时不易做到或做彻底的项目全部清扫一遍。其方法有两种：一种是每天做一定量的客房中所有的项目；另一种是每天完成所有客房中一定的项目。

总之，整洁与否要看我们能否把握客人的要求，因为最终的评判者是客人而不是服务人员，如果要为整洁状况划一个标准，那么它应该处于这样一个范围：从每一个客人都能接受到每一个客人都能满意。

5. 速度和定额

虽然员工的操作有快慢，但熟练者的平均速度（按一般标准房计）应达到：走客房 30~40 分钟，住客房 15~20 分钟，空房与夜床约 5 分钟。但是，在实际工作中常常会有例外，所以计算工作定额时要考虑到一些相关的因素。这些因素有：

（1）工作职责的要求。是专职从事客房的清洁整理，还是要兼做别的工作。别的工作约占多少时间？为此会对整理客房的效率影响多少？

（2）客房整洁的标准，标准高必然耗时多。

（3）每层楼的客房数。楼层客房的多少会对员工多做或少做客房产生影响，最好不要让员工跨楼层做清洁客房，否则应用别的方法来予以调节。

（4）工作区域的状况。客房面积大小、家具摆设繁简、外界环境影响等，都对工作量构成或大或小的影响。

（5）住店客人的特点。客人来自的地区、身份地位、生活习惯等都是影响清洁客房速度和定额的重要因素。有时，名义上相同的工作量实际上相差很远。

（6）员工的熟练程度。经正规训练并形成良好工作习惯的员工都能完成正常的工作量。一般员工就难以完成正常的工作量。

（7）工作器具的配备。从清洁剂、手工用具到机器设备都将在一定程度上影响着工作的效率。

以上只是确定工作定额时需要考虑的一些基本因素，一旦定额标准制订出来还要根据情况的变化而作适当的调整。

三、客房卫生质量检查

客房清洁整理标准的制定，使客房的清扫工作有了明确的标准和规范。但这些标准和规范是否得到执行，是否奏效，加之我国一些饭店客房部职工的总体素质水平不是很高，这就要求客房部的管理人员必须抽出 2/3 以上的时间深入现场，加强督促检查。这是客房卫生质量控制的关键所在。

（一）客房卫生的逐级检查制度

检查客房又称查房。客房的逐级检查制度主要是指对客房的清洁卫生质量检查实行领班、主管及部门经理三级责任制，也包括服务员的自查和上级的抽查。由于员工的检查方法和标准会有差异，采用逐级检查制度是确保客房清洁质量的有效方法。

1. 服务员自查

服务员每整理完一间客房，就应对客房的清洁卫生状况、物品的摆放和设备家具是否需要维修等，作自我检查。其好处有：加强员工的责任心；提高客房的合格率；减轻领班查房的工作量；增进工作环境的和谐与协调。

2．领班查房

领班要对自己管辖的每间客房进行检查并保证合格。领班是服务员自查后的第一道关，但往往也是最后一道关，因为在领班查房后，他们认为合格的就向前台上报，出租给客人，所以责任重大，需要由训练有素的员工来担当。

领班查房的作用主要有：

（1）对不足之处拾遗补漏；

（2）帮助指导不熟练的员工做好自查工作；

（3）督促考察员工的工作情况；

（4）控制调节：通过检查了解基层情况并向上反馈，帮助管理者对实际情况作出及时反应。

3．主管抽查

主管抽查主要是对领班的一种管理办法，同时也为了便于日常工作的分配调节，为实施员工培训计划和人事调动等提供有价值的信息。

4．经理查房

这是管理层了解工作现状、控制服务质量，最为可靠有效的方法。对于客房部经理来说，通过查房可以加强与基层员工的联系，并且更多地了解客人的意见，有助于提高管理水平和服务质量。因为经理人员的查房要求较高，所以象征性地称为"白手套"式检查。这种检查一般都是定期进行的。

（二）客房卫生检查的内容与标准

1．客房卫生检查的内容

一般包括4个方面：清洁卫生质量、物品摆放、设备状况、整体效果。

2．查房的项目和具体标准

（1）检查房间的程序和标准（见表12-6）

表 12-6

程　序	标　准
设备	（1）电器设备是否工作正常 （2）灯泡为 100W （3）空调调至规定的档位：夏天调至冷风档位，温控调至低档；冬天调至热风档位，温控调至低档 （4）电视频道调定在所规定的节目频道上 （5）电话是否工作正常

续表

程　序	标　准
客用品的摆放	（1）"早餐单"、"请打扫房间"和"请勿打扰"牌，挂在门后的把手上 （2）杯盘位于冰箱左下角，最外边为茶杯，然后是水杯，并备有热水瓶和4袋茶叶 （3）冰桶放在冰箱右上角，桶盖上放置冰夹 （4）按照酒单顺序摆放小酒吧内的饮品 （5）文件夹通常放在梳妆台的中央。带有写字台的房间，文件夹通常放在写字台中央 （6）洗衣单、熨衣单两份，一份夹在衣架上放在壁柜内，另一份放在梳妆台或写字台的抽屉内，靠左侧摆放洗衣单，洗衣单在上，洗衣袋在下 （7）购物券、多用袋放在梳妆台抽屉右侧，多用袋在上，购物袋在下 （8）电视通常摆放在梳妆台右侧或电视柜架上 （9）各种免费阅读杂志通常摆放在游戏桌上，从左至右码放。特殊房型码放在咖啡桌上，从左至右摆放 （10）在普通房间配备两个烟缸，一个摆放在梳妆台文件夹的右下角，另一个摆放在游戏桌上杂志的正前方。特殊房间配备三个烟缸，一个放在梳妆台上，位置同上；第二个放在咖啡桌的右上角；第三个放在写字台的右上角 （11）火柴随烟缸摆放，位于烟缸正前方紧靠烟缸，店徽向上 （12）通常把垃圾桶放在梳妆台的左侧 （13）客餐服务菜单，摆放在床头柜上的左下角 （14）服务指南置于菜单上方，右侧对齐 （15）电话价目表置于菜单上方，右侧对齐 （16）电话本码放在床头柜内左下角 （17）紧急情况处理手册放置在电话本上方，右侧对齐
家具	确保家具按规定摆放且无破损
床、床上用品及窗帘	（1）窗帘无污迹、无破损 （2）床单、枕套、床衬垫、床罩、床垫、床屉、床头板无污迹、无破损
清洁	（1）所有家具、杯子干净无尘 （2）地毯、墙面、房顶无污迹及灰尘 （3）空调出风口无灰尘，灯罩无尘，无污迹

（2）检查卫生间的程序和标准（见表12-7）

表 12-7

程　　序	标　　准
设备、设施	确保设施及设备正常工作
客用品的摆放	（1）用品筐码放在面盆的左侧角 （2）手皂放在面盆右侧 （3）浴巾、手巾、面巾叠好放在架子上 （4）浴皂放在浴盆边 （5）卫生袋码放在水箱盖的左侧 （6）备用手纸摆放在卫生袋上 （7）漱口杯码放在面盆的左侧 （8）烟缸摆放在两个漱口杯下方呈等边三角形，靠近外侧 （9）洗漱用品框内前排从左至右为洗发液、浴液、润肤液、针线包，后排从左至右为牙刷、浴帽、鞋布 （10）吹风机的档位应调至高档位
卫生的清洁	（1）浴盆、面盆、恭桶干净无毛发、无污迹 （2）地面无杂物 （3）电镀制品、镜子光亮，干净，无污迹 （4）墙面顶棚无污迹，门上无手印及污迹

（三）发挥客人的监督作用

通常的做法是：

（1）拜访客人，听取客人对客房产品的评价。

（2）客房设置《宾客意见表》。

（3）邀请第三者（店外专家、同行、住店客人）检查。

（4）通过明察或暗访的形式。

前者，饭店经理级管理人员往往采用不事先告知的方式，对客房状况进行突击检查，以保证检查结果的真实性，及时了解掌握部门及基层员工的工作状况。

后者，就是不公开的检查，如邀请店外专家、同行或聘请住店客人，以普通客人的身份入住饭店，通过消费体验形式，对饭店主要营业区域进行部分或全面的检查，事后向饭店管理方提交一个关于服务质量的书面报告。

第二节　公共区域的卫生与质量管理

饭店是一个浓缩了的小社会。一家饭店往往是其所在地的一个社交中心。

除了住店客人以外，来饭店用餐、开会、购物、参观游览的人也为数不少，这些人同样是饭店的客人。他们进到饭店后往往只停留于公共活动区域，因此，公共区域的清洁卫生理所当然地成为这部分客人评判饭店的重要标准。由此可见，做好公共区域的清洁保养工作同样是非常重要的。

在现代饭店内，客房部不仅承担了客房的清洁卫生工作，而且还承担整个饭店的全部清洁卫生工作。这样组织的好处在于能统一调配清洁卫生工作的人力、物力，使清扫工作专业化，提高劳动效率和质量。

一、公共区域清洁保养的特点

凡是饭店内公众共同享有的活动区域都可以称之为公共区域。通常人们将饭店的公共区域范围划分为室内与室外。室内公共区域又划成前台区域和后台区域两部分。室外公共区域是指饭店外围区域，它包括饭店外墙、花园、前后大门等。室内公共区域的前台部分通常指专供宾客活动的场所，如大厅、休息室、康乐中心、餐厅（不包括厨房）、舞厅、公共洗手间等。室内公共区域后台部分通常指为饭店员工设计的生活区域，如员工休息室、员工更衣室、员工餐厅、员工娱乐室、员工公寓等。

公共区域清洁保养的特点是：

（1）由于公共区域所涉及的范围相当广，因此，其清洁卫生的优劣对饭店影响非常大。

（2）公共区域的客流量非常大，人员复杂，对卫生质量的评价标准不一。这就给公共区域的清扫带来困难。同时，由于客人在此活动频繁，环境在不断变化，同样给清扫工作带来诸多不便。

（3）公共区域的清洁工作繁琐复杂，工作时间不固定，服务员分散，因此，造成其清洁卫生质量不易控制。这就要求公共区域服务员在日常工作中必须具有强烈的责任心，积极主动，适时地把工作做好，再加上管理人员不停地巡视和督促，做好公共区域的清洁工作并非难事。

二、公共区域清洁保养的准备工作

（一）安排好清洁保养时间

饭店的公共区域是饭店的客人活动频繁的场所，在对公共区域进行清洁保养前，应根据客人活动的时间规律，安排好不同区域的清洁保养时间，原则上不影响客人的活动和各部门的正常营业，一般日常清洁可在营业时或客人活动的间隙进行，而彻底的清洁保养则应在营业结束后或基本无客人活动时进行。

（二）领取工作钥匙和有关工作报表

清扫卫生前，服务员应先到领班处领取某些公共区域如餐厅、酒吧、商场、歌舞厅等处的工作钥匙和有关的工作报表，同时应听取领班对当天工作任务的安排和要求。

（三）准备好清洁剂和清洁器具

（1）清扫公共区域卫生前，先根据不同的清洁区域和清扫任务，准备好相应的清洁设备和各种清洁器具。

清洁高处卫生应准备好梯子等清洁工具，使用前先检查是否完好，有无损坏。清洁地面卫生，应准备好吸尘器，洗地毯机、打蜡机、拖把、尘推等。清洁器具应保持干净，完好无故障，若发现机器设备有漏电等异常现象，不能使用及时报修。

常用清洁器具如表 12-8 所示。

表 12-8

清洁器具		用　　途	注　意　点
吸尘器	筒式吸尘器	吸尘工作中使用最多的吸尘工具。吸力大，操作轻便灵活，多用于地毯和硬质地面及家具吸尘，但不能吸水	①使用前，认真检查电线，插头有无破损，防止漏电 ②检查积尘袋内的尘物是否清除掉 ③使用中，不能用于吸除尘钉、石块、大片纸张、布片、棉花团，以防止损坏机器，堵塞吸管和吸头 ④使用后，将吸尘袋（蓄水桶）倒空或更换。将电线绕好、外部擦拭干净
	直立式吸尘器（滚刷式吸尘器）	配有两个电机。主要用于对地毯吸尘。在吸尘的同时，机头下的滚刷可以转动，将藏匿于绒毛内的灰尘、沙砾与纤维分离，让吸头清除。它还能使黏结、倒伏的绒毛梳理自如。这种吸尘器，虽然比较笨重，操作不太灵便，但对地毯有很好的清洁保养作用，是吸尘的理想设备	
	吸尘、吸水两用式吸尘器	既有储水桶，又有积尘袋，可根据需要灵活转换，其外形与筒式吸尘器相似	
	背式吸尘器	体积小、重量轻。可背在背上或提在手上使用。可接电源，也可配备蓄电池。适用于登高吸尘作业	
洗地毯机	湿旋机	主要用于湿洗地毯和硬质地面	
	干泡机	既可用于清洗地毯，又可用于清洗软面家具。对于不太脏的地毯清洗效果最佳	
	喷吸机	一般有喷液、吸水两个功能。其特点是洗涤力强，去污效果好	
洗地机		主要用于硬质地面的清洗。它具有喷液、擦刷、吸水三种功能。用这种机器清洁地面，省时、省力，效率高，效果好	

续表

清洁器具	用　　途	注 意 点
打蜡抛光机	种类和功能较多。大多数的打蜡抛光机都可一机多用即可清洁地面又可打蜡抛光。洗地时要求转速较低，地刷较硬；打蜡抛光时，要求转速高，选用细软地刷。中小型饭店可选用打蜡抛光机，这样可节省资金。但这种机型需加强保养，否则容易损坏	
高压冲洗机	主要用于外墙、停车场、游泳池、垃圾场、车辆等的冲洗。这种机器有冷热水两种设计	
拖把绞干机	拖把绞干机用于拧干拖把上的水或其他液体。在洗地、打蜡时，经常使用拖把。如果拖把上有多余的水或蜡液会影响拖把使用效果。通常应把拖把上多余的水或蜡液拧干，用手去拧拖把，既费劲，又不雅观，而机器可省时省力效果好	
刮水器（玻璃刮）	可以用于清洁玻璃、清洁光滑的地面和墙面。刮水器主要由刮头和手柄两部分组成。刮头和手柄有多种规格，可根据需要选用。使用时，应从上往下、从左到右有序的进行操作。最后要用吸水布擦去刮头上多余的水分	
尘推	主要用于地面的推尘。它可将地面的尘土、沙砾推去，可减轻地面的磨损，保证地面清洁。为了使尘推效果更好，往往还要在推尘头上蘸上吸尘剂，可选用可产生静电的合成纤维制作的推尘头	
地刷	清洁保养地面时，是离不开手工地刷的。因为有些场所、有些部位不便使用机器清洁，而地刷则可适合多种场所及各个部位清洗	
拖把	圆型和扁平型两种，其大小的选择取决于使用的场所、部位。拖把的用途较多，其主要用途是清洁地面	所有的拖把头都应拆卸自如，以便换洗。在使用过程中，要把拖把不断用清水洗净，并将多余水拧去，已无水滴为宜。拖把用后要洗净，挂起来晾干，以防止霉烂、滋生细菌

续表

清洁器具		用　　途	注　意　点
扫帚		扫帚有长柄和短柄之分。长柄要用于清扫地面，短柄主要除去家具或饰品上的灰尘	
簸箕		以提盒式为佳	
抹布			根据用途的不同，抹布应该有不同规格和不同的质地。为防止抹布的交叉使用，抹布上要有明显的区别标志。特别是原客用织品改制的抹布更应注意这一点，以防止与客用织品混淆引起客人的误会。在使用时要将抹布叠起来，可多面使用，以提高效率、保证质量。抹布的洗涤、供应最好由洗衣房负责。抹布的数量一定要充足，以利于周转
刷子	面盆浴缸刷	用以刷浴缸	清洁工作中各类刷子应区别使用，用后洗净挂放
	便器刷	用以刷马桶	
	窗沟刷	用以刷窗沟	
	地毯刷	用以刷地毯	
警示牌		主要用于提醒警示，以防止意外事故发生。它有多种不同设计，如"工作区域"、"小心路滑"等	
接线插盘		为了解决有的区域，电器远离电源插座的问题，往往要备有接线插盘，用以接通电路	

（2）根据被清洁对象的物性及要求，准备好各类清洁剂，并按规定进行稀释，放在一定的容器中。

（四）做好公共区域场地的准备工作

清扫公共区域卫生前，应根据清洁任务要求的不同，对某些场地做些准备工作。

（1）地毯吸尘前，最好把家具先挪开，等吸完尘再放回去，可以有更好的吸尘效果。

（2）清洗地面前，应先把家具等搬开，等清洗完地面，再放回去。

三、公共区域清洁保养的内容

常见的公共区域清洁保养各部分的内容、程序及标准有：

1. 清洗地毯

程　　序	标　　准
1. 检查与准备	（1）检查地毯污迹面积及污迹的种类 （2）备好所需的工具及清洁剂
2. 清洗	（1）根据污迹的轻重，选择清洁剂的浓度 （2）将适量稀释的清洁剂均匀地喷洒在地毯表面 （3）浸泡 5 分钟，使之完全分解 （4）用干净抹布揉搓、擦拭地毯直至污迹清除 （5）地毯上如存有大面积污迹，可用地毯清洗机进行洗涤

2. 制冰机的清洁

程　　序	标　　准
1. 检查与准备	（1）制冰机是否工作正常 （2）切断电源
2. 清洁	（1）使用指定的清洁剂和干净抹布擦拭制冰机内部的各个部位 （2）用清水冲净，并将盖放好盖严 （3）清洁外部，将不锈钢光亮剂喷洒在专用抹布上，用干净抹布从上至下清洁 （4）用干净抹布揉搓、擦拭地毯直至污迹清除

3. 清洁瓷砖地面

程　　序	标　　准
1. 清洁前准备	将瓷砖地面上的杂物清扫干净
2. 清洗	（1）使用规定的碱性地面清洁剂并按比例稀释清洁剂 （2）使用板刷刷洗地面
3. 擦拭	（1）使用干净抹布将地面擦干净 （2）瓷砖地面不可留有水迹

注：切记不要使用酸性清洁剂，以免瓷砖地面表层受到损坏。

4. 楼道的维修与保养

程　　序	标　　准
1. 工作车和清洁器械停放	（1）工作车和清洁器械要按规定位置停放 （2）与墙壁距离3厘米，以免损坏墙纸或墙壁
2. 楼道墙壁的清洁及维修	（1）每天要将墙壁上的污迹清除掉 （2）在清洁中如发现墙纸有开胶、破损现象立即填写"派工单"进行修补
3. 地毯的清洁及维修	（1）使用专用的地毯除渍剂清除地毯上的局部污迹 （2）如地毯接缝开裂、隆起，应立即通知地毯工作进行维修
4. 灯具及裙板	灯具、裙板除每日擦式外，还应注意是否工作正常，是否掉漆，如有上述现象发生，应及时报修

5. 大厅的清洁

程　　序	标　　准
1. 家具	（1）用抹布擦掉大厅摆放的所有家具上的手印及灰尘 （2）在适当的情况下打家具蜡，保持家具光亮
2. 玻璃	（1）准备擦玻璃具一副，水桶一只 （2）将稀释后的清洁剂擦在玻璃上 （3）用玻璃刮将清洁剂刮下来 （4）用抹布把玻璃框及底部的水迹擦干净
3. 花盆	用抹布将花盆内外擦净

程 序	标 准
4. 墙壁	用稀释后的清洁剂由上至下反复擦拭，保证清洁光亮
5. 金属物	（1）用抛光金属剂抛光 （2）用抹布擦拭直至光亮，无污迹
6. 大理石地面	（1）准备地拖一副、大理石专用清洁剂 （2）重复擦拭，保证光亮，无尘、无杂物
7. 镀铬圆柱	（1）用湿抹布由上至下擦拭 （2）用干抹布重复擦拭保证光亮，无污迹
8. 立式烟缸	（1）每天冲洗 （2）保证烟缸表面光亮，无污迹 （3）每周用抛光清洁剂抛光
9. 公用电话	（1）每天用抹布清洁电话表面，擦去灰尘 （2）用酒精消毒，保持干净，无异味
10. 大厅台灯	每天用抹布反复擦拭，保持灯罩无灰尘、光亮，灯架无污迹，开关工作正常
11. 指示牌	（1）每天用抹布擦拭清洁，保持明亮，无尘 （2）使用抛光剂清洁铜制部位
12. 空调	每天用抹布清洁空调风口，确保空调工作正常，风口无尘、无污迹

6. 公共区域卫生间的清洁

程 序	标 准
1. 清理垃圾	将所有的垃圾倒入指定的垃圾袋中
2. 清洗烟缸	（1）在倒烟缸之前，应检查烟蒂是否熄灭 （2）清洗烟缸，并擦拭干净
3. 清洗垃圾桶	（1）用适量稀释的碱性清洁剂刷洗 （2）用抹布擦干净，使垃圾桶内外部干净，无污迹
4. 清洗恭桶	（1）将恭桶清洁剂沿恭桶内部边缘倒入 （2）用恭桶刷清洁恭桶，直到污迹消失 （3）用清水冲洗，同时清洁恭桶座圈、基座和桶盖 （4）用干净抹布将其外部擦干净

续表

程　　序	标　　准
5. 清洁立式便池	(1) 将清洁剂沿边壁倒入 (2) 使用百洁布从上水孔至下水孔按顺序清洁、冲洗 (3) 使用干净抹布将便池外部由上至下擦干净
6. 清洁镜面	(1) 将玻璃清洁剂均匀喷洒在抹布上 (2) 使用干抹布从上至下进行擦拭，直到镜面光亮，无污迹
7. 洗手盆及台面清洁	(1) 将稀释后的清洁剂均匀洒在洗手盆内 (2) 用百洁布将溢水孔、下水孔、盆内及台面进行消毒、清洁 (3) 用抹布擦干净
8. 墙壁隔板清洁	(1) 用蘸有稀释清洁剂的海绵及抹布由上至下擦拭清洁 (2) 用干净的抹布擦净
9. 镀铬制品清洁	(1) 使用抛光清洁剂擦拭抛光 (2) 使用干净的抹布擦干净
10. 配备客用品	(1) 配备充足的面巾纸、手纸、洗手液 (2) 按标准摆放小面巾，保证数量为 20 块
11. 清洁地面	(1) 将地面清扫干净 (2) 用抹布蘸稀释后的清洁剂清洁地面边角 (3) 用清水抹布将地面及边角上的清洁液擦干净 (4) 用抹布擦净地面及边角
12. 室内净化	每隔 1~2 小时喷洒空气清新剂一次

7. 衣帽间的清洁与服务

程　　序	标　　准
1. 准备工作	清理衣帽间无用的杂物，将暂放的设备码放整齐，放在客人看不见的地方或库房内
2. 清洗烟缸	使用干净的抹布将整个衣帽间的物品架、衣服架及地毯擦拭干净，做到无尘、无异物
3. 存取衣服	(1) 快速、准确地为客人提供服务，使客人满意 (2) 有礼貌存取衣物，要求准确无差错
4. 收尾工作	检查有无遗留物品，关掉不必要的灯

8. 窗户玻璃的清洁

程　　序	标　　准
1. 准备	(1) 准备玻璃刮、抹布、水桶 (2) 用温水将清洁剂按比例稀释，依照被污染的程度确定稀释比例 (3) 安装玻璃刮，用夹子夹好海绵
2. 清洁玻璃	(1) 用海绵蘸适量的稀释清洁液擦拭玻璃 (2) 从上至下，从左至右按顺序擦拭
3. 刮玻璃	(1) 用玻璃刮子从上至下，从左至右把玻璃上的污迹刮干净 (2) 使玻璃保持光亮，无尘、无污迹
4. 收尾工作	用抹布将玻璃铝框擦拭干净，确保无灰尘、无污迹

9. 清洁大理石

程　　序	标　　准
1. 准备工作	(1) 根据地面面积，备好适量的起蜡剂、封地蜡及上光蜡 (2) 准备洗地机一台、墩布车一台、墩布地拖两把和吸水机一台
2. 起蜡	(1) 将起蜡剂按 1:20 比例与温水调好 (2) 均匀地将稀释后的起蜡剂洒在所上蜡的地面上 (3) 等候 10~20 分钟，待起蜡水与地面充分发生反应后，用起蜡机并放入黑色磨光垫起蜡 (4) 用清水反复冲洗干净为止 (5) 使用吸水机将地面存水吸干 (6) 用墩布反复墩干净
3. 封地蜡	(1) 待地面晾干，检查无污迹后，使用上蜡器（地拖）开始上蜡 (2) 上两遍封地蜡，每遍间隔时间以能晾干为准
4. 上光蜡	(1) 待封地蜡晾干后，用上蜡器（地拖）涂上光蜡 (2) 上三遍上光蜡，每遍间隔时间以能晾干为准

10. 清洁工作区域楼道和楼梯

程　　序	标　　准
1. 楼道	（1）将楼道内和楼梯上的垃圾等杂物装进垃圾袋内 （2）用清洁剂清除楼道及楼梯内污迹，保持楼道及楼梯的清洁
2. 立式烟缸	（1）用夹子清除立式烟缸内的烟头和其他杂物 （2）使用干净抹布擦拭立式烟缸，保持立式烟缸的清洁光亮
3. 墙面	保持墙面无污迹、无灰尘
4. 灯具	（1）用干抹布将灯具擦干净 （2）确保无尘灰，光亮及工作正常

11. 行政办公区域的清洁

程　　序	标　　准
1. 清洁杂物	将办公室的餐桌端出，垃圾清理干净
2. 清洗烟缸	（1）倒烟缸之前检查烟蒂是否熄灭 （2）清洗烟缸，擦拭干净
3. 擦尘	保持办公桌及室内陈设无尘、无污迹（包括墙纸、门框、玻璃等）
4. 清洁地毯	（1）用吸尘器吸掉地毯表面的灰尘 （2）如有污迹用地毯清洗剂处理
5. 电梯清洁	擦电梯和电梯壁，维护梯内地毯
6. 收尾工作	（1）清洁完毕后关灯、锁门 （2）将抹布送到制服室 （3）将吸尘器清理干净，收存好 （4）将整个办公区域所有垃圾送往指定地点

12. 会议室及楼梯的清洁

程　　序	标　　准
1. 桌面	（1）倒烟缸 （2）用清洁剂洗净烟缸并擦拭干净 （3）用清水擦净桌面及椅子靠背

续表

程 序	标 准
2. 墙壁	(1) 用稀释的清洁剂由上至下，先左后右连续擦拭 (2) 画框除尘 (3) 裙板清洁
3. 玻璃	(1) 将玻璃清洁剂均匀喷在抹布上 (2) 用抹布由上至下擦净
4. 地毯	(1) 用吸尘器吸掉地毯表面的尘土 (2) 如有污迹，用地毯清洗剂处理
5. 家具用品	确保所有家具及桌面上的用品摆放整齐
6. 扶梯	(1) 用抛光清洁剂抛光 (2) 用抹布擦净 (3) 用吸尘器吸去扶梯和地毯台阶上的异物

13. 楼层清洁员的清洁工作

程 序	标 准
1. 客用走廊	(1) 每日使用专用的清洁剂、专用工具清洁走廊内的玻璃窗，使其光洁、无尘 (2) 确保走廊墙壁、裙板、指示牌上干净无尘，无手印、污点及划痕
2. 空调	定期清洁走廊内的空调出风口及隔尘网，并保持清洁干净，无尘
3. 立式垃圾桶及沙子	(1) 每日对立式垃圾桶进行清洁并抛光，使立式垃圾桶外表光亮、无污迹 (2) 定期清洗、更换烟盘内的沙子，保持沙子的洁白 (3) 及时清理烟盘内的杂物，烟盘内的烟头不能超过三支
4. 客用电梯门	确保电梯门光亮、无尘、无痕迹
5. 防火通道	(1) 保持防火通道内的楼梯扶手和台阶干净，无尘 (2) 保证防火通道畅通，不得堆放其他物品 (3) 保证消防器材设备干净，整洁
6. 员工工作间	(1) 保持工作间内清洁，各种架子、桌子干净，布巾摆放整齐 (2) 确保员工卫生间清洁，无异味 (3) 工作间地面干净，无污迹 (4) 墩布要干净，无异味

四、公共区域清洁卫生的质量控制

公共区域清洁卫生具有涉及面广，工作项目繁琐，人员变动较大等特点，为保证其质量，提高工作效率，必须实行相应的控制措施：

（一）强调专业化技术

对人手需要量大、专业技术强、周期性强又较宜固定安排的清洁项目进行外包——由社会上的公共清洁公司承担。如外墙清洁、大堂地面清洁等。对日常清洁清洁维护比较简单和灵活的项目安排酒店员工。

（二）划片包干，责任落实到人

由于公共区域卫生面积大，工作地点分散，不易集中监督管理，且各类卫生项目的清洁方法和要求不同，很难形成统一检查评分标准。所以，不仅要求每位服务人员具有较高的质量意识和工作自觉性，同时也要做到分类管理，定岗定人定责任。可将服务员划分成若干个小组，如楼道组、花园组等。注意做到无遗漏、不交叉。

（三）制订计划卫生制度

为了保证卫生质量，控制成本和合理调配人力、物力，必须对公共区域某些大的清洁保养工作，采用计划卫生管理的方法，制订计划卫生制度。如墙面、高处玻璃、各种灯具、地毯洗涤、地面打蜡等，不能每天清扫，需要像客房计划卫生一样，制订一份详细、切实可行的计划，循环清洁。清扫项目、间隔时间、人员安排等要在计划中落实，在正常情况下按计划执行。对交通密度大和卫生不易控制的公共场所卫生工作，必要时应统一调配人力，进行定期突击，以确保整个饭店的清新环境。

（四）加强现场管理

公共区域管理人员要加强现场巡视，要让问题解决在可能发生或正在发生时，因为一旦清洁卫生遗漏、失误或欠缺已成事实，首先感知的往往是公众。所以公共区域各类清洁项目应有清楚地检查标准和检查制度，以及制作相应的记录表格。管理人员要对清洁卫生情况进行密切监督，定期或不定期的检查和抽查，才能保证公共卫生的质量，才能维护公共区域的形象。

【案例分析】

"有人在大堂里吐痰"

浙江省某市的远山宾馆营业初期，国内客人占了很大比例，其中不乏一些文化素质较差、文明程度较低的客人，宾馆的卫生工作很不容易搞好。

客房服务员经常反映地毯上有痰迹、呕吐物和烟灰，甚至有烟蒂烧穿的洞孔；墙上则乱涂"×××到此一游"的字迹，间或还有下流污秽的话语。客人外出后，房间里往往一片狼藉，十分肮脏。服务员的工作量可想而知。

最令人头痛的是在大堂等公共区域，连明亮的大理石地板上都有客人吐的大口浓痰，烟蒂、废纸等杂物更是随地乱扔，负责公共区域卫生的员工必须眼观六路、耳听八方才能及时清除，真是难为了他们。

客房部曾经想过许多办法，但都收效不大。贴上标志、放块牌子全都无济于事。不讲文明的客人对此视而不见，均不因此而改变他们的习惯。而且，他们明白自己在宾馆里的"上帝"地位，故而我行我素，旁若无人。客房部经理苦思良久，终于想出一个办法，决定"以诚感人"。

某天，三位本省的乡镇企业销售人员走进大堂，只听"噗"的一声，一口浓痰吐到刚擦干净的地板上。说时迟，那时快，一名中年服务员及时赶到用拖把擦去。同来的客人看在眼里，记在心中。接下来，在办理住店手续的10分钟里，那位中年服务员始终提着拖把在离他们不近不远的地方，两眼露出警惕的目光。正在此时，背后又有"噗"声，中年服务员又转身去擦，擦完后只见他大步朝右边走去，蹲到大堂一角沙发旁，用纸片拼命擦地面。一位乡镇企业销售人员过去一看，原来是一口风干多时的痰迹，由于位置隐蔽，没有被及时发现。三位客人办完手续乘上电梯，电梯里贴着一张"请勿吸烟"的招贴画，可是他们谁都没有掐灭手中正在燃烧的纸烟，照吸不误。就在这个时候，旁边一位身穿宾馆工作服的中年服务员悄然无声地伸过一个烟灰缸，在电梯运行的这段时间里，他始终托着烟灰缸，直到三位客人走出电梯。几位客人在房间里略作休息后，再乘电梯下楼时，手里已不再拿香烟了。

问题：如果你是服务员，遇到这样的"上帝"，你该如何做？

【本章小结】

客房卫生状况的好坏，是宾客选择饭店的首要因素。做好客房的清洁保养工作，一方面可以为住客创造良好的休息、工作环境，另一方面大大延长设施设备的使用寿命。加强客房清洁保养的控制，对保证客房产品质量，提高住客满意度和饭店经济效益有着深远的意义。

公共区域的卫生水准反映了一个饭店管理的专业化程度，直接影响着整个饭店的对外形象。同时，由于公共区域涉及的设施设备众多、投资较大、技术性强，其清洁保养工作直接影响到饭店的正常运行和设施设备的使用寿命。因此，做好公共区域的清洁保养工作，对树立企业良好形象，提高公众美誉度，降低企业运行成本具有重要意义。

【实训项目】

住客房的做房服务程序

【思考与练习】

1. 怎样做好客房清洁整理的质量控制？
2. 公共区域主要部位清洁卫生的任务和要求是什么？

第十三章　客房部安全管理

【本章导读】

客房部不仅要以干净舒适的客房以及服务人员热情好客的态度、娴熟的服务技巧来满足宾客的各种需求，使其乘兴而来，满意而归，而且还要极其重视宾客的一个最基本的需求——安全。客房安全是指宾客在客房范围内人身、财产、正当权益不受侵害，也不存在可能导致侵害的因素。因此，在客房的设计、布置、服务以及管理工作中，应充分考虑到各种安全因素，防范任何安全事故的发生，保证饭店的客人和员工始终处于安全的生活和工作环境之中。

【学习目标】

1. 了解客房部的安全系统
2. 掌握客房部钥匙的管理
3. 掌握火灾的预防及处理
4. 掌握防治盗窃事件的发生及事件的处理

【关键概念】

安全管理　安全系统　安全制度　火灾　盗窃

第一节　客房部的安全系统

一、客房部安全设施的配置

安全设施是指一切能够预防、发现违法犯罪活动，保障安全的技术装备，由一系列机械、仪器、仪表、工具等组合而成。当前，饭店常用的安全设施有：由多类报警器组成的自动报警系统；由摄像机、录像机、电视屏幕组成的电视监控系统；由多类火警报警器、防火门、消防泵、增压送风机等组成的自动灭火系统等。

（一）客房安全设施配置的目的

1. 有效地预防、发现、控制和打击违法犯罪活动和各种灾害事故的发生

客房是为客人提供住宿和各项服务的地方，人、财、物比较集中。犯罪分子的犯罪活动正朝着智能化、科技化、集团化的方向发展。不法分子又都善于

伪装，犯罪预谋周密，难以发现和控制，只有使用更加先进的技术装备、采用先进的技术手段，才能更加有效地发现、控制和打击犯罪活动，防止各种灾害事故的发生。

2. 满足客人的安全心理需求

客人住店，首先关心的是自己的人身和财产是否安全，其次才关心住店是否舒适、温馨。客房配备和使用安全设施，既要符合客房安全"外松内紧、预防为主"的特点，又能满足客人快快乐乐、无忧无虑的要求。客房在设置安全设备时要考虑到危害客房安全的各种因素和危险易发部位。这些部位一旦出现情况，设备要能立即实现报警及补救。

（二）客房安全设备的配置

1. 电视监控系统

饭店设置电视监控系统是现代管理设施的一个重要组成部分，设置的目的是提高安全效益、优化安全服务、预防安全事故的发生、保障客人的安全。它由多台电视屏幕、摄像机、自动或手动图像切换机和录像机组成。安全人员通过屏幕控制各要害部位的情况。电视监控系统主要设置在饭店公共区域、客房走廊和进出口人多而又人工不易控制的地方。主要分布在：

（1）大堂。前厅部的大堂是饭店客人出入和集散的重要场所，一般要安装大角度旋转的摄像头，以确保饭店大堂客流情况的控制。违法犯罪分子要到饭店作案，绝大多数会在大堂的监视屏幕出现。一旦发现可疑情况，监控人员要及时通知楼层服务员进行监视，并立即向保安部报告。

（2）客用电梯。电梯升降时处于封闭状态。当电梯内有违法犯罪行为，如斗殴、凶杀或侵犯妇女的暴力行为等，被害人无法求援，保安人员也无法掌握和解救。因此，每个正常使用的客用电梯内均要安装摄像头，只要发现可疑现象，即可定点录像取证和跟踪监控。当然，监视人员要正确判断图像，防止不法分子用胶布或其他手段封住摄像头。

（3）楼层过道。这在实行客房服务中心管理的饭店尤其重要，因为楼层没有专职的台班服务员。客房区域的每个楼层过道都应配置摄像头，以保护住店客人的安全，防止盗窃及其他不法分子，或可疑人员在楼面进行不法活动或骚扰住客。

（4）公共娱乐场所。饭店的健身房、舞厅、游泳池等，属于公共娱乐场所，存在着打架斗殴，甚至贩卖毒品的可能性，有必要安装摄像系统，以控制治安事件的发生。

（5）贵重财物集中场所。贵重财物集中场所，如贵重物品保险柜、收银处、仓库等处是犯罪分子窥视的地方，配备电视监控系统，可及时发现案情。同时，这些地方如果出现无关人员，监控人员应及时通知有关部门询问盘查。

对形迹可疑、说不清来历意图的人，要让其到保安部，进一步查清情况和原因。

2. 安全报警系统

安全报警系统是饭店组成防盗、防火安全网络的一个重要环节。防盗重点是对非法进入者监督控制，在出现危害客人安全、偷盗财物等情况时，能够及时报警。饭店安全通道一般都昼夜畅通，但一般客人是不会从通道出入客房区域的。违法犯罪分子为逃避监视，会利用通道无人看守而出入客房区域作案。有的饭店为弥补这一漏洞，夜间采取上锁的方法，而这样做又违反了消防安全管理规定，最好的办法是装上监控摄像机，也可装上各种报警器。报警器的种类和性能如下：

（1）微波报警器。微波报警器是根据波的反射原理设计制造的。微波发射器向前发出一束微波信号，微波信号遇到障碍物就会被反射回来，然后由接收器接收，但固定目标和活动目标有差异。固定目标反射回来微波信号的频率和原来相同，活动目标反射回来微波信号的频率则有所改变。微波报警器就是利用这一频率的差异而报警的。所以微波报警器适用于发现动态目标，而对固定目标作用不大。微波具有一定的穿透能力，将微波报警器用薄木板或塑料板罩上，不会影响微波的作用，所以比较容易隐蔽和伪装。微波的辐射一般不受温度的影响，但受气候的影响较大。下雨、下雪、大风等都会引起报警，所以微波报警器不宜在室外使用。在室内使用时还应考虑报警视角的大小，窄视角适宜控制细长的过道。

（2）被动式红外线报警器。任何物体都会发射红外线，物体本身的温度越高，发射的红外线就越强；反之，发射的红外线就弱。被动式红外线报警器是根据物体的这一特点研制而成的。它主要由红外线接收器和控制装置组成。接收器把所控制区域内各物体发射的红外线接收过来，传给控制装置，当红外线达到一定强度时，控制装置就会报警。.

被动式红外线报警器最大的缺点是受气温的影响较大，夏天和冬天气温高低相差很大，这种报警器的灵敏度会发生明显变化。夏天气温高，使一些物体发出的红外线增多，有些无生命的物体发出的红外线有可能达到了控制装置的报警点，这样就会引起误报；冬天气温低，人们穿着厚一些的衣物，发射的红外线相对减少，这样就容易出现该报不报的现象，而且在冬天低温的情况下，第一次报警灵敏度非常低，甚至用手摸也不报警；需待元件自身温度提高后才恢复灵敏度。在使用它时还应考虑控制的范围，最佳控制范围是 20 米以内。

（3）主动式红外线报警器。这种报警器材由收、发和控制装置三部分组成。发射装置发出一束红外线，在离发射装置几十米甚至几百米处，有个和它对准的接收器，当有物体穿越时这束红外线被挡住，接收器接不到红外线而将这一信息传给控制装置，发出报警信号。主动红外线报警器一般受气候影响不大，控制距离长并且成线状，适用于室外的开阔地。

（4）开关报警器。开关报警器是以开或关来形成报警，分为两种形式，一种是短接式，另一种是断接式。短接式就是探头线路短路时形成报警；断接式是在探头线路中断时形成报警。探头的结构形式一般有三种：即微动式、磁控式和金属条断裂式。微动式探头一般适用于保险柜、贵重物品存放处等；磁控式探头一般适用于门窗；金属条断裂式探头除适用于门窗外，也可将金属条粘在玻璃上，玻璃破碎造成金属条断裂，遂发出报警，也可利用其引线形成警戒防护网。

（5）超声波报警器。它是以多普勒效应为工作原理的报警器。它的发射装置向控制区域发出超声波，只要入侵者进入控制区域，就会立即被发现。这种报警器材受气候和外界干扰较大，适用密封性较好的仓库和比较安静的客房环境，冬天灵敏度比夏天高。

（6）声控报警器。声控报警器由一个特别敏感的话筒和放大器组成。话筒能接收很微弱的声音信号，放大器将这一声音放大后送入扬声器，使值班人员能清楚听到现场活动的声音。此报警器适用于室内，具有话筒探头小、便于隐蔽和价格低廉等特点，在实际使用中和其他报警器配套使用效果更好。

3. 消防控制系统

（1）侦烟器。又称烟雾感应器，当室内烟浓度达到8%遮光程度时，酒店内的火警控制室会收到该侦烟器所发出的信号。

（2）感温器。又称温度感热器。即室内温度上升至一定温度后，感温器即接受信息，并将此信息送至酒店的火警控制室。

（3）差定探测器。当通过探测器的气流比装置处的温度高出20℃时，该探测器即能在30秒内做出反应，将信息送至火警控制室。

（4）洒水头。火灾发生时，可借由洒水头探测器之感应而启动洒水头喷水，以防止火势蔓延。它是一种扑灭初期火灾的固定灭火设备。

（5）火警指示灯。每一间客房门上方皆有一火警指示灯，如客房内的侦烟器、感温器产生作用，该火警指示灯即会亮起红灯，以利辨识。

（6）消火栓。消火栓内有消防出水口及灭火器等。一旦火灾形成，可以借此灭火设备立刻扑灭火源，避免火势扩大成灾。

（7）火灾报知机。一般位于消火栓上方，当火警发生时，按下按钮以通知火警控制室，获得人力支援以共同协助扑灭火源。

（8）防火阻隔门。即在走廊上等距离设置的阻隔门。一旦火警发生时，即自动弹开闭合，以免火灾延烧至其他区段，逃生时仍可推开通过。

（9）排烟机。一旦火灾发生时造成强烈浓烟，会对人体造成呛伤、窒息，同时烟雾弥漫也对人造成方向感迷失，并产生恐惧感。而排烟机则适当启动，将浓烟排出，提供更多的时间以利逃生或等待救援。

（10）紧急逃生梯。出入口有两道安全梯为火灾逃生时的紧急通道，平时严禁堆放物品阻塞通道或上锁，以免在紧急时无法发挥作用。

4. 防盗系统

客房的门上应安装有警眼、能双锁的门锁及安全链。

现在出现了许多采用高新技术的新型锁，如电子密码锁、IC卡锁等。这些电子门锁在饭店客房所显示的优点主要有四个：一是便于控制。它可以在饭店需要其失效时失效；也可以预设为一天或两天，过时再也无法打开房门。二是具有监控功能。客人和有关工作人员虽都有打开房门的磁卡，但号码不同，因此如果某客房发生失窃，管理人员只要检查门锁系统就可以得到一段时间内所有进入该房的记录。三是增设服务功能。如果将装在房门上的门锁微处理器连接到主机上，与饭店其他系统配合，将会给饭店的管理及客人带来更多的方便。例如，与能源管理系统联网，则客人在开门的同时，即可开通室内空调、照明等；如果与电视、电话系统连接起来，服务人员就不能在客房随意打电话，也不可以收看客人付费的电视，因为其磁卡上的密码不同；还可将门锁系统与饭店物业管理系统相连，客人手上的门锁磁卡就像一张信用卡，凭卡就可以在饭店消费。四是不易仿制。

除了已开始采用的电子门锁系统外，现在还有一种更先进的生物门锁系统。这一种系统是利用人的生理特征，如指纹、头像、声音等，作为开启门锁的信息。由于这些生理特征比密码更具有唯一性和不可仿制性，因而给客人和饭店带来更大的方便和安全。

另外在客房内的阳台或楼层较低的房间，其门、窗应配置安全装置。

二、客房部的各项安全制度

客房部除了注重对客房安全设备的配置外，更应制定完善的安全制度。对各项安全制度的建立有助于消除任何不安全因素，提高服务水平。

（一）住宿登记的证件查验

凡是进住饭店客人，无论是本国人或外国人，在登记时须持本人有效身份证、护照、外国人居留证等，由柜台接待人员确实核对，并发给饭店住宿证（Hotel passport）。

（二）对来访人员进行登记

为维护店内秩序，保障客人的安全，必须对访客进行登记工作。

（三）加强追踪检查客房

凡客人外出或退房，必须由服务员对客房做追踪检查。

（1）房间设备物品是否有损坏或遗失。

（2）迷你吧的酒水是否有使用。

（3）是否有未熄烟火及其他异常情况，并记录客人外出时间、查房时间，然后签上检查员名字。

（四）建立巡楼检查制度

除了以电子监视系统对各重要角落进行监视外，房务员、安全警卫、值班经理（大厅副理）交叉巡楼。注意检查下列项目：

（1）楼层是否有闲杂人员。

（2）是否有烟火隐患，消防器材是否正常。

（3）门窗是否已上锁或损坏。

（4）房内是否有异常声响及其他情况。

（5）是否有设备、设施损坏情况以及是否整洁。

（五）治安事件报案制度

遇有行凶暴力、抢劫事件、斗殴事件、发现爆裂物或发生爆炸事件、突发性事件时，应立刻向公安机关报案，并做好记录（案发地点、时间、过程）。控制相关嫌疑人员，封锁现场，提供公安人员任何可能的线索。

（六）火警、火灾的预警

定期检查火警总机及消防系统，以便一旦情况发生能随时发出警告并采取紧急应变措施。饭店也应定期做消防宣传与消防演练。

（七）遗留物品的处理

凡在饭店范围内拾获的一切无主物品视为遗留物品。任何人拾获，必须马上登记拾获人的姓名、日期、时间、地点及物品名称等，上交部门主管，由饭店统一登记造册、存放，私存遗留物品的视为盗窃。

（八）做好交接班工作

各当班人员必须有交班簿（表），当班人员须认真详细地填好各项交班事项，签上自己的姓名，交接班以书面形式付诸文字为准，必要时也可用口头表达清楚。

（九）财物保管制度

贵重物品的保管一般由柜台出纳负责处理。在新型的饭店客房中均设有电子保险箱，供客人存放贵重物品。贵重物品的保管，无论在柜台或客房，都可以有效遏止盗窃事件的发生。

（十）员工外出的检查

员工外出必须接受安全警卫的检查，如有携带饭店物品或特殊之物，须持有主管签名核准的"携出物放行条"，否则必须加以扣留并接受检查。

（十一）设备的检查制度

落实对各项重型设备的定期及不定期检查，如电力系统、锅炉、冷气系统的维修和安检，尤其是饭店备有发电机的，应定期测试，一旦遇有停电情况，发电机能够马上接通供电，可以避免停电造成的恐慌。

（十二）留意住宿客人的房间情况

房务部各级职员必须注意下列房间内的情况：

（1）是否有枪械等凶器。

（2）是否有违禁及管制的药品、毒品。

（3）是否在客房内烹煮食物及使用耗电的电器用品。

（4）房内是否有强烈异味。

（5）房内是否有宠物。

（6）客人是否有生病。

（7）房内是否有大量现金或金银珠宝。

第二节　客房部钥匙管理

客房门锁是保护旅客人身及财产安全的一个关键。坚固和安全的门锁以及严格的钥匙控制是旅客安全的一个重要保障。为保证饭店的安全，严格的钥匙控制系统是必不可少的。

一、钥匙的种类

（1）客房专用钥匙。只能开启某一个房间，不能互相通用，仅供宾客使用。

（2）楼层或区域通用钥匙。可开启某一楼层或某一楼层上某个区域内的所有客房。供客房部主管、领班及服务员工作之用。

（3）客房全通用钥匙。可开启各楼层所有的客房，有的还包括客房部所负责的公共区域内的场所，供客房部正、副经理使用。

二、客房钥匙的管理

钥匙的丢失、随意发放、私自复制或被偷盗等都会给饭店带来严重的安全问题及损失。饭店经营者必须认真对待这个问题。饭店管理机构应设计出一个结合本饭店实际情况、切实可行的客房钥匙发放、保管及控制的程序，以保证客房的安全，保证客人人身及财物的安全。一般来说，这个程序包括以下的内容：

（1）在客房部办公室内设有钥匙箱，集中存放各类钥匙，并有专人负责保管。每次交接班都需盘点清楚。一旦发现有遗缺，必须马上向客房部经理报告。

（2）总服务台是发放与保管客房钥匙的地方。当一个客人办完登记入住手续后，就发给该房间的钥匙。客人能在居住期内自己保管这把钥匙，或外出时将钥匙交还给服务台，待回房时再领取。

（3）客人到总服务台领取钥匙时，应出示住宿卡表明自己的身份。总服务台人员核对其身份后方能发给。

（4）客人办离店手续时，前厅的工作人员应抓紧每一个合适的机会提醒客人将钥匙归还。如在客人结账、领取行李时，或走出饭店大门时，前厅各部门的工作人员都可以礼貌地询问，提醒客人不要把客房钥匙带走。

（5）工作人员，尤其是客房服务员所掌握的客房钥匙不能随意丢放在工作车上或插在正在打扫的客房门锁上。应要求他们随身携带客房钥匙，因此，有的饭店的服务员将客房钥匙系在腰带上。客房服务员在楼面工作时，如遇到自称忘记带钥匙的宾客要求代为打开房门时，绝不能随意为其打开房门。如能确认的宾客可为其开门，不能确认的要礼貌地查对证件，并与服务台记录核对无误，方可开门。同时，服务员也得注意不可随意为无关的工作人员打开房门。遇因工作需要进房的，如维修工等，也要由服务员陪同进入，并记录进出房间的时间、原因。适时更换客房门锁的锁头是保证客房安全的有效措施，尤其是在丢失钥匙、私自复制钥匙等事件发生的情况下，饭店应果断地更换锁头。

（6）须防止掌握客房钥匙的工作人员图谋不轨。区域客房通用钥匙通常由客房服务员掌握，每天上班时发给相应的客房服务员，完成工作后收回。客房部每日记录钥匙发放及使用情况，如领用人、发放人及归还的时间等，并由领用人签字。客房部还应要求服务员在工作记录表上记录进入与退出每个房间的具体时间。

（7）目前，绝大多数三星级以上的酒店均采用了磁卡门锁系统。总台在为客人办理手续时均会为客人制作一张磁卡钥匙，每张磁卡都有一个相应的开启房门的密码，如果客人不慎丢失，只要到总台重新制作一张即可。新磁卡制作后，前一张磁卡的密码会自动失效，这就大大提高了客房的安全性。不过，对于客房清扫中的通用磁卡钥匙同样要建立严格的发放回收制度。

第三节　火灾的预防与处理

火灾是饭店最大的致命伤。其发生率虽然很低，但后果极其严重，会给饭店带来经济和声誉上的双重损失。客房是饭店的基础设施，而且通常位于饭店的高楼层，在此区域的人员较多，而且许多客人对所居住的环境不熟悉，万一发生火灾，扑救和疏散人员都较困难。因此，饭店必须制定一套完整的预防措施和处理程序，以防止火灾的发生，并保证一旦火灾发生能对火灾事故进行及时的处理。饭店应具备一定的自救能力，万一发生火灾，应当能在消防队员到达前自行扑灭，或能控制火势，等待消防人员的援救。

一、火灾的种类

（一）根据引起火灾的燃烧物质分类

（1）A级火灾（一般火灾）。纸张、纤维、木料等可燃性物质着火燃烧的火灾为A级火灾，其特征是燃尽成灰。适用于这种火灾的灭火器上有白底A字标记。

（2）B级火灾（油类火灾）。油漆、酒精、汽油、液化气（L.P.G）等可燃液体或气体着火时的火灾，燃烧后不留灰烬。适用于此类火灾的灭火器上有黄底B字标记。

（3）C类火灾（电气火灾）。电视机、开关柜、电缆、电器等着火时的火灾。适用于此类火灭的灭火器上有蓝底C字标记。

（二）按照火灾的受灾程度分类

（1）一般火灾，是指物质损失在1万~5万元内，或人员死亡1~2人，或受伤不到10人的火灾。

（2）重大火灾，是指物质损失5万~50万元内，或人员死亡3人以上、不到10人，或受伤10人以上，或虽未达到上述数字但危及首长、外宾和知名人士的安全，造成严重不良社会政治影响的火灾。

（3）特大火灾，是指物质损失在50万元以上，或人员死亡10人以上的火灾。

二、客房火灾原因

火灾往往是人们粗心大意、马虎疏忽造成的。了解火灾发生的原因，可以防患于未然。根据《世界饭店安全》杂志对近年来饭店火灾部位及原因进行统计分析的结果表明，火灾多发生在客房区域，占饭店火灾的68.8%。客房发生火灾的原因很多，归纳起来主要有以下几种：

（一）吸烟造成火灾

（1）宾客卧床吸烟或酗酒后玩火吸烟引起火灾。

（2）宾客乱扔未熄灭的火柴梗和烟蒂引起火灾。

（3）服务员将未熄灭的火柴梗和烟蒂倒入垃圾袋或吸入吸尘器引起火灾。

（4）库房内吸烟引起火灾。

（二）电器着火

（1）宾客在客房内使用电饭锅、电炉、电熨斗等电器不慎引起火灾。

（2）长住宾客违反饭店规定私自增加电器设备，使电线超负荷运转造成电源短路，引发火灾。

（3）客房内电器设备因安装不良或一次性使用时间过长，导致短路或元件过热而起火。

（4）宾客在灯罩上烘烤衣物引起火灾。

（三）其他原因

（1）宾客将易爆易燃物品带进客房，引起火灾。

（2）员工不按安全操作规程作业，如客房内明火作业使用化学涂料、油漆等，未采取防火措施而造成火灾。

（3）安全系统不健全、消防设施不完备等。

三、火灾的预防

（一）消防设备器材

预防火灾的发生必须从消防设备与消防措施着手。

大多数饭店在各楼层皆有完善的监控预警、灭火、逃生用的各种消防安全设备，主要有：温度感应器，逃生路线图，自动洒水头，逃生方向指示牌，逃生梯，紧急出口指示牌，客房用逃生绳索，灭火器，消火栓，排烟匣门，烟雾测试器，报警器，紧急电源，手电筒。

（二）防火措施

有效的防火措施能减少灾害的发生。

（1）在客房区域配置完整的防火设施设备，包括地毯、家具、床罩、墙面、房门等，都应选择具有阻燃性能的材料制作。

（2）客房内的服务指南附有安全须知，床头柜上放有"请勿在床上吸烟"告示牌，通道、电梯口有烟灰桶。

（3）鼓励员工"不吸烟"及"不喝酒"，以便减少火灾发生的可能，并限制员工吸烟区域，便于管理及防患于未然。

（4）所有服务员都要牢记太平门、灭火器、消火栓的位置，并熟练灭火器的使用方法。

（5）电梯口、过道等公共场所有足够的照明亮度，安全出口24小时都必须有红色照明指示灯，楼道内应有安全防火灯及疏散指示标志。

（6）上班服务员随时提高警惕，发现火警征兆或问题时要及时采取措施，及时报告。

（7）禁止客人在房内使用电炉，对长期住客使用自备的家电用品要特别留意，防止超负荷用电。

（8）各部门职工人员应了解该工作区域的空调、照明、瓦斯、水电系统的开关位置，以便于火灾发生时能迅速管制。

（9）定期检查各项设备的功能。

① 建筑物内外的防火结构及使用状况。

② 防火区、逃生区的划分。

③ 电器、机器设备。

④ 室内防火栓设备。

⑤ 警报设备。

⑥ 避难设备。

⑦ 避难通路引导标志（逃生方向指示牌）。

（10）消防安全工作组织化。成立消防安全委员会，由总经理担任主任委员，其他各有关部门主管为委员。其职责为拟订消防安全章程；审议消防安全计划；指定消防设备的改善与加强。

（11）依规定每一工作场所的灭火器数量必须充足，并定期检修其喷压与换药，保持可使用的状态。放置处所应明显而易见，四周亦不应堆积杂物妨碍取用。

（12）易燃品的储存处所应保持良好的通风，勿置于高温或明火作业场所。

四、火灾的事故处理

楼层客房一旦发生火灾，或饭店其他区域发出火警信号和疏散信号，客房部员工必须保持镇静，按照饭店和客房部制定的消防和疏散规则，迅速采取有效措施，保证客人的生命财产和饭店员工的安全，尽量减少损失。

（1）客房区域发生火灾：

① 一旦发现起火，立即使用最近的报警装置。如立即打破手动报警器玻璃片，发出警报。

② 拨饭店规定的报警号码，通知话务员着火地点和燃烧的物质。

③ 迅速利用附近适合火情的消防器材，如灭火机、水枪、灭火毡等控制火势或将其扑灭。

④ 注意保护客人人身和财产的安全。

⑤ 如发现客房门下有烟冒出，应先用手触摸此门，如果很热，千万不能打开房门。

⑥ 如果火势已不能控制，则要立即离开火场。离开时应关闭沿路门和窗。在安全距离以外等候消防人员到场，并为他们提供必要的情况。

（2）火警信号：客房人员听到火警信号，应立即查实是否发生在本区域。无特殊任务的客房部员工应照常工作，保持镇静和警惕，随时待命。除指定人员外，任何工作人员在任何情况下都不得与总机房联系，全部电话线必须畅通无阻，仅供发布火警紧急指示用。客房部经理或副经理留守在办公室待命，只有在客房区域发生火灾时才赶到现场。

（3）疏散信号：疏散信号表明饭店某处已发生火灾，要求客人和全体饭店人员立即撤离房间，赶到集合地点列队点名，该信号只能由在火场的消防部门指挥员发出。

① 迅速打开太平门、安全梯，并组织人员有步骤地疏散客人。

② 客房工作人员应敲击和打开房门，帮助客人通过紧急出口离开房间，要特别注意帮助伤残住客。客人离开房间后要立即关好门。

③ 各层楼梯口、路口都要有人指挥把守，以便为客人引路和避免大量客人涌向一个出口，造成挤伤事故。

④ 火灾发生后，要注意检查每一个房间内是否有客人。

⑤ 客房部经理应根据考勤记录在集合地点点名，确认每个工作人员是否到场。

五、客房灭火器材的使用

在饭店服务中，为了防止火灾的发生，配有各种消防剂和器材。这些消防器材不仅种类多，而且配置在饭店各个区域、各个要害部位，一旦发生火灾，可以立即投入使用。客房部员工必须掌握这些消防器材和消防剂的性能、作用和使用方法，才能预防火灾和消灭事故苗头。客房区域常见的消防器材有两大类，即消火栓和便携式灭火器。

（1）水与消火栓

①水。水作为灭火剂的主要作用是冷却，而且汽化后的水还可以排开空气中的氧气，使燃烧过程因缺氧而被抑制。水能导电，不能扑灭电力火灾，除非事先切断电源。水不能用来扑救不溶于水及比水轻的易燃液体引起的火灾，如苯、醚类。水也不能用来扑灭沸点低于80℃的易燃液体的失火，尤其不能用来扑救金属钾、电石、多卤化物、钠、发烟硫酸和氧化钠等物品引起的火灾。因为这些物品都能与水发生化学反应，产生易燃或有毒气体。

②消火栓。用水来扑灭火灾主要通过消火栓装置来进行。客房的每层楼都设置有安装消火栓的消防柜。消火栓出水口径一般为50～65毫米，其接口大多数是内扣式的，也有少数为卡簧式。消火栓使用方法是：打开消防柜，卸下出水口的堵头，安上消火栓接扣，接上消防水带，注意接口要衔接牢固；然后将水带甩开，注意不要拧花和拐死弯；最后拧开闸门。水经消防水带输送到火

场。使用完毕后，应首先关闸门然后再把消防水带分解开，卸下接扣、把堵头装好。消防水带每次使用后要冲洗干净，晒干卷好，定期检查，如发现漏水要及时修好。

（2）便携式灭火器。水不能用来扑救 B 类火灾和 C 类火灾，即易燃液体和电力的起火。所以，客房区域还需配备二氧化碳、干粉及干化学剂类灭火器。客房常用的为便携式（手提式）灭火器。表 13-1 中列出了饭店客房常用的便携式灭火器的类别和使用方法。

表 13-1　　　　　　　　　　　轻便灭火器材的用途及使用方法

类　别	适 用 对 象	使 用 方 法
二氧化碳灭火器	电火、易燃液体、精密设备、重要文件	1. 拔去保险栓 2. 将鸭嘴压下 3. 将喷射口对着火源外部由外向内喷射（另一种类型是逆时针旋转顶部的手枪）
干粉灭火器	易燃液体、电火、纸类、纺织品	1. 拔出保险栓 2. 挤压提把 3. 将干粉对着火源的外部，由外向内地喷射
泡沫灭火器	易燃液体着火（切勿用于扑救电火）	1. 将灭火器颠倒握牢 2. 使泡沫从外向内射向火源
酸碱灭火器	木料、纸类、纺织品着火（切勿用于扑救电火、易燃液体火灾）	1. 将灭火器颠倒握牢 2. 将水喷至火源根部
"1211"灭火器	电火、易燃液体、精密设备、重要文件等	1. 拔去保险栓 2. 挤压提把 3. 喷向火源根部
灭火毯	普通燃烧物的火灾	直接覆盖着火处

说明：① "1211" 灭火器、酸碱类灭火器，由于其药液只有一年的保质期，加上对环境有污染，已属淘汰产品。

② 干粉灭火器已有适合于灭 A、B、C 类火灾的新产品，属我国公安消防部门的推荐产品。

① 保管方法：a. 灭火器应安装在离太平门近，同时又远离容易损害物品的地方，这样使用起来比较方便。b. 防止喷嘴堵塞。c. 冬季，灭火器要防止冻结。d. 注意使用年限。e. 保存在干燥通风处，防止受潮、日晒。f. 严禁乱摆乱动。

②检查与保养：a. 每月称一次灭火器重量，看化学剂是否挥发。b. 每3年或5年，对灭火机进行流体静力检验，检查眼睛看不到的内部器械的腐蚀与损害程度。c. 检测后，在每个灭火器上贴上标有检测日期、检测人员及检测项目的标签。d. 在灭火器喷射装置中盖上合格印章，便于识别。e. 经常检查各个密封部位是否严密。f. 酸碱灭火器需每年更换一次药液。

【小知识】

火灾逃生要领

客房服务人员应了解火灾发生时的逃生要领，以便在火灾中及时给予宾客适当的指导和帮助，尽量减少火灾中的人员伤亡。

（1）离开客房时，应关好房门、带好钥匙，如有可能，用橡皮筋将钥匙环绕在手腕上，以备疏散路线口断时退回到客房自救，并等待外面救援。

（2）离开客房时，随身携带一条湿毛巾，经过烟雾区时用湿毛巾捂住口鼻，以减少呼吸量；经过浓烟区时，要弯腰或爬行前进。如能自备小电筒更利于黑暗中逃生。

（3）要摸清前进方向，从与风向相反的远离着火点的方向疏散。高层饭店的宾客无法下楼层时，可往二跑。跑到楼顶后，应站在逆风一面，等待营救。

第四节　防止盗窃

饭店的客房财产和客人财物常是不法分子盗窃的目标，客人中少数不良分子和内部员工中的少数不良分子也会趁机作案。为了保障客人、饭店和员工的财产不受损失，客房部必须严格执行各项安全规定，预防各种盗窃事件的发生。

一、防止客人盗窃

防止客人的盗窃事件发生，可采取下列措施：

（1）制定科学、具体的客人须知，明确告诉客人应尽的义务和注意事项。

（2）房务当班人员提高警觉，掌握客人出入情况，做好来访登记工作，注意观察进出客人携带物品情况。

（3）房态报表、交接班簿本等对外保密。

（4）房务员整理房间时，将工作车停在打开的客房门口，调整好工作车的位置，使工作车上的床单等物品面对客房，防止被人顺手牵羊。

（5）对储藏室的管制与上锁，不可让客人自己进入储藏室拿取备品或布巾用品。

（6）加强楼层巡视。凡发现房门未关的，应提醒客人把门关好，钥匙插在锁头上的，要取出交还客人。

（7）客房中较有价值的东西如挂画、灯饰等，应该采用较大尺寸，以便无法将其装入行李箱中。至于客用必备品或设施如冰箱、电视等，应打上饭店的标志，有助于打消客人偷盗的念头。

（8）客人可能带走浴巾、浴袍之类用品作为纪念品，而不视之为是一种盗窃行为，其他如闹钟、电视遥控器、文具夹等，客人顺手带走的也防不胜防，则应以房间价格来适度防患这些风险。另外，为了满足客人的这一需求，饭店应在饭店内商场出售这些物品，并在客房内告示客人。

二、防止员工偷窃

饭店也存在员工偷窃的问题，如果不加以防范和正视，将影响营运的成果。其防治方法如下：

（1）主管应以身作则，才有立场纠正和管理员工的不良行为，并应明确制订有关偷窃的罚责以便共同遵守。

（2）主管对应聘的人员先做背景的了解，了解其是否有前科或劣迹记录，可向公安机关请求调阅资料。

（3）对储藏室做好控制管理，可减少员工偷窃念头，对各项物品的进出须作好明细账，每月至少盘点一次。如果各项物品账目有异或短少，可能就是偷窃的征兆，应积极调查清楚。

（4）加强对员工的培训，以提高他们遵守法纪的自觉性。

（5）饭店员工多，尤其是流动率高的饭店，新旧员工常常更替，应积极要求佩戴标志证，作为辨识人员的基础。

（6）设立员工专用通道，防止员工或施工人员携带饭店财物离店。理想的员工停车场应稍远离饭店建筑物，至少不要设在建筑物的隔邻，以免员工偷窃得逞，亦可减少员工非分的意图。

（7）员工进出饭店应自动接受安全警卫的检查，不得从营业处所进出，携带公物要有主管人员的放行证明。如表 13-2 所示：

表 13-2　　　　　　　　　　　　　携带物品出门证

携带物品人		工作单位	
物品名称			
物品数量		出门时间	年　月　日　时
部门盖章			

三、防止外来人员盗窃

（1）加强入口控制、楼层走道控制及其他公共场所的控制，防治外来不良分子窜入作案。

（2）饭店不应在没有安全措施的情况下，将有价值的物品放置在公共场所。

（3）外来的办事人员、送货人员、修理人员等只能使用职工入口，并必须经安全值班人员问明情况后才能放行进入。这些人员在完成任务后，也必须经职工出口离店。安保人员应注意他们携带出店的物品。

【案例分析】

1998年5月，林某等4名旅游者向旅游行政管理部门投诉。诉称1997年7月11日，在北京市某星级饭店住宿，第二天早晨，发现其置于房内的一个女用黑色拎包不见。该拎包内装有现金、信用卡、身份证、首饰等物件，价值共计13万元。林某等认为，他们出钱住饭店，饭店应有义务保护他们的财产。现在其财物丢失，饭店应全额予以赔偿。旅游行政管理部门接此投诉后，即与该饭店了解核实情况。据该饭店称，饭店得知客人财物丢失事件后，立即向公安机关报案，公安机关也当即派出警员赴饭店客人住宿房间内进行现场勘察，并察看了饭店楼道、电梯的闭路摄像，发现该日凌晨两时许，有两名男子乘电梯下楼，其中一名男子背的拎包正是林某等人丢失的女用黑包。经查，该两名男子系住店客人，由于林某等人晚间未关房门，致使两名男子潜入房内窃走拎包。该两名男子已于当日上午结账离店。公安机关由此确认此系一起盗窃案件，已经立案侦查。

【评析】

1. 林某等客人要求饭店予以全额赔偿是不合理的。因为根据我国民法规定，承担侵权民事责任必须具备四个条件：一是行为的违法性；二是要有损害的事实；三是行为和损害之间要有因果关系；四是行为人主观上要有过错。从本案的实际情况看，饭店并不具备这四个条件，如上述案情可见，已确定客人拎包系两名男子所盗，即侵害人不是饭店，而是那两名男子。在这种情况下，要求饭店承担赔偿损失显然是不合理的。所以客人林某等人的损失只能由那两名男子来承担。

2. 如上述案情所示，此案已由公安机关确认为盗窃案，并已立案侦查。那么，此案的最终赔偿只能待公安机关侦破，查清全部事实后才能确定。作为饭店方，应当向林某等人说明情况，予以安慰。

摘自中国饭店网

第五节　客房其他安全事故的处理

客房安全管理工作，除消防安全和财物安全之外，还须切实做好涉及客人意外受伤、死亡事故以及住客违法行为等方面的安全管理工作。

一、客人意外受伤处理

客人意外受伤，是指客人在饭店内因某种原因而受到伤害。

客房管理者在得知客人受伤后，应立即赶到现场，安慰客人，同时打电话至医务室，请医生前来处理，对需送医院治疗并需住院的，应记下医院的名称和病床号，回店后填写有关表格。同时协助大堂副理与伤者的亲属、同事、领队、陪同联系。如果是轻伤，可请客人到医疗室包扎，以方便治疗。

事后，管理者应视客人的伤势，选择恰当的时机到房间探望问候，向客人表示慰问。如果事故的责任在饭店方，还应向客人道歉。安排员工对该房的客人在服务上给予特殊的照顾，视情况进房问候，询问客人在服务上有无其他需要。对事情发生的经过做好记录，调查事故发生的原因，从中吸取教训，防止类似的事情再发生。

总之，对于客人在房中意外受伤的事件，无论是设备自身故障造成，还是客人使用不当的缘故，首先应帮助客人，征询是否看医生，并了解或调查客人受伤原因，视情况做好善后工作。

二、客人死亡事故处理

客人死亡是指客人在饭店内因病死亡和自杀、他杀或原因不明的死亡。客房管理者应督导员工妥善处理，尽量减少对饭店造成的负面影响。

（1）发现者不得大声喧哗、惊慌失措，而应立即报告饭店安全部门，由其向公安机关报案，保护现场，严禁无关人员接近，可待公安人员处理。

（2）对客人死亡情况，除向公安机关和上级管理部门报告外，不得向外（包括其他部门的员工）透露。

（3）如死者系外国人，应由有关方面通知所属国驻华使馆或领事馆。

三、自然灾害的应急处理

由于所在地区的地理、水文、气候等特点，会形成不可预料的自然灾害，例如水灾、台风、地震、暴风雪等。对于这些不可抗拒的自然灾害，饭店应制定一系列预防和应对的安全措施。应对不同灾害的具体措施不同，但至少应包括以下三个方面的内容。

（1）制定客房部各个岗位在发生自然灾害时的具体职责和工作任务。

（2）制定详细的关于发生自然灾害时的报警以及疏散措施，以切实有效地保证客人、员工和饭店的安全。

（3）应针对可能发生的自然灾害的情况，做好充分的设备和器材上的准备，并定期专人负责检查，确保其处于完好的状态。

四、停电事故的处理

虽然大多数饭店拥有双路进电或自备发电机，可以保证在停电后能够立即自行启动供电，但如果事先准备不足，有可能会给客人，尤其是住店客人带来不便甚至安全问题。因此，客房应制定应付停电事件的相应措施，保证饭店和客人的安全。

（1）预先知道停电时，饭店应以书面形式通知住店客人停电的时间，以方便客人事先安排活动或避免正常活动受到影响。

（2）对于不明情况的客人，应及时向客人说明是停电并正在采取措施，以及恢复供电的大约时间，让客人有相应的心理准备。

（3）在停电期间，所有员工都应保持镇静，坚守岗位，并能给予客人适当的安慰，减少客人的恐慌情绪。同时，还应注意安全检查，防止有人乘机行窃或破坏。

（4）如夜间停电，员工应帮助滞留在走廊或电梯中的客人转移到安全的地方。

（5）要注意检查，防止客人点燃蜡烛或明火引起火灾。

由于客房具有高度的隐私性，一些人往往利用这一特点在客房内进行违法乱纪的活动，例如吸毒、贩毒、走私、嫖娼、赌博等。客房管理者必须加强对员工的安全意识的培训，提高他们的观察、识别、判断和妥善处理问题的能力。发现有上述行为要及时报告，并加强对楼层的控制。当公安人员进入楼层执法时，要协助其开展工作，并提供相关信息。

客房部的劳动保护也是客房安全管理的重要内容。客房员工在日常工作中需要大量接触清洁设备、化学清洁剂等可能造成安全问题的设备、用品，如有疏忽或使用不当则可能会对员工安全带来一定的威胁，给饭店造成损失，因此，客房管理者必须对客房员工进行职业安全培训，培养员工的职业安全意识，在工作中注意劳动保护，严格遵守有关规程。

【实训项目】

客房灭火器的使用

客房安全主要包括防火安全、防盗安全和自然事故安全三个方面，其中防火安全工作是客房安全工作中最常见的、损害最大的客房安全类型。因此，饭店服务人员入店教育和培训时就应学会灭火器的使用规范。

1. 实训安排

实训项目	客房灭火器的使用
实训时间	2 学时，其中示范讲解 20 分钟，实际操作 70 分钟
实训目的	（1）掌握常见灭火器的正确使用方法 （2）掌握常见灭火器的灭火原理和特点
实训要求	（1）掌握不同类型灭火器的操作要领 （2）使用过程中注意安全
实训方法	示范讲解与实训操作

2. 实训准备

选择空旷地，准备火源。准备 MP 型手提式泡沫灭火器 1 只，MPZ 型手提舟车式泡沫灭火器 1 只，MPT 型推车式泡沫灭火器 1 只，MF 型手提式干粉灭火器 1 只，MFB 型背负式喷粉灭火器 1 只，MT 型手轮式二氧化碳灭火器 1 只，MTZ 型鸭嘴式二氧化碳灭火器 1 只，MY 型手提式"1211"灭火器 1 只，MYT 型推车式"1211"灭火器 1 只。用软绳将实训场地与外界隔离起来，以确保安全。

3. 实训操作流程

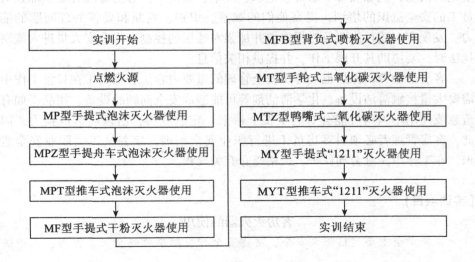

4. 实训操作规范

灭火器类型	操 作 规 范
（1）MP 型手提式泡沫灭火器	颠倒筒身，喷嘴对准火源，使用时，必须注意不要将筒盖、筒体对着人体，以防万一发生爆炸
（2）MPZ 型手提舟车式泡沫灭火器	先将瓶盖向上掀起，中轴即向上弹出使瓶口开启，然后颠倒筒身，将喷嘴对准燃烧物
（3）MPT 型推车式泡沫灭火器	一人施放皮管，双手握住喷枪对准燃烧物；另一人按逆时针方向转动手轮，开启胆塞。然后将筒身倒转，使拖杆触地，再将旋塞阀手柄扳直，使泡沫喷出
（4）MF 型手提式干粉灭火器	打开保险销，把喷管口对准火源，拉动拉环，干粉即喷出灭火
（5）MFB 型背负式喷粉灭火器	将灭火器背负至火场有效射程之内，一手紧握喷枪，使枪口稍低，对准火焰根部，另一手将外罩下部的拉环拉下，喷雾即可喷出
（6）MT 型手轮式二氧化碳灭火器	先将铅封去掉，手提提把，翘起喷筒，再将手轮按逆时针方向转动开启阀门，高压气体即自行喷出，注意切勿逆风作业
（7）MTZ 型鸭嘴式二氧化碳灭火器	先拔去保险插销，一手持喷筒把手，并紧压把手，气体即自动喷出，不用时将手放松即自行关闭
（8）MY 型手提式"1211"灭火器	先拔掉安全销，然后握紧压把开关，将喷嘴对准燃烧物，松开压把则喷射停止。使用时应垂直操作，不可放平和颠倒使用，喷嘴对准火源根部，并向火边缘左右扫射，快速向前推进，要防止复燃。如遇零星小火可点射灭火
（9）MYT 型推车式"1211"灭火器	先取下喷枪，展开胶管，此时打开钢瓶阀门，拉出伸缩喷杆，使喷嘴对准火源，握紧手握开关，将药剂喷向火源根部，松开即自行关闭。运用此法可连续点射或喷射，边喷射边向前推进

5. 测试

教师提出假设火情，让学生判断和正确使用灭火器。

【本章小结】

安全保卫工作是客房部管理工作的重中之重，防患于未然是安全保卫工作的指导思想，制定严格的客房部安全制度是保障客房部安全的重要途径。其中对于客房钥匙的管理是防止盗窃及意外事故发生的主要手段。了解火灾的起因、类型将更有利地杜绝火灾的发生；而加强对外来人员、楼面安全的管理及员工职业道德的培训则是防止盗窃事故的主要方法。

【思考与练习】

1. 客房部安全制度主要包括哪些内容？

2. 客房部钥匙的种类有哪些？

3. 客房火灾的起因主要有哪些？火灾一般有哪几种类型？火灾发生时应如何处理？

4. 饭店失窃原因主要有哪些？如何采取有效措施来防治此类事件的发生？

第十四章　洗衣房的管理

【本章导读】

　　为保证饭店各部门布件及员工制服的供应，并为住客提供优质高效的洗衣服务，许多饭店都设有洗衣房。通常包括客衣服务组、洗衣场等区域。客衣服务组主要负责客衣的收发、清点、打码、检查、核对、叠放、包装等工作，并处理洗衣房日常事务和对外联络协调；洗衣场通常要承担客房、餐饮等部门的棉织品、员工制服以及客衣的洗涤，还要进行窗帘、床单、帷幕等织物的处理。洗衣房的管理工作既涉及洗涤方面的技术性问题，也涉及对客服务质量管理的问题。

【学习目标】

　　了解洗衣房的设备配置与布局要求；熟悉洗衣房常用洗涤剂、洗衣基本原理；掌握水洗、干洗以及祛渍和熨烫的基本原理和步骤。

【关键概念】

　　洗涤技术　污渍　污垢　干洗　水洗　熨烫

第一节　洗衣基本原理

　　饭店洗衣场的洗涤技术通常包括干洗技术、水洗技术、去渍技术、熨烫技术等，良好的洗涤需要性能良好的洗涤设备和品质优良的洗涤剂作保证。

一、洗衣场的设备配置及布局

（一）洗衣场的常见设备（见表14-1）

表14-1

名　　称	作　　用	备　注
湿洗机（洗衣脱水机）	洗涤棉织品和可以水洗的客衣、制服	两台以上不同型号
烘干机（干衣机）	经湿洗机洗净甩干后的棉织品和衣物的烘干	

名　称	作　用	备　注
棉织品熨平机（平熨机、大烫机等）	用于床单、枕套、台布、口布等棉织品的熨烫	
干洗机	一般用于处理那些水洗后会变形、缩水、褪色的织物	
夹烫机	使衣物平整、定型	
人像机	使西装和一些造型复杂的服装平整、定型	
去渍台系统（去渍台和真空抽湿机）	去渍主要通过蒸汽喷枪喷射的蒸汽的冲击力和润湿的作用、可以吸离污渍的真空抽湿作用及可以祛除水基污渍的压缩空气的快速干燥作用进行	
不锈钢洗衣盆、挂衣推车、棉织品运输车；洗衣房用玻璃钢小推车、磅秤、熨斗、熨衣板等	洗涤和熨烫、运输布件和制服	

（二）洗衣场的布局设计

为能够充分利用空间，提高工作效率，减少噪音污染，洗衣场的布局设计要从适应洗涤流程、方便运转的角度考虑。

1. 出入口设计

（1）脏的布件、衣物和洁净的布件、衣物一般应从不同的出入口进出。

（2）脏衣物进洗衣房后，首先要进行分类，所以在脏棉织品和衣物的进口处应有一个分类堆放的场所。

（3）打码机和称重装置（磅秤）应设在进口附近，以便衣物的打码、编号、称重。

2. 水洗区域设计

（1）水洗设备一般安放在靠近进口处，饭店根据资金、场地和饭店客房、餐饮等规模配置容量不同的湿洗机。

（2）在这一区域内还应配置烘干机、平烫机、折叠机等。

客房和餐厅的各类棉织品是饭店水洗的主要内容，水洗之后通常要进行烘干；客房的床单、枕套和餐厅的台布、餐巾等布单类，还要烫平、折叠，所以在布局上相对集中，比较方便员工的操作。

3. 干洗区域设计

（1）干洗区通常为一相对独立的空间，所有与干洗有关的设备应放置在一起，最好靠近出口处。

（2）干洗区域设备通常包括干洗机、夹烫机、抽湿祛渍机、人像机等。机器熨烫设备最好和人工熨烫设备相对集中放置，以方便操作。

4. 对洗衣房的洗衣能力、干衣能力、处理能力的综合考虑

例如：洗衣房的洗衣能力是每半小时 22.5 公斤，而干衣能力为每小时 45 公斤，再配上足够的处理、储存和折叠布件的人员，这一组合就比较合理，否则会出现人力、物力或时间上的浪费。

二、洗衣房常用洗涤剂（见表 14-2）

表 14-2

名　　称	作　　用
棉织品主洗剂	一般有液态和粉状两种，前者质量好，含有机成分多；后者因含碱量高，除垢效果好，但缺点是不能完全融化和均匀分布
乳化剂	与主洗剂同时使用，祛除餐巾和台布上的油污而配备
酸粉	一般为柠檬酸和醋酸，用于中和碱
氧漂剂	即过氧化氢漂白剂，这是专用于彩色织物的，主洗时加入后可避免碱对色彩的作用，从而保持织物原有光彩
氯漂剂	若织物除需增白外，还要祛除浅色斑渍，主洗时加入，可避免碱对色彩的作用，从而保持织物原有光彩
上浆粉	主要用于台布、餐巾，使之经高温熨烫后能挺括、美观
柔软剂	在洗涤中使用可使毛巾类织物恢复和保持柔软度
干洗剂	如二氯乙烯，用于干洗织物的专门洗涤剂
衣领净	用于去除客衣污渍，洗涤前使用，可洗去油斑、色斑和其他脏斑
祛渍剂	常用的有祛渍剂、祛果汁剂、祛蛋白剂、祛油剂等

三、衣物洗涤基本原理

（一）基本原理

洗涤衣物，主要是祛除衣物上附着的污垢，简单地说，就是将衣物浸在一定浓度的洗衣液中，通过机器转动或手工搓洗的作用，使洗衣液很快将织物全部湿润并使洗衣液渗透至纤维内部及污垢之中，使污垢与纤维之间的结合松动，污垢脱离织物纤维并进入洗衣液中，同时，还可使污垢不再回到织物上而

保持在洗衣液中，最后经过洗涤介质（如水洗方式中的水或干洗方式中的干洗油）的处理而达到祛除污垢、洗净衣物的目的。

（二）影响去污效果的基本因素

1. 化学力

在洗衣领域中，化学力主要是指以洗涤介质（水或干洗油）和洗涤剂混合而成的洗衣液在衣物洗涤过程中所发挥的去污能力，有时也专指洗涤剂的去污力。

2. 机械力

主要包括洗衣过程中滚桶转动带动洗衣液所产生的冲击力，以及衣物与衣物、衣物与洗衣液及衣物与筒体之间相互摩擦和挤压所产生的作用力，这些机械力可以帮助洗衣液与衣物充分接触并发生作用，并使污垢脱离衣物并扩散到洗衣液中。

3. 温度

4. 时间

在实际的洗涤过程中，上述四个要素既独立存在，又互相影响。为取得最佳洗涤效果，必须针对衣物质地、污垢的特点以及所用的洗涤剂和设备的性能，灵活组合各种要素，设计合理的洗涤程序。

【案例分析】

北京某酒店客房部经理

和洗衣房主管如约来到火车站对面的国际饭店，听取该店洗衣房的工作经验。接待这两位客人的是饭店客房部朱副经理。

"我建议两位先到我们的洗衣房去看看，也许你们可以从我们日常的操作程序中看出点什么，还可帮助我们总结这些年来的工作情况。"朱副经理很诚恳地建议道。

他们3人来到洗衣房。正好客房服务员送来客人放在袋中的脏衣。一位资深的员工在一一核验客人自己填写的洗衣单和袋中的衣服。

"瞧，817房的客人也在这一栏里选择'干洗'和'烘干'。我们的客人不了解每种面料的正确的洗涤方式，他们凭个人生活经验填单，要是我们不帮助他们把好关，洗涤员很可能把客人的衣服洗坏了。"这位姓段的老技师给我们看放在洗衣袋中的重磅真丝衬衫，衬衫有饰物镶嵌。他向我们解释，这种衬衫绝不可以干洗。接着他又一一打开洗衣袋，当他发现另一位客人把一条毛麻织物的裤子写成用水洗法洗涤时，他又对来访者说，他们必须改变洗涤方式。

前来取经的两位客人看了段技师如此认真把好洗衣前这一关，深受感动。

客房部朱副经理又把客人引领到熨衣处，只见每件洗涤物旁都有段技师标明的熨烫温度和时间。

"洗衣房里只有两名技艺出众的技师才可使用非蒸汽型熨斗，因为非蒸汽型熨斗对使用者的技艺要求很高。有些薄软织物如果熨烫不当，立刻就会变形或变色，严重的还会烫焦。"朱副经理说。

参观后，3人回到客房部，朱副经理又介绍道："洗衣房里学问也颇多，关键在于管理。既要在设备添置上舍得花钱，又要在工艺程序上严格实行规范化。先进的设备保养不当，很快便会发生故障；要是管理不严，设备有油外泄，弄污了客人衣物，就严重违反了'允许客人失误，不允许洗衣房出差错'的原则。另外，酒店本身还有许多布草，在洗涤前我们都要根据原料、纱支、经纬密度来确定适当的洗涤时间、洗涤剂浓度及用量、烘干和整烫的温度与时间。我们管理得越规范、越严格，布草的使用寿命越长。"

参观、介绍前后才2小时，然而两位客人却满载而归。

【评析】

在酒店客人的投诉中，洗衣房所占比例并不小。其原因主要出于管理不善和技术不佳两个方面。

洗衣房管理的重点在于标准化、规范化。水洗机、干洗机、烘干机、熨平机、压平设备、定形设备等维修与保养，都需要有标准化、规范化的管理制度保证；技师把关确定洗涤方式和熨烫温度与时间，也要有制度明确规定；员工技能技巧的提高，同样得以制度规定，有了书面的制度还不够，还需要有人督促执行。

在洗涤的各道程序中，时间与温度的标准化是关键。不同的织物对洗涤、熨烫时间和温度的要求大相径庭。要使每个员工明确，操作规范必须不折不扣地遵守。因此酒店培训和客房部、洗衣房负责人必须提高员工业务水平，使他们自觉执行规范。

摘自《酒店服务管理案例精选》，中国旅游出版社2006年版

第二节 水洗技术

衣物水洗是客衣服务中最主要的洗涤方式之一，饭店中大量使用的棉织品也都以水洗为主，因此，水洗技术的掌握是饭店洗衣服务的基础，也是饭店棉织品质量的保证。

一、水洗洗涤过程

水洗的整个过程大致可以分为以下五个阶段：

第一，冲洗与预洗——前处理阶段（见表14-3）。

表 14-3

过程	原 理	水位	温 度	时间
冲洗	利用水和机械力的作用，尽可能多地把被洗织物上的水溶性污垢和不溶性污垢冲离织物，提高主洗效果，减少洗涤剂消耗	中	随被洗织物的污垢具体情况而决定	1.5~3分钟
预洗	加有适量洗涤剂的预祛污过程，主要针对一些重垢污染的织物	中	随被洗织物的污垢具体情况而决定	1.5~3分钟

第二，主洗和漂白——核心祛污阶段（见表 14-4）。

表 14-4

过程	原 理	水位	温 度	时间
主洗	以水为介质，通过洗涤剂的化学作用、洗衣机的机械作用，以及由此产生的多种作用力，与适当的水温、时间相配合，将吸附在织物上的污垢剥离下来，达到祛污的目的	高	应考虑所使用的合成洗涤剂的承受温度、所洗涤织物的耐洗涤温度、所要祛除污垢的承受温度和最佳去除温度等因素	取决于所使用的洗涤剂的性质、浓度及织物的纤维质地等因素
漂白	使主洗过程未能祛除的可氧化或可还原的一类污垢发生消色反应，使白色织物有良好的白度，有色织物色彩鲜艳	高	取决于所使用的漂白剂的性质、浓度及织物的纤维质地等因素	取决于所使用的漂白剂的性质、浓度及织物的纤维质地等因素

第三，过水阶段（见表 14-5）。

表 14-5

过程	原 理	水位	温度	时 间	备注
中间过水	有助于使含污垢的洗涤残液排出，降低碱度，调节温度，以便为下一步的漂白创造更好的条件	高	由高到低	1.5~3分钟	可以选择
彻底过水	有效祛除溶解或悬浮在洗衣液中的污垢及洗涤剂	高	由高到低	1.5~3分钟	必须洗涤

第四，柔软、中和、增白和上浆——后处理阶段，可根据需要使干净的织物给人以悦目、清新、柔软或坚挺的外表和感觉（见表 14-6）。

表 14-6

过程	原　理
柔软	使用织物柔软剂，增加织物的舒适柔软感和蓬松感，还可抗静电
中和	可以与残存的碱性物质发生中和反应，可迅速降低碱度，达到祛除碱性的目的；有助于祛除布件中的铁离子，防止铁离子沉积在布件上形成发黄现象；控制水的硬度，减少硬度对洗涤效果的影响；调节布件的 PH，使其接近人体表皮的酸碱度，提高布件的舒适度；减少过水次数，节约水和能源
增白	主要用于高标准白度要求的织物，是在漂白的基础上定期对白色织物进行的增加白度的处理，一般有两种：加蓝增白与荧光增白
上浆	使被浆织物表面挺括，防止纤维起毛并有良好的观感，同时使被浆织物表面有一保护层面，使污垢的浸透受到一定的阻延作用，也能使被浆织物由于浆料的黏合作用，其纤维得到一定的强化，对于延长织物的使用寿命有一定的促进作用

第五，中脱和脱水阶段（见表 14-7）。

表 14-7

过程	原　理	作　用
中脱	利用洗衣机（脱水机）滚筒高速旋转时产生的离心力，使滚筒内含水织物的含水量尽可能地降低	可降低织物中的含水量，同时祛除溶解或悬浮于水中的洗涤剂及污垢，从而提高过水效果
脱水		可降低织物含水率，有利于提高烘干和烫平效率

二、影响洗涤程序设计的因素

洗涤程序的合理与否直接影响着最终的洗涤效果和工作效率，因此，管理者在进行洗涤程序的设计时，必须针对洗衣房的具体情况并考虑影响洗涤程序的诸多因素。

（一）洗涤设备的类型

水洗的洗涤设备主要有半自动型及全自动型两类，不同的洗涤设备的类型决定了洗涤过程中所能产生的最大机械力、可自由调节及可控制程度。

（二）洗涤工作要求

根据洗涤的工作要求，通过灵活调整洗涤步骤，合理搭配洗涤要素来保证洗涤效果，提高工作效率。

（三）水质条件的差异

水质对洗涤效果影响主要在于两方面：一是水的硬度；二是水中铁离子的含量。一般情况下，至少要将硬度控制在 137mg/kg 以内，铁离子含量在 0.1mg/kg 以下。

（四）织物的类型和特点

设计最佳洗涤程序，首先必须考虑织物的类型，如棉、麻、羊毛等；同时，还必须考虑织物的质地、颜色及染色牢度等特点。不同质地的织物其纤维性能不同，对洗涤有不同的要求。

（五）污垢的程度和类型

在设计洗涤程序时，首先要按脏污的程度，将待洗织物分为轻污、中污、重污。其次是根据污垢的可溶性，分为水溶性污垢、碱溶性污垢、溶剂性污垢、酸溶性污垢和不可溶性污垢。另外，在设计洗涤程序时，还需要针对具体污垢设定洗涤温度，尤其要注意在血等易发生变性反应的污垢存在时，应尽量避免使用高温。

【案例分析】

T 恤衫变成了"童子衫"

某日，住在某酒店内的英国客人史密斯先生送洗了不少件衣服。当天晚上，他临睡以前从已经洗好的衣服中拣出一件 T 恤衫，准备在洗澡后换上，但一眼望去，觉得这件衣服好像不是自己的。他想：莫不是和其他客人的衣服搞混了？经过仔细检查，确定衣服的确是自己的，但经过洗涤后明显缩水了，已经无法再穿。

史密斯先生十分恼火地拿着那件 T 恤衫，向酒店值班经理投诉道："这件衣服是我最近在意大利用 10000 里拉买的，第一次在你店洗过就变成了'童子装'！我要求你们照原价赔偿。"

值班经理回答客人说："请您稍等，我去查一下洗衣单。"

值班经理在洗衣房里找到了史密斯先生的洗衣单，只见洗衣类别栏内填的是湿洗，但非客人填写，而且没有签名。他拿了洗衣单去问客人："您是否事先提出过要求，例如熨洗、干洗还是湿洗？"

客人听罢更加不高兴了，大声说："我只知道要洗衣服，至于是怎么洗，我不懂而且没有必要去弄懂。你们酒店的洗衣工每天都在为客人洗衣服，该怎么洗，难道都不知道吗？"

值班经理耐心地回答道："我并无责怪您的意思。我们把您的衣服洗坏了，首先要向您道歉，当然还应当对此负责。"

"那么你打算如何解决呢?"客人问。

按饭店规定,至多赔偿洗衣费用的10倍,但值班经理故意留有余地地说:"根据本店规定,按照洗衣费的标准,酌情予以赔偿。"没有把具体底牌和盘托出。

客人接着讲:"你说的办法我不能同意,我要求按照原价赔偿。"

值班经理思考片刻,决定采用冷处理的办法。他征求客人的意见说:"按照具体情况,我提出一种变通办法供您参考。请您抽空儿到商店去走走,见到满意的T恤衫就买一件,费用由酒店给予报销;如果在回国以前仍购不到合适的T恤衫,到时酒店可考虑按原价折合人民币赔偿现款。"

由于给客人留有余地,客人便接受了值班经理的建议。果然客人于离店前在外面商场买到一件花纹基本上和洗坏的那件差不多的T恤衫,价钱比10倍洗衣费还少,由酒店报销,圆满解决了这一事件。

【评析】

在酒店内,客人送洗的衣物通常有烫洗、干洗、湿洗（水洗）三种方法。当班服务员必须核对送洗衣物的件数;检查口袋内有无遗留物;纽扣有无脱落;有无严重污迹或褪色;布质是否脆弱不堪洗涤;有无破洞等。另外,洗衣房员工在接收送洗衣物时,洗衣单应由客人自己填写并签名。如果客人让服务员帮助填写单子,应由客人签名确认,以避免发生类似以上案例中的问题。

本案例的起因既然在于酒店洗衣程序的不严密和洗衣房的不负责。不管洗衣单是客人自己填写,还是服务员代填,单上没有客人的签名,便贸然将衣服下水,总是不对的,一旦发生问题,酒店当然有不可推卸的责任。对洗衣房员工而言,应该对各种织品的缩水状况了如指掌,把客人的T恤衫洗成了"童子衫",说明该酒店洗衣房技术水平不过硬。如果在湿洗之前经过仔细查核、分析,这类事故本来是可以避免的。

本案例中值得赞扬的是值班经理的应变能力。酒店处理客人投诉的原则之一,是要维护顾客和酒店双方的利益。客人要求酒店按10000里拉的价格赔偿变成"童子衫"的T恤衫,而饭店又只能按该件洗衣费人民币10元的10倍即100元人民币赔偿,两者之间相差三倍（10000里拉约等于人民币443.54元）,顾客利益与酒店利益发生了冲突,该怎么办呢?值班经理凭着经验,建议客人在本市的商店买一件自己满意的T恤衫,既尊重了客人的感受,价钱比酒店规定的赔偿金（10倍洗衣费）还少,又照顾到了酒店的利益,结果圆满地解决了这件事,较好地维护了酒店和顾客双方的利益,这是值得我们学习的。

摘自《酒店服务管理案例精选》,中国旅游出版社2006年版

第三节 干 洗 技 术

干洗，又叫化学清洗，用高级面料做成的服装、穿着不太脏而无需下水洗涤的衣服及形状较大又无法下水洗的装饰物都可以干洗。

一、干洗洗涤原理

1. 原理

以一定量的挥发性有机溶剂，对织物进行清洁，达到祛除污垢的目的。

2. 优点

能把衣服上的油渍洗得干净，洗后衣物不易走形，易熨烫。

3. 缺点

水溶性污垢不易祛除，另外有些浅色衣物洗后可能会显得不太洁净。

4. 常用的洗涤方式（见表14-8）

表14-8

名称	工作原理	作用
简单干洗法	指使用干洗溶剂，在不添加干洗洗涤剂和水的情况下衣物进行干洗的洗涤方法	只适合一些极轻污垢衣物的干洗
二次干洗法	指在衣物第一次洗涤时，往干洗剂中加入干洗洗涤剂，洗涤5~8分钟后，把溶剂经过纽扣收集器泵进蒸馏缸中，经简单脱液后，再从清洁溶剂缸中泵清洁溶剂到滚筒内进行二次洗涤（这是一个漂洗过程）	适合于普通污垢的衣物
加料干洗法	指在干洗溶剂中加入适量的干洗洗涤剂以及水，运用过滤循环方式进行干洗	可以清除大部分水溶性污垢、非溶性污垢等，是一种比较全面的干洗方式，但对水的加入量的控制技术要求较高

二、干洗机的工作原理

干洗机的工作原理，具体见表14-9。

表 14-9

干洗机的功能设计	途径	组成	工作原理
洗涤系统		筒体、滚筒、机门、溶剂缸、泵、电机等组成	开动电机，使滚筒正反转，进行祛污洗涤工作
烘干系统		由纤毛过滤器、高低速风扇、带热泵的制冷系统和辅助加热器组成	被热泵和辅助加热器加热的空气在风扇的驱动下注入筒体，从衣服中带走一部分干洗油，经纤毛过滤器的过滤后流入制冷盘管，带有干洗油的热空气被冷却，随之干洗油被冷凝，冷却后流入油水分离器。这个循环过程不断进行，就可将衣服烘干。当衣服被烘干后，关闭热泵和辅助加热器，在制冷蒸发器的作用下，衣物即被冷却
回收系统	过滤回收	主要有过滤器、蒸馏缸、油水分离器等组成	通过过滤器，将干洗油中的微粒和色素用过滤的办法祛除，使重复使用的干洗油较为清洁
	蒸馏回收		将脏的干洗油加热沸腾后，使干洗油汽化上升，经过管道到达冷凝器，在冷凝器中被冷凝，冷却后流入油水分离器，经分离后，清洁的干洗油流入清洁箱以备再用
	烘干回收		在烘干过程中，带有干洗油的热空气经过制冷盘管被冷凝后，流入油水分离器，经分离后得到清洁的干洗油

三、干洗的基本程序

（一）准备

应对衣物进行检查，然后根据衣物特点进行分类洗涤。首先应根据衣物的颜色分为四类：白色，浅色、中等浅色，中等深色和暗色，可能掉色的同类同颜色织物。再根据织物的厚薄和结构紧密程度把衣物分为普通织物、纤细织物、厚实织物、毛衣类织物。

（二）上液

根据衣物状况决定选用哪个溶剂缸里的干洗油，是否需添加水和干洗助剂，如何添加，选择什么液位。干洗助剂的添加量为衣物重量的 1%~5%，水的添加量不大于 0.25%~4%。添加方式有两种，一种方式是往纽扣收集器中加入干洗助剂和水，随着清洗循环进入干洗油中；另一种方式是预先在工作缸中兑制洗涤剂，将工作缸中的干洗油抽入筒体，加入干洗助剂和水后，启动小循环约 30 秒钟，再将其抽回工作缸中备用。

（三）清洗

洗涤剂的循环方式有两种：小循环和过滤循环。添加干洗助剂进行洗涤，洗涤时间应视衣物及污垢状况而定，通常情况下，绸缎及非常纤细的衣物需要洗涤 2~3 分钟，厚重的毛料需要 6~8 分钟，其他普通衣物需要洗涤 4~6 分钟，漂洗需要 2~4 分钟。

（四）排液

根据洗衣液的清洁程度决定排放方式。如果洗衣液比较脏，应排入蒸馏箱进行处理。反之，则排入溶剂箱供继续使用。

（五）脱液

时间为 1~4 分钟，洗涤比较纤细、易于变形的衣物时，可不经过这一步骤，直接进入下一步。

（六）烘干

温度为 45~65℃，时间为 15~35 分钟。

（七）冷却

一般为 2~5 分钟。

（八）检查

衣物经过干洗从干洗机中拿出后，必须逐一检查其是否达到饭店规定的洗涤质量标准，然后将衣物熨烫区域熨烫整形。

（九）绒布袋清理

衣服干燥时，风泵把热风通过衣物吹入绒布袋，漂浮的脏物随之吸附在绒布袋内，若长时间不清理绒布袋，会使加热循环的排气系统发生堵塞，同时延长干燥时间，因此应每天清理干洗绒布袋。

【案例分析】

干洗还是湿洗

江苏省某市一家酒店住着某台湾公司的一批长住客。那天，一位台湾客人的一件名贵西装弄脏了，需要清洗，当他见到服务员小江进房送开水时，便招呼她说："小姐，我要洗这件西装，请帮我填一张洗衣单。"小江想客人也许是累了，就爽快地答应了，随即按她所领会的客人的意思帮客人在洗衣单湿洗一栏中填上，然后将西装和单子送进洗衣房。接手的洗衣工恰恰是刚进洗衣房工作不久的新员工，她毫不犹豫地按洗衣单上的要求对这件名贵西装进行了湿洗，不料结果在口袋盖背面造成了一点破损。

台湾客人收到西装发现有破损，十分恼火，责备小江说："这件西装价值4万日元，理应干洗，为何湿洗？"小江连忙解释说："先生真对不起，不过，我是照您交代填写湿洗的，没想到会……"客人更加气愤，打断她的话说："我明明告诉你要干洗，怎么硬说我要湿洗呢？"小江感到很委屈，不由分辨说："先生，实在抱歉，可我确实……"客人气愤至极，抢过话头，大声嚷道："这真不讲理，我要向你上司投诉！"

客房部曹经理接到台湾客人投诉——要求赔偿西装价格的一半2万日元。他吃了一惊，立刻找小江了解事情原委，但究竟是交代干洗还是湿洗，双方各执一词，无法查证。曹经理十分为难，他感到问题的严重性，便向主持酒店工作的蒋副总经理作了汇报。蒋副总也感到事情十分棘手，召集酒店领导作了反复研究。考虑到这家台湾公司在酒店有一批长住客，尽管客人索取的赔款大大超出了酒店规定的赔偿标准，但为了彻底平息这场风波，稳住这批长住客，最后他们还是接受了客人过分的要求，赔偿2万日元，并留下了这套西装。

【评析】

本案例中将名贵衣服干洗错作湿洗处理引起的赔偿纠纷，虽然起因于客房服务员代填洗衣单，造成责任纠缠不清，但主要责任仍在宾馆方面。

第一，客房服务员不应接受替客人代写的要求，而应婉转地加以拒绝。在为客人服务的过程中严格执行酒店的规章制度和服务程序，这是对客人真正的负责。

第二，即使代客人填写了洗衣单，也应该请客人过目后予以确认，并亲自签名，以作依据。

第三，洗衣房的责任首先是洗衣单上没有客人签名不该贸然下水。其实，洗衣工对名贵西服要湿洗的不正常情况若能敏锐发现问题，重新向客人了解核实，则可避免差错，弥补损失，这就要求洗衣工工作作风细致周到，熟悉洗衣业务。

另外，就本案例的情况而言，酒店一般可按规定适当赔偿客人损失，同时尽可能将客人小损的衣服修补好，由于投诉客人是长包房客，为了稳住这批长包房客源，这家酒店领导采取了同意客人巨额赔款要求的处理方法，这是完全可以理解的。况且，尽管客人的确也有责任，但酒店严格要求自己，本着"客人永远是对的"原则，从中吸取教训，加强服务程序和员工培训，也是很有必要的。

摘自《酒店服务管理案例精选》，中国旅游出版社2006年版

第四节　祛渍和熨烫技术

一、祛渍技术

1. 工作原理

祛渍就是运用适当的物质，如水、洗涤剂、有机或无机溶剂等，采取正确的方法或技巧，处理一些吸附在织物表面的，在常规的水洗和干洗过程中无法祛除的污渍的过程。

2. 种类（表 14-10）

表 14-10

污渍种类	常见状态	祛除方法
水基污渍	墨水渍	使用普通的洗涤剂和含溶剂的水溶液进行处理
油脂类污渍	动物油渍、植物油渍、机油渍	使用有针对性的有机溶剂祛除，如汽油、香蕉水、松节油、四氯化碳等，可以使得粘在衣物上的污渍挥发掉
油基色素渍	圆珠笔油、油墨、复写纸等	使用有针对性的有机溶剂去除，如汽油、香蕉水、松节油、四氯化碳等，经过反复多次使用可以祛除，如有残留色素渍，可以再使用氧化剂处理
果酸色素渍	水果渍、瓜渍、西红柿渍	使用有机酸作溶剂的溶解方法处理；也可使用洗衣粉水溶液处理，利用其中的碱性成分中和污渍中的酸性成分，再使用氧化剂处理残余色渍
蛋白类素渍	奶油、血渍、肉汤、汗渍等	使用含有 2% 氨水的皂液处理，也可使用蛋白酶处理
其他类污渍	高锰酸钾污染的白布	用 5% 的草酸溶液祛除

3. 祛渍的基本原理

通过处理使得污渍从织物上脱离，达到祛污的目的。

一般包括以下作用：

（1）溶解作用。把某些液体对某些固体或液体的溶解特性运用到祛渍处理过程中，以祛除污渍。如水对米饭渍、淀粉类污渍具有良好的溶解能力，因而可以用水祛除这些污渍。

（2）化学作用。利用某些化学药剂与污渍产生化学反应，使污渍变成无色状态的物质或可溶性物质，再利用溶解作用祛除这些物质。如何使用草酸溶液与铁锈渍发生化学反应，生成草酸亚铁，再用水即可洗除。而某些色素类的污渍，可以采用氧化的方法，通过对色素的破坏，使之变成无色的物质，用水洗除即可。

（3）乳化作用

乳化作用是利用表面活性剂类洗涤剂或皂基洗涤剂的润湿、渗透、分散、乳化等作用，使得某些憎水性污渍或某些不溶性污渍，变成亲水性污渍，被乳化分离。

（4）分解作用

利用某些物质对一些污渍的特殊分解作用，使污渍可以变成易祛除的物质，从而达到祛渍的目的。例如，牛奶渍、血渍等蛋白类陈渍，可以利用碱性蛋白酶将其分解成水溶性的氨基酸和多肽，从而达到祛渍的目的。

在实际运用过程中，有时可能利用其中的一种作用即可达到祛渍的目的，有时则可能需要几种作用的综合性效果才能祛除污渍。

4. 祛渍的方法

（1）喷射法

喷射法是利用祛渍台配备的喷枪喷射的蒸汽所提供的冲击力，使织物上的水基可溶性污渍祛除的方法。使用前应特别注意观察织物结构能否承受一定的机械作用力，以及污渍是否能够耐受一定温度而不会固化或溶解深入织物内部。使用中应注意喷枪的作用距离与角度以及喷射时间，最好的角度应为蒸汽喷枪汽柱与织物呈45°，距离10~15厘米。

（2）揩拭法

揩拭是祛渍中最常用的方法，通常有刷式刮板式、正面揩拭、背面揩拭等方法。刷式是对污渍表面加注化学药品后，以刷子轻敲污渍表面，使其松动，再轻刷直至污渍脱离织物。刮板式是通过对污渍表面加注化学药品，让其渗透、溶解后，再用刮板轻刮污渍，使其脱离织物纤维。正面揩拭的方法是用纤细布片包着棉花成球状物，蘸取祛渍剂，在织物表面及其范围，轻轻揩拭，祛除污渍；背面揩拭方法与正面揩拭基本相同，只是应在污渍的背面轻轻揩拭以祛除污渍。

（3）浸泡法

对于一些与织物结合紧密的污渍，揩拭法一般无法祛除，可以使用浸泡法。将织物的污渍部分浸泡在化学药品中，使化学药品能够有充分的时间与污渍发生作用，然后再用刷子轻刷以祛除污渍。

（4）吸收法

有些纤细的或结构比较疏松的织物，以及一些脱色、污染比较严重的污渍的祛除可以采用吸收法帮助祛渍。对于这类污渍，可以在污渍上加注相应的祛渍剂后，待其溶解，然后用棉布团在污渍的背面轻吸，使溶解后的污渍转移到棉团上。使用这种方法应注意每次轻吸后更换干净的一面继续，以避免二次污染。

（5）强洗法

对于使用温和的机械作用难以祛除的大面积污渍，可以适当采用强洗法，就是在织物的表面施以祛渍剂，当其渗透进织物后，使用刷子或刮板进行较大力量的刷或刮，通过强劲的机械作用，使污渍脱离织物。但是使用这种方法的织物必须结构紧密、耐磨，而且染色不易脱落。但无论如何，这种方法都会对织物产生一定的损伤，降低织物的使用寿命。

5. 祛渍的基本程序

（1）辨别织物纤维

祛渍的目的就是在不损坏衣物的前提下祛除污渍，因此，首先要对衣物纤维进行识别。同时应了解织物纤维与祛渍剂之间的关系，避免错用祛渍剂，造成对织物纤维的损害。

（2）辨别污渍

辨别污渍是祛除污渍的关键。一般可以采用观其外表、嗅其味道、触其感觉、察其位置、断其基质五种方法。每一种都有一定的形态和颜色，可以通过观察，初步判断污渍的类别，即采取观其外表的方法进行初步的识别。嗅其味道主要是通过对污渍气味的识别来判断污渍，一般新渍气味明显，陈渍略为难以识别，但是稍稍用些蒸汽作用，一般仍然可以嗅出气味的。有些污渍当用手触及时会有一定的手感，也可以有助于污渍的识别。察其位置主要是通过对污渍所在部位推理污渍的可能性。断其基质是指要对不同衣物的穿着特点有所认识以帮助识别污渍。

（3）确定最佳祛渍方案

不同的污渍，通常采用不同的祛渍方案，即使是同种污渍，由于程度等的不同，也常采用不同的祛渍方案。确定最佳祛渍方案的最基本的原则是：最简单、最快捷、对织物损害最小地祛除污渍。一般首先确定可以祛除此种污渍的几个方法，然后考虑衣物的被洗涤方式、祛渍方式对织物纤维的影响程度以及祛渍方法操作的难易程度，最后还要考虑祛渍的经济性，尽量选择省时省力的祛渍方案。

（4）进行祛渍处理

根据所确定的最佳祛渍方案进行祛渍处理。

二、熨烫技术

（一）熨烫方式

1. 平烫

主要用棉织品熨平机来处理需要熨烫的部件，包括床单、枕套、口布、桌布等。

2. 机器熨烫

它是指借助人像机、夹烫机等熨烫设备处理一些需要熨烫的衣物，可以提高熨烫效率和效果。

3. 手工熨烫

它指使用熨斗熨烫衣物，通常对操作技术有较高的要求。

（二）熨烫原理

1. 原理：通过一定的工具，包括熨斗、整烫设备，通过一定的技巧方法，使各种衣物和棉织品达到平整、挺括、定型的一种工艺。

2. 必须具备的四个条件：

（1）温度

在织物的熨烫中，对温度是有一定要求标准的。由于织物种类的不同，其纤维的性质也有所不同，因此所需要的熨烫温度也各不相同。温度过低，就不能使纤维分子产生运动，水分不能及时干燥，也不能达到熨烫的目的。相反，温度过高，就会使纤维发黄、纤维收缩，甚至炭化分解、熔蚀。也就是说很容易把织物烫糊。由此可见，在织物的熨烫过程中，温度不能过低，又不能过高，要根据织物纤维的性质，使用合适的熨烫温度。只有掌握和运用合适的熨烫温度，才能获得理想的熨烫效果，同时也避免烫伤衣物，造成不必要的损失。

①使用电熨斗的技巧：

使用调温电熨斗，应掌握熨斗核定的各种纤维档次的熨烫温度，因为它是根据纤维最基本的保险系数制定的，用这个温度根本烫不平衣物。所以熨烫中，最好在该纤维熨烫温度的基础上再提高一个档次，如有必要还可调到更高的档次。

使用非调温电熨斗时，可以在温度较低的条件下，开通电源熨。但在熨烫中，左右手配合要熟练，时间不要太长，以免熨斗温度迅速升高。如需熨烫较长时间，应该在温度合适后关掉电源。

在开通电源熨烫时，要时刻注意观察熨烫效果及面料变化，特别是天然纤维面料及物的颜色及气味，稍有变化，应立即切断电源。待继续熨烫中发现温度不够时再接通电源。

在垫湿水布熨烫时，熨斗由于要使水分化为蒸汽，因此温度下降很快，即使不关电源，也会出现热力不足的现象。这时就要放慢熨烫速度，对熨斗的运行掌握可先轻后重，使水分蒸发扩散均匀、温度分布均匀。

如果采用非调温的普通电熨斗，可将水珠滴在加热熨斗的底板上，看水珠的变化、听发出的声音，来判断熨斗的大致温度，确定适合于熨烫哪类纺织品服装。

当在 70~100℃ 以内，没有水开的声音，水珠形状散开缓慢，继之慢慢起泡，出现开水声，并蒸发，这时温度还不适宜熨烫衣物。

当在 120~140℃ 时，发出"嗤嗤"声，水珠马上扩散，而起较大水泡，迅速蒸发，这时温度适宜直接熨烫尼龙绸面衣物、羽绒服、锦纶混纺衣物、腈纶交织混纺衣物及丙纶衣物等。

当在 150~160℃ 时，水珠滴上后先发出"啾"的声音，而后水珠由大变小，在底板上滚转。这时的温度，适宜直接熨烫涤纶衣物及毛涤纶混纺衣物，也可直接熨烫毛料衣物，或垫水布熨烫锦纶、腈纶、丙纶衣物。

当在 170~190℃ 时，发出"扑哧"声，水珠在熨斗上蹦跳而落地。这时的温度适宜熨烫闷过水的丝绸衣物及棉织品、人造棉织品、人造丝织品，也可垫干布、水布熨烫毛料衣物及涤纶、混纺衣物。

当在 200~250℃ 时，发出短脆的"啪"声，水珠立即飞溅。这种温度适宜垫湿水布熨烫各种毛料衣服、毛呢料衣物，但不要在水布已烫干的部位多停留，以免水布下的部位出现"亮光"，或使毛料织物变黄。

上述说的温度并非绝对的，可能会有几度之差。大约5℃，对衣物表面不会有多大影响。

②掌握织物熨烫的温度：

毛织物（薄呢）：熨烫温度约 120℃；

毛织物（厚呢）：熨烫温度约 200℃；

棉织物：熨烫温度为 160~180℃；

丝织物：熨烫温度约 120℃；

麻织物：熨烫温度在 100℃ 以下，一般不熨烫；

涤纶织物：熨烫温度约 130℃；

锦纶织物：熨烫温度约 100℃；

涤棉或涤粘混纺织物：熨烫温度约 150℃；

涤毛混纺织物：熨烫温度约 150℃；

涤腈混纺织物：熨烫温度为 140℃；

化纤仿丝绸：熨烫温度约 130℃；

维棉混纺织物：熨烫温度约 100℃（宜干烫）。

（2）压力

施加压力的大小，因不同织物而异。若对纤维织物施加压力过大，定型线就会显得生硬而不自然；反之，对厚实织物压力不够，则难以定型。

（3）水分

熨烫衣物时，通常使用加水布或在熨烫之前对被烫织物喷洒水分；蒸汽熨烫时则通过蒸汽把水分带入纤维。从而，有利于织物的定型。

（4）冷却

在织物达到预期的定型状态时，立即给予织物一个冷却作用，可以强行终止纤维内部分子的运动，达到完全定型的目的。

（三）熨烫顺序

（1）熨烫的原则：①先烫反面，再烫正面；②先烫局部，再烫整体。

（2）上装的熨烫顺序是：分缝—贴边—门襟—口袋—后身—前身—肩袖—衣领。

（3）裤装的熨烫顺序是：腰部—裤缝—裤脚—裤身。

（4）衬衫的熨烫顺序是：分缝—袖子—领子—后身—小裆—门襟—前肩。

（四）日常熨烫衣服的方式

（1）要熨烫的衣服必须洗净，不要晾得太干。如果衣服太干，熨前则需放在光滑的板面上均匀喷水，或在衣服上铺垫拧干的湿布，方可熨平。

（2）夏天，未洗净或未晾干的衣服如久置塑料袋内会出现小霉点，可用含醋的水洗刷干净后再熨。

（3）所用水布必须是完好的棉织品，因为棉织品在熨烫中所能承受的温度是纺织品中最高的；若水布受损或轻度损伤时，水布下的毛织物或混纺织物便承受不了高温产生的变化，将会损坏面料。

（4）熨烫时要顺衣料的纹线熨烫，如遇斜剪的衣料，亦应顺纹而熨。

（5）在一般情况下，熨衣先熨反面，后熨正面；先熨厚的，后熨薄的；先熨尼龙，后熨棉麻。

（6）如果衣物的皱褶太深，不易熨平，可在上面喷洒一些醋之后再烫，就很容易被熨平。

（7）熨女士衣物时，先喷洒几滴香水，熨后衣服散发幽香，使她们穿上后，神清气爽。

（8）熨烫维纶类织物不宜垫湿布，这是因为，维纶布是由维棉与天然棉混纺而成的。它与其他织物的特性不同，在干燥的情况下具有较好的耐热性，在潮湿时其耐热性反而显得很差，如果在熨烫此类织物时垫湿布，当水温升至90~100℃时，其强力将下降20%，而当水温超出100℃时，维纶布就会产生严重的收缩现象，使布质变硬、变脆，从而大大缩短其穿用寿命。因此，在熨烫维纶类织物时不要垫湿布。

（9）熨烫衣服时可将洗好的桌布、床单垫在衣服下，并稍稍注意移动一下位置。这样，在熨烫衣服的同时，桌布、床单也就平整如初了。

（10）如果熨斗使用时不太平滑，可用旧棉布包些蜡烛碎片摩擦熨斗底部。

（11）熨好的衣物应立即悬挂起来，一是散掉潮热气，保持挺括；二是减少发霉生臭的可能。

【本章小结】

洗衣房主要承担饭店布件、员工制服以及客人衣物的洗涤和熨烫等工作任务。洗衣房的洗涤质量和工作效率不仅影响饭店各部门的正常运转，而且影响客人对饭店服务质量的评价。因此，客房管理者应加强对洗衣房员工的技术培训，通过干洗技术、水洗技术、祛渍技术、熨烫技术等内容的培训，使员工熟练掌握衣物洗涤技术，以保证饭店衣物的洗涤质量。

【思考与练习】

1. 洗衣房常用的设备、洗涤剂有哪些？
2. 水洗和干洗有什么区别？
3. 常用的祛渍方式有哪些？
4. 常用熨烫技巧有哪些？

主要参考文献

1. 林美珍，郑向敏：《饭店前厅运作与管理》，中国财政经济出版社 2005 年版。

2. 陈乃法，吴梅：《饭店前厅客房服务与管理》，高等教育出版社 2003 年版。

3. 孙超：《饭店前台管理》，南开大学出版社 1998 年版。

4. 严伟：《饭店前厅与客房管理》，上海交通大学出版社 2004 年版。

5. 余炳炎，朱承强：《饭店前厅与客房管理》，南开大学出版社 2002 年版。

6. 孟庆杰，唐飞：《前厅客房服务与管理》，东北财经大学出版社 2002 年版。

7. 林璧属：《前厅、客房服务与管理》，清华大学出版社 2006 年版。

8. 刘伟：《现代饭店前厅部运营与管理》，中国旅游出版社 2008 年版。

9. 胡剑虹：《饭店前厅客房服务与管理》，科学出版社 2006 年版。

主要参考文献

1.

2.

3.

4.

5.

6.

7.

8.

9.

湖北高职"十一五"规划教材

公共课书目
☆安全警示录——大学生安全教育读本
☆应用写作实训教程

经济类书目

财会系列：
☆财务管理教程
☆财务管理全程系统训练
☆税法教程
☆税法全程系统训练
☆企业涉税会计教程
☆企业涉税会计全程系统训练
☆成本会计教程
☆成本会计全程系统训练
☆中级会计教程
☆中级会计全程系统训练
☆初级会计教程
☆初级会计全程系统训练
☆电算化会计教程
☆电算化会计全程系统训练
☆会计职业技能仿真训练
☆会计职业技能综合实训
☆行业特殊业务会计教程
☆行业特殊业务会计教程全程系统训练
☆审计实务教程
☆审计实务全程系统训练

工商企业管理系列：
☆货管理学
☆现代企业管理
☆生产与运作管理实务
☆会计基础与财务报表分析
☆经济学基础
☆现代质量管理实务

市场营销系列：
☆市场营销
☆市场营销实训教程
☆电子商务物流管理
☆电子商务概论
☆市场营销策划
☆网络营销
☆推销技术
☆国际贸易单证实务
☆国际贸易实务
☆国际结算
☆商务英语口译训练教程

旅游系列：
☆旅游服务礼仪
☆旅游概论
☆旅游服务心理
☆旅游英语
☆导游业务
☆旅游法规实务
☆旅游市场营销
　旅游景区管理
☆旅行社管理与实务
☆餐厅服务与管理
☆饭店前厅客房服务与管理

物流系列：
☆货物学
☆物流基础

☆已出书

图书在版编目（CIP）数据

饭店前厅客房服务与管理/万雯,郭志敏主编．—武汉：武汉大学出版社,2009.1(2023.1 重印)
高职高专"十一五"规划教材
ISBN 978-7-307-06830-8

Ⅰ.饭…　Ⅱ.①万…　②郭…　Ⅲ.①饭店—商业服务—高等学校:技术学校—教学参考资料　②饭店—商业管理—高等学校:技术学校—教学参考资料　Ⅳ.F719.2

中国版本图书馆 CIP 数据核字（2009）第 010335 号

责任编辑:詹　蜜　　责任校对:刘　欣　　版式设计:马　佳

出版发行:武汉大学出版社　（430072　武昌　珞珈山）
　　　　　（电子邮箱:cbs22@whu.edu.cn　网址:www.wdp.com.cn）
印刷:武汉邮科印务有限公司
开本:720×1000　1/16　印张:18.75　字数:350 千字　插页:2
版次:2009 年 1 月第 1 版　　2023 年 1 月第 6 次印刷
ISBN 978-7-307-06830-8/F·1230　　定价:39.00 元